信托化：第三次金融革命
复杂性科学视角下的金融进化

徐光磊　张继胜　著

中国金融出版社

责任编辑：陈　翎　刘红卫
责任校对：李俊英
责任印制：程　颖

图书在版编目（CIP）数据

信托化：第三次金融革命（Xintuohua: Disanci Jinrong Geming）/徐光磊，张
继胜著.—北京：中国金融出版社，2014. 5
　　ISBN 978 – 7 – 5049 – 7424 – 2

　　Ⅰ.①信…　Ⅱ.①徐…②张…　Ⅲ.①信托—研究　Ⅳ.①F830.8

中国版本图书馆CIP数据核字（2014）第033868号

出版
发行　**中国金融出版社**

社址　北京市丰台区益泽路2号
市场开发部　（010）63266347，63805472，63439533（传真）
网 上 书 店　http://www.chinafph.com
　　　　　　（010）63286832，63365686（传真）
读者服务部　（010）66070833，62568380
邮编　100071
经销　新华书店
印刷　保利达印务有限公司
尺寸　169毫米×239毫米
印张　14.5
字数　268千
版次　2014年5月第1版
印次　2014年5月第1次印刷
定价　32.00元
ISBN 978 – 7 – 5049 – 7424 – 2/F.6984
如出现印装错误本社负责调换　联系电话（010）63263947

我们可能做了一件并不重要的工作，那就是在复杂系统的视角下梳理金融业态，换言之，就是把金融业态放在同一个系统框架内去研究、去思考。这项工作的意义在于为金融的适应性开辟一条理解、诠释的通道。之所以贸然将对金融业态变化的理解冠以革命的限定，绝无哗众取宠之意，主要原因是，按照我们的理解，革命的含义有重生性即颠覆性的，也有共生性即多元性的。

信托是一个非常原始的概念，是金融的道德基础和规范基础。从某种意义上说，金融所做的一切包括可以引发成就感的各种衍生和迭代仍没有逃脱信托概念的范畴。在经历多次危机洗礼后，人们痛定思痛，不得不思考以经济核心自居的金融应该以何种方式去生存和作为，不知不觉中，金融的脚步又站到了逻辑的起点上。

历史会记住二十一世纪初，金融既面临来自外部的认知革命，还面临来自内部的技术革命、方式革命。

对金融业态的理解有多种不同角度，我们呈现出来的是一个较为宽阔的视角平台，目标是，有助于集成更多的历史沉淀，为外部理解金融，为金融自身在制度设计、组织治理、风险控制、服务创新等领域选择更有价值的行动路径，提供有益的识别依据和灵活进取的工作思路。

——徐光磊　张继胜

目 录

前言：此岸到彼岸

我们享受着金融社会给我们带来的所有感受，有幸福、有快乐，也有迷茫和痛苦。同时，我们也在义无反顾地创造性地进行着金融创新实践，最大限度地衍生着我们的想像，似乎只要这个星球、这个社会能够容纳，马上就会有如影随形的金融行动。

用一种什么样的视角来看待金融的作为，梳理金融的发展脉络，使我们保持足够的理念定力，避免金融灾难和金融陷阱，回归金融的中介属性、配置资源属性，让金融为经济社会拓展一个选择性的空间，而不是唯一性的空间。

我们选择了一条从系统科学出发的特殊路径来作这方面的探讨。

系统科学让当下的我们超越自我成为可能

在科学技术发展的征程上，人类认识以物理学革命叩开了20世纪的大门，人类知识在宏观和微观两极率先打开了新天地，科学技术进入一个新的飞跃式发展时期。科学技术的发展，极大地促进了物质生产组织、社会组织形式的发展和变化，同时也促进了科学技术研究本身以及社会科学研究的进步。

这种巨大的进步一方面促使社会物质生产、社会生活系统、自然科学与社会科学研究对象、社会管理的组织性与复杂性极大地增加；另一方面，也将促使我们进一步突破以往的理论模式和研究框架，由追求基元性向深究组织性挺进，由向往简单性向探索复杂性发展，由崇拜线性向探讨非线性努力。

于是，以系统为研究和实践对象的理论和技术就应运而生并大步前进了。这些进步，最先是以一般系统论、控制论、信息论、系统工程的诞生为标志，接着又随着耗散结构理论、协同学、超循环理论、突变（涌现）论、混沌学、分形学、复杂适应系统理论等新成就而被推向一个发展的新阶段。这就孕育和发展起来以系统为特定研究对象的新兴科学门类——系统科学。系统科学代表了21世纪科技发展的新方向，是我们认识组织性、复杂性和非线性问题的新起点。

纵览21世纪之前科学技术发展的历史，除了相对论、量子力学以外，再也没有一种理论能像系统理论、系统科学及与其相应发展的高新技术对人类的科学、哲学与社会产生如此巨大的冲击，引起人类思维模式的巨大变革。

系统科学犹如一股巨浪席卷哲学界、思想界、科学界，无情地检验着以往的科学与哲学学说，革新着人们的世界观和思维范式。前东德哲学家格·克劳斯说："就其革命影响而言，控制论可以同哥白尼、达尔文与马克思的发现相媲美。"前苏联控制论哲学家伊·茹科夫指出：控制论和系统论是继相对论和量子力学之后，又一次"彻底改变世界的科学图景和当代科学家的思维方式"。

钱学森先生在其《工程控制论》修订版序言中写道："我们可以毫不含糊地从科学理论角度来看，20世纪上半叶的三大伟绩是相对论、量子力学和控制论，也许可以称它们为三项科学革命，是人类认识客观世界的三大飞跃。"1985年他认为：建立和发展系统学"在科学史上的意义不亚于相对论和量子力学"。

钱学森指出："系统科学体系的建立，也必将影响其他现代科学技术的发展，并促进较早建立的科学技术部门，如自然科学和社会科学。这种变革孕育着一场21世纪初的科学新飞跃，即一次科学革命。"[①]

理想很丰满，现实很骨感

"欲穷千里目，更上一层楼"出自唐代王之涣的《登鹳雀楼》，意喻要想在某一个问题上有所突破，可以在一个更高的水平审视它。

借用这位唐代伟大诗人的诗句，如果我们要看到金融的全貌，就必须站在一个更高的视角审视金融系统，从而全面突破对金融的认知，收获一个更全面、更系统、更高层次的对金融的认知。从理论上讲，"欲穷千里目，更上一层楼"的逻辑很自然，甚至在事后显得异常容易，但是在现实世界中、在事前确是一件非常不容易的事情。

---

① 魏宏森、曾国屏：《系统论：系统科学哲学》，北京，清华大学出版社，1995。

但是人们无论如何跨过这一步都很困难，就像美国著名经济学家、创新理论的开拓者约瑟夫·熊彼特曾经说过的："科学分析不单纯是逻辑上前后一贯的一种过程，它毋宁说是我们自己和我们前辈人头脑里创造的东西的一种永无休止的搏斗；它的前进是不受逻辑的支配，而是受新思想、新观察或新需求的冲击以及新一代人的偏好与气质的支配。"如果积极地看待这个问题，这就是说一旦摆脱了固有思想、思维惯性的束缚，我们就可以看清楚眼前和未来的事物了。①

不识庐山真面目，只缘身在此山中

思维定式、思维惯性对于人们眼光的限制在日常生活中随处可见，而且不以人们的意志为转移。约翰·奈斯比特说，如果你想发现导向性的事件，就要与之拉开一定的距离。这是因为如果缺少这样的距离，当时的潮流就很容易蒙蔽你的视线。风尚本身是隐含于趋势之中的，而且也是趋势的一种体现。但是趋势并不经常发生变化，而趋势所隐含的风尚却在不断促进变化的发生，因此才有了"流行"这个词。

现实生活中像熊彼特这样的"小王子"不常见。富于传奇色彩的法国人安东尼·德·圣·埃克絮佩里在其著作《小王子》的开始讲述了一个6岁小男孩被一本关于丛林的书所吸引，于是画了一幅画。对他来说，这幅画再简单不过了，就是一条吞下了大象的蟒蛇。但令他惊讶的是，大人们都看不明白，他们都仅仅认为这只不过是一顶草帽而已。直到遇到小王子，他才找到了一个和自己眼光相同的人：只有小王子看出那幅画是一条吞下大象的蟒蛇。

盲人摸象的现象随时、随处可见。在古尔（Ghor）城旁，有一座城市，城里的居民有不少是盲人。有一次，国王及其随从、车队经过这里，在城市边上安营扎寨。据说，国王骑着一头大象，令国民十分敬畏。

所有的人都期盼能够看一看这头大象，就连城里的一些盲人也随着疯狂的人流涌向国王的营地，去看大象。

他们当然看不见大象长得什么样，只能在黑暗中摸索，把一片片凭着感觉得到的信息拼凑起来。

每一个盲人都认为自己是对的，因为他们都对大象的某一部分有着真切的感觉……

---

① ［美］熊彼特：《经济分析史（第一卷）》，北京，商务印书馆，1991。

摸到大象耳朵的那个盲人说："大象是一个很大、很粗糙的东西，宽阔而平坦，就像一块厚地毯。"

摸到大象鼻子的那个人说："你说的不对，我说的才对。它就像一个直直的、中空的管子，很可怕，很有破坏性。"

另外一个盲人摸到了大象的腿和脚，他说："大象是强壮有力的，很结实，就像一根粗柱子。"

每一个盲人都真切地感知到了大象身体的一个部分，但他们的理解都是片面的……

这是一则古老的寓言故事，它告诉我们一个简单却经常被忽视的真理：不能只通过了解系统的各个构成部分来认识系统整体的行为。[①]

系统思考缺乏症的五种典型症状。[②]

- 只见树木，不见森林；
- 只见眼前，不见长远；
- 只见现象，不见本质；
- 头疼医头，脚疼医脚；
- 本位主义，局限思考。

借我一双慧眼吧，让我能够雾里看花

彼得·圣吉在《第五项修炼：系统思考》第二部：新思考、新视野开篇中这样写道：今天是人类有史以来，首次有能力制造多得让人目不暇接的资讯、密切得个人无法单独处理的相互关系，以及快得无法跟上的变化步调，我们可能就此迷失在一场巨大而复杂的变局中……

"系统思考"将引导一条新路，使人由看片段到看整体，从对现状做被动反应，转为创造未来；从迷失在复杂的细节中，到掌握动态的均衡搭配。它将让我们看见小而效果集中的高杠杆点，产生以小博大的力量。[③]

德内拉·梅多斯说："虽然表现各异，但殊途同归，真正的系统思考从来都是超越科学和文化的，同时也可以跨越历史。"系统思考应该是应对复杂性挑战、作出睿智决策、与系统共舞的核心技能。[④]

---

① ［美］德内拉·梅多斯：《系统之美：决策者的系统思考》，杭州，浙江人民出版社，2012。
② ［美］德内拉·梅多斯：《系统之美：决策者的系统思考》，杭州，浙江人民出版社，2012。
③ ［美］彼得·圣吉：《第五项修炼：学习型组织的艺术与实务》，上海，上海三联书店，1998。
④ ［美］德内拉·梅多斯：《系统之美：决策者的系统思考》，杭州，浙江人民出版社，2012。

由于系统是高度复杂、特异且动态变化的，要想有效干预它，其实并没有一定之规。杠杆点所处的层次越高，杠杆作用就越大，系统抵制变化的力量也就越强。但是，即使我们知道杠杆点在哪儿以及可以往哪个方向去推动它，却也往往很难理解它的神奇效力，更难掌握和使用这些杠杆点。

你必须努力思考，审慎地分析系统，并抛弃自己的范式，进入谦卑的"空"的境界。最后，看似无为，却可能是最为根本性的、战略性的、有效的杠杆点；看似疯狂，放下一切，却能优雅地与系统共舞。①

药品的命名与金融机构的名称。现实中药品产品名称和化学名称有时是一样的，有时是不一样的。对于金融机构而言，现在有太多的产品名称，以至于大家都不能分清楚它们都是干什么的。所以，对于金融系统、体系来讲最重要的是其形态、层次、功能。要识别金融机构的形态、层次、功能，就像识别药品的化学名称和产品的营销名称一样。可能这也是金融系统在监管中应该注意的、监管的内容，就像药监局监管药名一样。

能够让我们摆脱固有思想、思维惯性的束缚，真正能够认识到金融的全貌、本质的方法应该就是系统思考。系统思考，是大自然借给我们的一双慧眼，能够在大自然给我们设置的重重迷雾之中，看到"金融之花""信托之花"在阳光下灿烂地开放、熠熠生辉。让信托这个金融丑小鸭变成美丽的天鹅。

没有革命的理论，就没有革命的实践

变化中的大部分事物都有章可循。约翰·奈斯比特说，变化中的大部分事物都有章可循。很久以前，在公元前3000年的时候，所罗门国王曾经写下这样的名句："已有的事，后必有之；已行的事，后必行之。日光之下，并无新事。"不管我们接触到什么样的信息，都应该区分表面变化和实际变化、本质变化和一时的风尚。我们应该时刻记住，在世界历史上，大部分事物都是稳定的。

顶层设计与摸着石头过河相结合。对于金融系统来讲，顶层设计的基础就是要了解金融系统的全貌，了解金融系统的过去、现在和未来，就是要在金融理论的指导下，在这个基础上设计金融系统未来的发展方向。摸着石头过河就是在实践中完善，是在没有理论指导下的实践，是不得已的事情。从这个意义上讲，金融进化的阶梯理论可以成为金融系统未来发展进行顶层设计的理论基础。而通过对金融进化的研究，认为信托以后将是银行的一部分、一个部门的观点，是对金融进化规律的一种误解和短视。

---

① [美] 德内拉·梅多斯：《系统之美：决策者的系统思考》，杭州，浙江人民出版社，2012。

　　三人行必有我师。把金融想明白、看明白也做明白的"道"与"理"是不仅仅要向金融同行学习，更重要的是向制造业、计算机行业、医院、乐队等众多行业学习，向复杂性科学、系统科学学习，同时也要向老祖宗学习，汲取中国整体论中的精华包括阴阳五行学说、阴阳八卦学说、中医理论等，向实践学习，采取蜜蜂采蜜的方法，将花粉"涌现"为蜂蜜。

文化自信与复杂性科学

　　普里戈金在其著作《从混沌到有序》中曾经说过：中国文明对人类、社会和自然之间的关系有着深刻的理解……中国的思想对于那些想扩大西方科学范围和意义的哲学家和科学家来说，始终是个启迪的源泉。[①]

　　对于中国人来讲，还有一个文化自信的问题。记得20世纪80年代左右，社会充满了对汉字的怀疑，很多人认为在计算机革命下，汉字是不合时宜的，试图寻求汉字的字母化。但是随着计算机的发展，后来证明汉字是非常有利于计算机进行文字处理。这种汉字字母化的倾向也就随之消失。实际上，中国的汉字是以阴阳理念、学说等为基础，是以二进位制为基础的，这与计算机的基础二进位制是同源的。

　　由此，我们应该想到中国传统文化中的很多理念、学说等这种以整体论为基础的认识论、方法论、实践论如果能够与西方近现代科学的基础还原论融会贯通，那么就将出现系统论、复杂性科学这种更接近自然规律的认识论、方法论和实践论。所以，我们应该感谢、善用祖先留下来的文化遗产。我们应该有文化的自信。这种自信也应该包括对中国传统医学——中医的看法。当然，我们应该撤去中国传统文化中有些走向岔路的东西。

　　对于西方文明的崇拜应该是正常的，因为西方文明也在人类社会发展的进程中创造了新的辉煌。作为西方文明基础的还原论也是一种客观规律。对于西方文明的尊重、崇拜也是一种尊重客观规律的表现。

　　但是，我们不应该盲目崇拜。我们应该充分认识到人类社会的发展、进化，人类科学技术、认知的水平和境界已经进入新的阶段。以复杂性科学为代表的系统论范畴正是人们认知客观世界和主观世界的新手段。而中国传统文化所具有的系统思想、复杂性科学思想更接近新的科学范畴，这就是我们中国人文化自信的来源。

---

① 魏宏森、曾国屏：《系统论：系统科学哲学》，北京，清华大学出版社，1995。

所以，我们有理由相信在中国这块土地上诞生、发展、进化的文化是一种更先进、更接近客观规律、更美、更善的文化，而由此衍生的理论、道路、制度，也应该是一种更先进、更接近事物发展规律、更美、更善的理论、道路和制度。这就是我们文化自信、道路自信、理论自信、制度自信的坚实基础和可靠来源。

金融的未来存在于现实之中，其未来就是一幅拼图

约翰·奈斯比特曾经说，预测未来最可靠的方法是立足于现实，在坚实的事实基础之上进行思考。未来是隐藏在现实之中的，但这并不意味着我们一定要研究现实中的所有细节以预测未来。这句话的意思不是说未来只是现实生活的自然延伸，而是说我们可以从自己所在的土地上，而不是天空中发现未来的萌芽。

约翰·奈斯比特说，未来就是一幅拼图。他说，未来是一系列的可能、趋势、事件、迂回曲折、进步和惊奇。随着时间的流逝，所有的事物都会各就各位，形成一幅关于世界的新的完整画面。想要预测未来，就要预测这些单个画面的发展趋势，对它们之间的联系了解得越透彻，所预测的画面就会越精确。实际上，金融、信托也是一幅拼图。①

理论创新与涌现、突现现象、隐秩序、隐式内部模型。霍兰在《涌现：从混沌到有序》中指出：古希腊人早在两千多年前就知道许多基础机械构件：杠杆、轮子、螺钉等构成手表主发条，及其组件的积木块，但是，手表的发明距今还不到两个世纪。与此相同，金融的众多主体也在很多年前就已经出现了，但是到目前我们还没有看到一个"金融手表""金融地图"。

为什么手表的基础构件早就为人类所熟知而手表却出现的这么晚呢？这里我们碰到了一个关于建模、创新和涌现研究的中心问题：建立一个模型或发展一个科学理论结构并不是演绎的过程，科学理论结构所推导出的标准结论，往往掩盖了导出这些理论结构的早期隐喻模型所包含的许多性质。②

所以，理论创新更重要的是目标、观念、理念的创新，并通过聚集不同的资源、识别内在的标示，借助隐式内部模型、显式内部模型和模块化的机制，形成非线性的特征，发生乘数效应和再循环效应，从而产生多样性的、不断创新、日新月异的主体，即新的理论。

① ［美］约翰·奈斯比特：《定见：重启思维 定见未来》，北京，中信出版社。2007。
② ［美］约翰·霍兰：《涌现：从混沌到有序》，上海，上海科学技术出版社，2006。

复杂性科学是我们掀开帘子看金融的工具

约翰·奈斯比特说，许多人都喜欢玩捉迷藏的游戏。我喜欢的藏身之地之一就是窗帘后面。社会重大变革就像是藏在窗帘后面的小男孩，发现他们并不困难，关键是不要被窗帘蒙蔽了眼睛，而是要掀开它看一看。对于金融，就是要掀开横在金融与人们之间的帘子，擦去蒙在金融之上的厚厚的伪装、诱惑、假象，撇开金融之媚，发现金融之魅。让我们能够掀开帘子的工具，让我们穿透迷雾的一双慧眼，就是复杂性科学、系统科学。

复杂性科学、系统科学与近现代科学的关系。如果用一个形象的比喻来说明复杂性科学、系统科学与近现代科学的关系，那么就如同在医学检查上使用断层扫描（CT）和普通透视（例如X射线）的关系。前者是立体的，后者是平面的。复杂性科学给了人类一种新的认知工具，让我们对自然界、人类社会自身的过去、现在和未来可以有一个全新的认识。未来，复杂性科学将是人类最重要的认识论、方法论和实践论。如果说在最近几年计算机、网络的语言已经变成了大家通用语言中很重要的一部分，那么在不久的将来，复杂性科学、系统科学的术语也将会风靡一时，成为时髦的语言之一。

新金融：系统金融是金融的新起点

纵观人类的发展历史，人类已经跨越农业社会、工业社会，进入信息社会。在信息化社会，作为与实体经济相对应的虚拟经济：金融，也应该有一种与人类认知、科学技术、实体经济发展阶段、发展内容相对应的发展阶段、发展内容："新金融"发展阶段。

系统科学、系统工程、系统医学与新金融。在系统科学之下，中国学者钱学森教授创立了系统工程的概念、体系，在新中国极端困难的条件下，为新中国国防工业的发展、壮大，为新中国的国际声誉奠定了坚实的基础。这是系统工程的作用和贡献。在系统科学蓬勃发展的今天，有专家提出今后医学的发展方向将是系统医学，而系统医学是以中国传统的中医为基础的整体论医学与西方的还原论医学融会贯通、紧密结合、涌现突现以后的新医学。在这种逻辑、理念之下，今后金融的发展方向将会是以系统科学、复杂性科学为基础的新金融：系统金融。系统金融将会是金融发展、进化的新起点。

为系统金融法律法规体系建立法理基础。系统金融及其法律、法规应该是和目前的金融法律法规体系有区别，这是由系统金融的系统特性所决定的。要建立系统金融的法律法规体系，就要首先建立系统金融的法理体系。当然不是说目前的金融法律法规建设就不搞了。个人觉得目前的金融法律法规还不是一种顶层设计式的模式。系统金融与目前金融的最大区别就是一个是顶层设计式的，一个是摸着石头过河式的。

期待"皮格马利翁效应"或"罗森塔尔效应"。皮格马利翁（Pygmalion）是古希腊神话中的塞浦路斯国王。相传，他性格孤僻，一人独居，擅长雕刻。他用象牙雕刻了一座表现他理想中的女性的美女像，并取名叫加勒提亚（Galatea）。他和雕像久久依伴，把全部热情和希望放在雕像身上，加勒提亚终于被他的爱感动，从架子上走下来，变成了真人。

1966年，美国心理学家罗森塔尔做了一个有关期望的心理学实验。罗森塔尔把由期望产生的效应形象地称为"皮格马利翁效应"，也有人称之为"罗森塔尔效应"。①系统金融的研究工作，就是我们心中的加勒提亚。我们希望通过自己的热情、希望和辛勤的工作，能把雕塑变成美女。期待发生"皮格马利翁效应"或"罗森塔尔效应"，期待通过金融研究工作，信托业、信托公司从"雕像"变成"美女"，从"丑小鸭"变成"天鹅"。

本书是尝试将系统科学、复杂性科学与金融结合研究时间不长的产物，认识和结论难免粗浅，也会有许多不足之处。应该讲，系统科学、复杂性科学和金融相结合并在实践中很好地应用，还有很长的路要走，也应该会出很多有影响的成果，并极大地改变现实中的金融。希望有更多的有志之士加入这个行列。本书的写作就算是抛砖引玉，一定会有许多需要修正、改进和深入的地方。

---

① 付涛：《另眼看管理：74个心理学实验中的管理启示》，北京，中国经济出版社，2006。

第一章　导论：新认知、新金融、新信托

性格决定命运，但是性格是由认知决定的

认知是指人们通过心理活动（如形成概念、知觉、判断或想象）获取知识或应用知识的过程，也可以看做是一个信息加工的过程，即人脑接受外界输入的信息，经过头脑的加工处理，转换成内在的心理活动，进而支配人的行为。

认知风格是个体习惯化的信息加工的方式，是个体在长期的认知活动中形成的、稳定的心理倾向，表现为对一定的信息加工方式的偏爱。个体常常意识不到自己存在这种偏爱。

认知第一定律：对某个事物的认知，有且只有一个最合理。

认知第二定律：正误的认知都会产生加速度，称为"正确加速度"和"错误加速度"。

认知第三定律：全面、深入的客观事实可以统一人类认知。[1]

这些应该就是人们所常说的性格决定命运。但是人们常常忽略的或者说认识不到的是什么东西在决定着性格，人们忽略了是认知在很大程度上影响乃至决定着性格。

---

[1] 认知三定律，来源于网络。

新认知、新金融、新信托

以认知的基本知识、基本逻辑和基本定律以及知识的综合集成，通过全面、深入的客观事实，重新认知金融、信托的过去、现状和未来，应该可以更全面、系统地把握金融、信托及其应用领域的内涵、外延和价值，指导金融、信托机构、从业人员和相关产品的发展。

具体的研究切入点。传统的金融理论主要从金融机构的角度来着手研究金融体系，即所谓的机构金融观点。功能金融理论具有两个假定，一是金融功能比金融机构更加稳定，二是金融功能优于组织机构。应该讲，金融功能观更接近于金融发展、进化的规律，但是还远远不够彻底。

罗伯特·席勒教授在其著作《金融新秩序：管理21世纪的风险》中，曾经说过：金融新秩序是历史的延续。在论述历史上主要的金融创新中，他用一个章节讨论了人类历史中有过一系列重要的金融创新、发明，包括货币、现代股票市场、期货市场以及人寿保险。[①]

但是遗憾的是，在对金融、信托的认知中显然缺乏系统的观点和认知，没有把各种重要的金融主体、金融要素等作为一个系统加以考量。

所以，要想得到对金融、信托新的认知，就必须有恰到好处的切入点，借助新的工具、手段。这种新的工具、手段，应该就是历史观、系统观及其综合集成。借用中国的成语来表达就是温故知新、触类旁通。

时间尺度、金融历史学、复杂性科学、系统科学是再认知、再审视信托、金融的最佳工具、方法和视野，可以让我们举重若轻地看到金融、信托的全貌，避免信托、金融瞎子摸象式现象的出现。

所以，如果我们对金融系统的发展历史进行回顾、梳理，就会对金融系统的过去、现在和未来做到温故而知新；借鉴复杂性科学、系统科学以及中国古代朴素的辩证唯物的哲学思想，例如阴阳学说的最新研究成果或者最新理解来重新审视、再审视、凝视金融系统，我们就有可能会触类旁通；如果我们能够像中国春秋战国时代最后一位集大成者韩非子那样，运用"法术势"的理念和逻辑集成不同的知识，运用到金融系统的运行和预测中，我们就能够做到温故而知新、触类旁通，我们对金融系统的认知就会"更上一层楼"，就会"会当凌绝顶，一览众山小"。

---

① ［美］罗伯特·席勒：《金融新秩序：管理21世纪的风险》，265～279页，北京，中国人民大学出版社，2004。

1.1 温故知新与金融进化

孔子《论语·为政》："温故而知新，可以为师矣。"此谓温习学过的知识，而得到新的理解和心得，也指回顾历史，对现在及未来有新的指导意义。

1.1.1 时间尺度及其历史学的价值

时间尺度

时间尺度，能够很好地体现出历史学作为时间科学的特性，它依据历史事物本身，但它更是历史研究的一个工具、一种方法，也是一种视野，应该受到重视。历史学是关于时间的科学，历史研究的时间特征无处不在。历史研究与时间的关系，如同地理学与空间的关系一样，是不可分离的。

马克·布洛赫最先注意到历史学的时间尺度问题。他认为，社会运动结构的节奏或快或慢，存在着"漫长的代与短促的代"，历史学"应该有符合历史节奏之变化的时间尺度"。他还认为，最准确的时间划分并非必然是日、年这种最小的单位，"真正的精确在于每次都依据考察对象的本质。因为每种对象都有其特别的测量尺度"。对于社会、经济、信仰和心态行为这样的结构演变，精细的时间测量法是不合适的。

布罗代尔对时间尺度作了进一步阐述，他认为历史学家的时间"是一种尺度"，研究政治史与经济社会史适用不同的时间尺度。"在以往的政治史学家看来，一天、一年都是时间的计量单位。时间是许多天的总和。但价格曲线、人口增长、工资运动、利率波动、生产预测、流通分析都要求更加宽广的尺度"，"历史学家肯定拥有一种关于时间的新尺度，按照崭新的方位标及其曲线和节奏定位，使对时间的解释能适应历史的需要"。

时间尺度的历史学价值

布罗代尔找到了历史研究的时间尺度，这就是他关于时段划分的理论：历史事件像大海上的浪花，转瞬即逝；社会像暗流一样掀动着表面的生活；而人所生活的地理环境则缓慢地流动。相应地，他发明了三种不同的时间尺度：地理时间，即长时段；社会时间，即中时段；事件时间，即短时段。这一时段划分理论第一次揭示了历史存在多种时间尺度，历史研究需要运用不同的时间尺度。

时间尺度还可以影响我们对历史事件进行评判的态度。在不同的时间尺度下，工业化和现代化进程的某些方面可能会获得不同的评价。在经济增长方面，工业化和现代化因其生产力迅速发展而获得极高的评价。工业革命为人类创造出巨大物质财富，这些成就都是与效率、速度，归根结底，是与时间相联系的。在这里，时间尺度越短，越是体现出工业化、现代化的创造性和进步性，从而获得积极的评价。

运用不同的时间尺度，不仅仅因为研究对象存在或快或慢的运动节奏，而且因为在某些情况下，不同的时间尺度具有解释历史现象的功能。时间尺度不仅仅是一种度量工具，也可以成为历史解释的一个因素和一种视野。时间尺度很好地体现了历史学作为时间科学的特性，它依据历史事物本身，但它更是历史研究中的一个工具、一种方法，也是一种视野，应该受到重视。[1]

1.1.2 人类社会发展的历史阶段划分

经济学家对人类历史发展阶段的划分

在马克思主义的理论中，将人类社会的发展阶段划分为五个阶段：原始共产主义社会、奴隶社会、封建社会、资本主义社会、共产主义社会，社会主义社会是共产主义社会的初级阶段。

经济史学家通常按照四个生产要素，即土地、人力、资本、知识发挥作用的时间顺序和权重不同，把人类历史划分为四个阶段：[2]

狩猎和采集阶段。大约12000年之前的人类社会的发展阶段，该阶段对土地、人类依赖最大，不需要资本，知识积累很慢。

农业阶段。大约从12000年前开始，最主要的缺陷是对土地的依赖，土地是最关键的要素，是一个产生地主的时代。经济学家、诺贝尔奖获得者道格拉斯·诺斯把人类社会向农业社会的转变称为"第一次经济革命"。

工业阶段。大约从16世纪开始，是一个资本密集、劳动力密集的阶段，对土地的依赖程度有所降低，至少土地不再是唯一重要的生产要素，产生了所谓的工业经济，出现了资本家。人类社会从农业社会向工业社会的转变就是经济学家所谓的第二次经济革命。

后工业阶段。大约从20世纪末期开始，是一个信息、知识密集的发展阶段，产生了所谓的知识经济时代，产生了知识工人，出现了知识资本家，资本、土地、人力的权重相对下降。人类社会从工业社会向信息社会、知识社会的转变就是所谓的第三次经济革命。

1980年，美国著名未来学家阿尔温·托夫勒发表《第三次浪潮》，认为现代科学技术将深刻改变人类社会结构及生活形态，而将人类发展史划分为第一次

---

① 俞金尧：《历史研究中的时间尺度》，载《中国社会科学报》，第331期。
② ［美］威廉·伯恩斯坦：《财富的诞生：现代世界繁荣的起源》，36～41页，北京，中国财政经济出版社，2007。

浪潮的"农业文明"，第二次浪潮的"工业文明"以及第三次浪潮的"信息社会"，给历史研究与未来思想带来了全新的视角。托夫勒认为，人类社会正进入一个崭新的时期：名之曰"第三次浪潮文明"，实为信息化社会。[①]

不同社会发展阶段的主流科学技术、主流人群

人类社会不同发展阶段的主流知识、主流人群。经济史学家通常把人类历史分为四个阶段：狩猎和采集阶段、农业阶段、工业阶段和后工业阶段，与之相对应的是前农业社会、农业社会、工业社会和信息或知识社会。

抛开经济、文化等文明程度很不发达的前农业社会，如果说以中国的四大发明（火药、指南针、造纸、活字印刷术）为代表的古代主流科学技术是农业社会的科学技术，以牛顿经典力学为代表的近现代主流科学技术是工业社会的科学技术，那么复杂性科学、系统科学就是信息社会、知识社会、后工业社会的主流科学技术。

如果说农业社会的主流人群、举足轻重的人群是地主的话，那么工业社会的主流人群、举足轻重的人群就是资本家，而信息社会、知识社会的主流人群、举足轻重的人群则会毫无争议地落在知本家的头上。也就是说，在信息和知识社会，最重要的是知识，是系统化、有价值的信息，通过知识可以整合土地、人力、资本等要素。

1.1.3 金融革命、金融变革与大国崛起

金融革命、金融变革

从金融发展、进化的角度看，从荷兰出现具有现代金融学意义上的债券、股票——直接融资方式，成立了世界上具有现代金融学意义的第一个证券、股票交易所开始，经过英国的债券资本主义，在美国达到了鼎盛，发展成为证券资本主义。

这三百多年的时间里，出现了历史学家伊曼纽尔·沃勒斯坦所说的、全球范围内的三个世界性大国：17世纪的荷兰、19世纪的英国、20世纪的美国。

英国经济学家、诺贝尔奖得主约翰·希克斯曾经详细考察了金融对工业革命的刺激作用，指出工业革命不是技术创新的结果，或至少说不是其直接作用的结果，而是金融革命的结果。大多数经济史学家，如迪克森、金德尔伯格对此观点深表认同。他们普遍认为，英国的工业革命是以金融革命为基础的，并从那时起演化出英国金融结构的长期体系。经济学家皮特·罗素将此现象定义为"金融引导"，将经济加速成长的原因归于金融体系的大跃进、大发展。

---

① http://baike.baidu.com/百度百科：温故知新、触类旁通、第三次浪潮。

荷兰的金融革命和金融变革。17世纪，荷兰是世界上第一个进行金融革命的国家。在资本流转、银行信用、期票结算等领域实现了当时具有开创意义的诸多变革，并将银行、证券交易所、信用以及有限责任公司有机地统一成一个相互贯通的金融和商业体系，由此带来了爆炸式的财富增长，使荷兰迅速成长为世界大国。

荷兰的金融革命主要表现在三个方面：一是通过大规模发行股票筹集资金；二是证券交易所的建立和成功运行；三是近代商业银行的建立和成功运行。

英国的金融革命和金融变革。在工业革命发生前，在模仿荷兰基础上，英国经历了一场金融革命。英国的金融革命主要表现在以下三个方面：一是建立了现代公债制度；二是建立了新式的股份制商业银行和现代金融意义上的中央银行；三是建立了现代税收制度。

美国的金融革命和金融变革。与英国债券资本主义不同，美国在借鉴英国经验的基础上，形成了公司资本主义，或称股票资本主义。200年后的美国霸权形成历史也存在着类似的规律，即金融领域优先于工业领域发展。依靠以华尔街为代表的资本市场的强劲支持，美国才可能在20世纪领先他国完成了第二次、第三次产业革命，一跃成为世界头号强国。金融革命同样是美国新经济增长的推动力。新经济不仅仅是信息技术革命的产物，也是金融革命的产物。

在2006年之前的10年中，美国的风险资本投资从每年约50亿美元暴增至1000亿美元，使得很多种子公司短期内被孵化成为产业巨头。德国和日本等国家所拥有的技术在许多领域与美国旗鼓相当，但它们却不能像美国那样从技术革命中获得超额利益，其根本原因就在于这些国家金融风险资本市场的发展远远落后于美国。[1]、[2]、[3]

金融革命、金融变革与大国崛起

应该讲，从某种角度看世界的历史，特别是近代以来世界发展的历史，从本质上讲是一部金融发展的历史。历史上每一次重大的金融创新、发展无不深刻地影响着整个世界的发展，影响着大国的兴盛与衰落。

中华民族的伟大复兴，也不可能仅仅停留在对西方金融体系的简单模仿、重建上，中华民族的伟大复兴必有其金融革命、金融变革、金融创新的强力支撑。

---

[1] 温俊萍：《经济史视野中的大国崛起：基于荷兰、英国和美国的经验》，载《史林》，2008。
[2] 姜海川：《从世界强国崛起看金融革命对经济的引领作用》，载《中国金融》，2006（9）。
[3] 周文平、周素彦：《大国崛起中金融作用的发挥对我国的启示》，载《河南金融管理干部学院学报》，2007（6）。

这是中华民族伟大复兴过程中一个必要但不充分的条件。

我们还未对金融发展、进化有一个阶段性划分

我们可以看到或者得出初步结论的是，货币产生于农业经济时代、发展于工业经济时期，而间接融资、债券和股票产生于工业经济前期，也是发展于工业经济时代，并在知识经济时代有了更大的发展。

人类金融体系的发展源自货币的产生。虽然货币产生具体时间已经没有办法精确考据，然而可以肯定的是早期人类文明的奴隶制社会时期已经出现了货币并已有了初步发展，金融范畴已经形成。[①]

但是，从目前的文献中还没有看到对人类金融发展的历史有一个类似马克思从生产力、生产关系发展，托夫勒从科学技术发展的角度对人类社会发展阶段的划分。

在金融已经在人类社会、经济、政治生活中扮演重要角色的时代，从历史发展的角度考察金融及其体系的演进轨迹，着重探讨、发现其中的逻辑演进关系，形成金融及其体系发展历史的阶段划分，对于厘清金融现象、把握金融发展规律，对于现今的金融创新、金融稳定、金融发展以及较好地指导金融体系、金融企业、金融从业人员的业务实践、业务发展具有较大的意义。

对金融系统的发展历史进行回顾，将会得到新的理解、心得和新的认知，对金融系统的现在及未来有新的指导意义。但是，从目前的资料和研究成果来看，我们依然无法看清金融系统的全貌。我们能否得到一份金融地图或金融建筑图，以了解金融大厦的全貌和它的内部结构、平面结构、立体结构，这是摆在我们面前、绕不开的问题。

1.1.4 把握金融进化规律、顺应金融发展大势

把握金融发展的客观规律：金融的道

约翰·霍兰[②]在《涌现：从混沌到有序》中曾经讲到，两千多年前古希腊人就发明了六大基本的机械构件：杠杆、螺钉、斜面、楔子、轮子和滑轮。自古希腊人以来，我们已经很熟悉构成手表的基础构件了，但是钟表的发明距今还不到两个世纪。为什么手表的基础构件早为人类所熟知而钟表却又出现得这么晚呢？

这是一个关于建模、创新和涌现研究的中心问题。涌现是一种从低层次到高

---

① 禹钟华：《金融功能的扩展与提升：功能观视角下的金融发展》，85页，北京，中国金融出版社，2005。
② [美]约翰·H.霍兰，密歇根大学计算机科学与电子工程教授兼心理学教授，著名的麦克阿瑟研究奖获得者，圣菲研究所指导委员会主席之一，著有《自然系统和人工系统中的适应》《隐秩序：适应性造就复杂性》《涌现：从混沌到有序》。

层次的过渡，是在微观主体进化的基础上，宏观系统在性能和结构上的突变，在这一过程中从旧质中可以产生新质。霍兰说："涌现现象是以相互作用为中心的，它比单个行为的简单累加要复杂得多。"涌现性告诉我们，一旦把系统整体分解成为它的组成部分，这些特性就不复存在了。[①]

在人类社会的经济发展过程中，最早在中国宋朝就已经出现的纸币——交子距今已经一千多年了。金融的发展自金属货币的产生到目前也经历了至少4500年的历史，结合人类社会发展的阶段性、涌现等复杂性科学研究的成果，将金融系统的进化进行阶段性划分，将有助于金融自身的发展，同时也有助于经济系统的发展。

具体到金融及金融系统而言，我们应该通过对金融发展历史的研究和复杂性科学的借鉴，深入探讨、了解和把握金融发展的"势"，也就是金融发展的规律。在金融发展规律和"势"的基础上，提出金融及金融系统赖以生存、发展的"法"，也就是金融发展的法律、制度、规则等，并审时度势地在实践的过程中"术"之，顺应金融生存、发展的规律，实施、执行金融生存、发展的规则、制度和规制。

借鉴复杂性科学、系统科学、阴阳五行学说、"法术势"的基本原理，对于金融、信托及其系统的研究，就是要用集成的方法，从时间或历史和复杂性科学两个维度，从金融系统的金融结构、金融功能两个方面及对它们的发展有重大影响的制度、技术等方面，考察、把握、预测金融、信托的变化、趋势及规律，对现在及未来有新的指导意义。

另外，作为金融系统中的诸元素，包括货币、银行、证券、信托等，本文只是在金融系统这个层面的探讨。如果单就金融系统中的这些子系统，就足够复杂。如果能够基于复杂性科学的视角，单独对这些子系统进行研究，那么对理解、把握、预测金融系统的过去、现在和未来，会有很大帮助。

还有就是，基于复杂性科学视角，对金融系统及其子系统，包括货币、银行、证券、信托等它们之间的相互作用、作用机理等以及金融系统及其子系统的监管问题的探讨、研究也是一项十分有意义的事情。同样，对于这些相互作用、作用机理的理解、把握，也将有可能使我们对金融的理解、把握更上一个层次。

认知金融发展的主观规律：金融的德

基于复杂性科学的金融系统研究，本书主要从结构，包括形态、层次以及功能三个方面展开，从有关复杂性科学的理念、方法的角度，对金融系统的历史、发展、进化等做了一些尝试性的研究工作。应该讲，还有两个维度是非常重要

---

① http://baike.baidu.com/百度百科：涌现。

的，但是本文没有成体系或者没有把它们作为一条主线或维度展开，一个是制度、技术，一个是人类本身。制度和技术包括金融系统自身制度、技术的产生、发展、进化的角度，同时，还包括金融系统环境中的制度、技术的发展对金融系统的影响。制度和技术是属于"道"的范畴，而人类在金融系统运行过程中的所思所想、所作所为则属于"德"的范畴。

金融的"德"较金融的"道"更复杂

《道德经》分上下两篇，原文上篇《德经》、下篇《道经》，不分章。后改为《道经》37章在前，第38章之后的44章为《德经》，并分为81章。《道德经》前37章讲道，后44章言德。孔子在《系辞》中说："一阴一阳为之道。"所以，我们也可以理解老子所说的"道生一、一生二、二生三、三生万物"中的道是起源于阴阳学说的。

《易经》起源于阴阳学说。《易经》分为《上经》三十卦，《下经》三十四卦。六十四卦构成一个和谐的整体：上经始于乾坤，终于坎离。"乾、坤者，阴阳之本始，万物之祖宗，故为上篇之始而尊之也。离为日，坎为月，日月之道，阴阳之经，所以始终万物，故以《坎》《离》为上篇之终也"。

《序卦传》描述了万物生于天地，经过蒙昧时期的成长，最后活生生地展现出来；下经三十四卦从咸恒开始，咸为交感，喻指男女婚配交感；恒为恒久，喻男女白头到老。"有天地然后有万物，有万物然后有男女"（《序卦传》），从人到家庭、社会渐次展开，充满矛盾、纷繁复杂，既济与未济表示事物相对完成又没有终止，无穷无尽。思维的和谐性、系统性在这里得以清晰体现。

实际上，无论是《道德经》，还是《易经》，对于自然的描述要少于对人类自身的描述。这在某种程度上说明了人虽然是大自然的产物，然而要比自然界似乎更复杂一些。如果要把自然界和人类自身加以综合描述，那就更加复杂了。所以，清华大学李稻葵教授在评价2013年诺贝尔经济学奖的时候说的话不无道理：经济学的研究对象比之于自然科学复杂得多，往往不同的理论是对同一研究对象不断探索的阶段性成就。他的话讲出了同一现象会产生不同理解和不同的侧面。

金融的"德"与金融的"道"相比较会更复杂。但是，我们不会是无所作为的。只要我们深入研究，都会对金融的"道"与"德"有更多、更深入的认识。因为无论如何，大自然都会是人类获得灵感、顿悟的不竭源泉，是人类建设自己精神家园和人类物质社会唯一的范本。

1.2 触类旁通与金融进化

《周易·系辞上》："引而伸之，触类而长之，天下之能事毕矣也。"又，

《乾》："六爻发挥，旁通情也。"后以触类旁通指掌握了某一些事物的规律，就能推知同类事物，比喻掌握了解某一事物的变化、趋势及规律，从而类推了解同类的其他事物的变化、趋势及规律。

1.2.1 系统科学的产生、发展和作用

G.J.克勒（1991）认为[①]，人类社会有三个高度：前工业社会、工业社会和信息社会。从科学的作用角度，前工业社会基本上是前科学的社会；工业社会本质上是以实验为基础的一维科学联系在一起的；信息社会表现出来的特点是出现了科学的一个新维度，即以理论为基础的科学或系统科学以及它同以实验为基础的科学的整合。因此信息社会的科学可以被看做是二维的科学。这个全新的科学范式的重要性还没有被人们充分地认识到。人们有理由预期系统知识、方法论和元方法论会变得如此博大精深，以致在科学的第二个维度——系统科学中某种分工变得不可避免。

哈肯（协同学创立者）认为，系统科学的概念是中国学者较早提出来的，这对理解和解决现代科学，推动它的发展十分重要。中国是充分认识到系统科学巨大重要性的国家之一。系统科学和系统工程在当代中国科学中的地位至关重要，我在访问中国期间已经察觉到这一点。在访问中，中国人思考和解决问题的方式一再给我留下深刻印象。我确信这种思考方式将在全世界传播开来。

钱学森认为不管哪一门学科，都离不开对系统的研究。系统工程和系统科学在整个21世纪应用的价值及其意义可能会越来越大，而其本身也将不断发展，如现在的系统科学已经上升到研究复杂系统甚至是复杂巨系统了。像人的大脑、因特网等就是复杂巨系统。这在国外也是一个热门，叫复杂性科学研究。[②]

20世纪40年代以来，以系统科学和复杂性探索为主要代表的新兴学科的产生，标志着人类科学研究又进入了一个新的历史时期，科学发展正经历着一场历时性转变。和以往几次重大科学革命一样，这次科学变革也将改变世界的科学图景，革新传统的科学认识和方法，引起科学思维方式的重大变革。它是一种新的科学理性主义或科学方法，即分析和解释世界的系统方法。

虽然目前系统科学和复杂性理论的发展实践不长，按照克勒（1991）的说法是"目前系统科学处于婴幼期，相当于17世纪的古典实验科学"。但是，到目前为止，系统科学和复杂性理论也已经取得了很大的发展，形成了以耗散结构论、

---

① ［美］G.J.克勒：《信息社会中二维的科学的出现》，载《哲学研究》，1991（9）。
② 李士勇、田新华：《非线性科学与复杂性科学》，哈尔滨，哈尔滨工业大学出版社，2006。

协同学、突变论、混沌学、分形、复杂适应系统理论等为代表的系统科学和复杂性科学理论成果，成为当今世界科学发展的前沿和热点，甚至被称为"21世纪的科学"。①

霍兰在探索了存在于复杂适应系统中的不解之谜，其中包括系统演化规律、复杂性产生机制、抽取复杂适应系统一般原理之后，提出了复杂适应系统基本思想：适应性造就复杂性。

复杂适应系统理论的创立，为人们深刻认识、理解、研究、分析、设计、控制、管理一大类复杂系统提供了新的思想，已经在经济、生物、生态、环境等相关领域获得了一定的应用。复杂适应系统（Complex Adaptive System，简称CAS）理论新颖的思想方法给人们以深刻的启迪，它的进一步发展和完善将有力地推动复杂系统理论的发展。②

系统科学展示的时空结构观念的变化，使人们得以在新的科学视野下发现新的科学规律，重建宇宙秩序的新图景。牛顿经典力学、热力学第二定律与达尔文进化论对宇宙系统演化方向的相互矛盾的结论，在系统科学那里得到了一种解释，使对这一难题的解决取得了巨大的进展；还原论和整体论旷日持久的争论在系统科学那里可以作出一种回答；被称为"可重构性分析"的方法给我们提供了一种关于整体和部分之间关系性质的新视角，这种方法远超过了从还原论和整体论中产生的思维方式。

著名的系统科学家、诺贝尔奖获得者普里戈金指出："我们相信，我们正朝着一种新的综合前进，朝着一种新的自然主义前进，也许我们最终能够把西方的传统（带着它那实验和定量表述的强调）与中国的传统（带着它那自发的自组织的世界观）结合起来。"③

1.2.2 系统的基本概念

系统是普遍存在的。在宇宙间，从基本粒子到河外星系，从人类社会到人的思维，从无机界到有机界，从自然科学到社会科学，系统无所不在。

系统的概念④

英文中系统（system）一词来源于古代希腊文（systεmα），意为部分组成的整体。系统的定义应该包含一切系统所共有的特性。一般系统论创始人贝塔朗菲

---

① 颜泽贤、范冬萍、张华夏：《系统科学导论：复杂性探索》，北京，人民出版社，2006。
② 李士勇、田新华：《非线性科学和复杂性科学》，184页，哈尔滨，哈尔滨工业大学出版社，2006。
③ 颜泽贤、范冬萍、张华夏：《系统科学导论：复杂性探索》，11～12页，北京，人民出版社，2006。
④ http://baike.baidu.com/百度百科：系统。

将系统定义为"系统是相互联系相互作用的诸元素的综合体"。这个定义强调元素间的相互作用以及系统对元素的整合作用。可以表述为：

如果对象集S满足下列两个条件：S中至少包含两个不同元素；S中的元素按一定方式相互联系。则称S为一个系统，S的元素为系统的组分。

该定义指出了系统的三个特性：一是多元性。系统是多样性的统一，差异性的统一。二是相关性。系统不存在孤立元素组分，所有元素或组分间相互依存、相互作用、相互制约。三是整体性。系统是所有元素构成的复合统一整体。

这个定义说明了一般系统的基本特征，将系统与非系统区别开来，但对于定义复杂系统有着局限性。另外严格意义上现实世界的"非系统"是不存在的，构成整体而没有联系性的多元集是不存在的。对于一些群体中元素间联系微弱，从而可以忽略这种联系，一般将其视为二类非系统。

下列是一些思想家和未来学家对系统的概念描述：

系统是一个动态和复杂的整体，相互作用结构和功能的单位。

系统是由能量、物质、信息流等不同要素构成的。

系统往往由寻求平衡的实体构成，并显示出震荡、混沌或指数行为。

一个整体系统是任何相互依存的集或群暂时的互动部分。

部分是由系统本身和其他部分所组成的。这个系统又同时是构成其他系统的部分或"子整体"。这些对系统概念的描述既归纳了系统的一般特征，又引入了时空与动态观念，也就是说任何系统都不是永恒的，是暂时的、动态的。

系统的分类[①]

按照系统的复杂程度，系统可以分为三类：

简单系统（Simple System）。简单系统的特点是元素数目特别少，因此可以用较少的变数来描述，这种系统可以用牛顿力学加以解析。简单系统又是可以控制的、可以预见的、可以组成的。在管理学中，这种组织一般是出现在组织的初期，比如一个班级，抱着同样的目的，有同样的背景，组成了一个简单系统。又如，排成一列的长队买票，也是一个简单系统。

随机系统（Random System）。随机系统的特征是元素和变量数很多，但其间的耦合是微弱的或随机的，即只能用统计的方法去分析。热力学研究的对象一般就是这样的系统。这样的系统在社会中不多见，但是彩票就是随机系统的一个很好的例子。

---

① http://baike. baidu. com/百度百科：复杂系统。

复杂系统（Complex System）。复杂系统的特征是元素数目很多，且其间存在着强烈的耦合作用。复杂系统由各种小的系统组成，例如在生态系统中，是由各个种群、各种生物组成的。生态系统是复杂系统的一个最好的例子。当然，管理学中，经常把一个公司看做是复杂系统，它兼有简单系统和随机系统的各种特征。

复杂性科学所感兴趣的正是最后一种有组织的复杂系统。因为对于第一种系统来说，传统的牛顿力学范式的分析方法已经给出了这类系统行为的很好的解释。而对于第二类系统，由于其元素数目太多，必然是元素间的耦合"失去"个性，从而能够用统计方法去研究，成为一种简单的系统。所以，复杂系统的元素并不是多数就复杂，只用具有中等数目大小的系统才是一个有趣的系统，也才是一个复杂的系统。

系统结构的概念[1]、[2]

所谓系统的结构，就是系统在组分不变的情况下，为了完成系统整体的功能而把系统内的组分与组分之间整合为统一的整体形式，这种系统诸元素之间相互关系、相互作用的关联方式的总和称为系统的结构。系统的结构构成了系统内部相对稳定的组织形式和结合方式。

例如，社会的经济结构就是生产关系的总和。马克思说："人们在自己生活的社会生产中发生一定的、必然的、不以他们的意志为转移的关系，即同他们的物质生产力的一定发展阶段相适应的生产关系。这些生产关系的总和构成社会的经济结构。"

系统是一个系统内部诸要素之间普遍存在着相互作用和多样性联系的网络，系统内部诸要素之间存在着系统性、有机性和复杂性。

系统结构是系统与系统、系统组分之间的联系方式

系统组分之间的相互联系、相互影响和相互作用是通过物质、能量、信息的传递来实现的。只要系统组分之间存在着相互作用，就存在系统结构。同一系统内不同组分之间可能的不同连接，构成了系统的不同结构，也影响着系统的功能。

系统结构的关联方式根据系统种类不同而存在多种形式，如机械系统中的硬连接、弹性连接、柔性连接等，电气系统中的硬件连接、电路的导线连接等，控制系统中的信息反馈联系等。不应误认为系统的结构就是系统内部各元素的分布关系，因为分布相同也可能有不同的关联方式而形成不同的结构。

时间结构是系统组分依赖于时间概念、流程所体现出的关联方式。

---

① 李士勇、田新华：《非线性科学与复杂性科学》，8～11页，哈尔滨，哈尔滨工业大学出版社，2006。
② 颜泽贤、范冬萍、张华夏：《系统科学导论：复杂性探索》，73～77页，北京，人民出版社，2006。

空间结构是系统组分依赖于空间的分布、排列或配置所决定的关联方式。

时空结构是系统组分既依赖于时间又依赖于空间的关联方式。

在复杂系统理论中，系统科学家常常使用模式（Pattern）和构型（Configuration）的概念来说明系统的一种整体或宏观的时空结构。系统的结构是系统中诸元素之间相互关系或关系网络，正是这种关系在特定的空间中将元素整合成相对稳定的系统，形成重复出现的模式与构型。

总之，宏观上或整体上有某种形式或样态重复持续出现，不必每一次都重新由头至尾对它的组成与结构进行描述，用一个简略的高层次的名称来指称它，叫做构型或模式。

系统结构是一种约束机制

为什么系统元素之间相互关系的总和会构成系统结构即组织整体呢？这是因为这里面存在一种约束机制。

系统内部诸要素不是毫无关联地偶然地堆积到一起的，而是有着紧密的相互关系和相互作用，否则它就不是一个系统。所谓系统要素之间的相互作用就是彼此影响、相互约束或相互控制，即它们彼此之间改变对方的状态或状态空间，改变对方的行为路线或行为方式。

元素之间的相互作用和相互改变状态，对元素起到一种限制和约束的作用。它限制了系统的变化，限制了元素的自由度和随机性，把它们约束在一定的时间、空间和形态范围内，从而形成某种稳定的结构模式与构型，并与其他系统或环境区别开来。不过应该注意的是，系统元素之间相互作用所构成的结构的约束与限制，并不是使元素完全不变不动，而是给它们的运动与变化赋予某种规律和秩序。这种限制、约束乃至控制的作用，对于它的组成元素之间来说，是一种改变了它们行为的"下向因果关系"。

总之，元素之间的相互关系和相互作用造成的约束，在形成结构中起到关键的作用，而结构一旦形成，它又反过来对元素的行为起着关键的作用。没有约束，一切处于混沌游离的状态，元素之间不处于特定空间的范围，不具有特定形态，不形成统一体，不发生有序的关系和遵循特定的整体的规律，因而也就没有组织整体。约束形成结构，构成对元素的下向因果关系。约束是有序与规律的同义语，反映了过程哲学的一个基本思想：关系比元素更重要。

系统层次、层级的概念[1]

系统层次分析是结构分析的重要方面，是认识复杂系统复杂性的一个基本着

---

[1] 李士勇、田新华：《非线性科学与复杂性科学》，8~11页，哈尔滨，哈尔滨工业大学出版社，2006。

眼点。复杂系统往往具有层次性，通常一个复杂系统包括许多个子系统，整合在同一级别上的系统就构成系统的一个层次，它们在系统中具有同等或类似的作用。同一层次上的子系统在结构上往往具有相似或相同的作用。

简单系统不需要划分层次就可以把系统的各个部分组织起来，而复杂系统则不然，必须按层次划分由低级向高级逐级进行组织整合才能成为系统整体。首先，由组分的适当组织形成许多子系统，再对子系统整合形成较高一级的子系统，然后对较高一级子系统进行整合，又形成高一级的子系统，直到形成整个系统。

层次是系统科学中的重要概念，它在很大程度上反映了一个系统的复杂程度。简单系统由元素层次和系统整体层次组成，元素间的相互作用直接涌现出系统整体特性，不需要经过中间层次整合；复杂系统不可能一次直接完成从元素性能到系统整体性能的涌现，必须经过由低层次到高层次逐级整合，最终形成系统整体层次。因此系统层次的高低又可以对涌现性加以解释。涌现性使高层次具有低层次没有的特性，不同性质的涌现形成不同的层次，不同层次表现出不同质的涌现。

系统形态的概念[①]

形态，包括形和态两个组成部分。形指形象，是空间尺度概念；态指发生着什么。形态，作为中心词，被很多不同层次门类的学科应用，比如植物学、生物学、医学、数学、文学、社会学甚至艺术学。在量子学上的波粒二象性，波指态，粒指形。如果说，宇宙是由物质构成的，那么，任何物质都包含时、形和态三种属性：在某时间尺度、在某空间尺度、发生着变化。物质的这三种属性以其固有的逻辑相互关联着。

形态（Form/Shape/Morphology/Format）有时候被称为程式（Convention），指一种结构性要素，不同元素的排列组合或者编码方式构成不同的形态。例如，电视节目形态构成是一个电视节目的各个形式要素依照不同的组合方式、不同的功能指向而最终形成的节目存在样态，具有相对稳定的外部形式和内部构造。

系统功能的概念[②、③]

一个系统在它所处环境的作用下所表现出的系统自身特性的任何变化，成为系统的行为。不同系统在同一环境下有不同行为，而同一系统在不同的环境下也会有不同的行为。系统的行为对环境中的某些事物乃至环境产生存续作用，成为

---

① http://baike.baidu.com/百度百科：形态。
② 李士勇、田新华：《非线性科学与复杂性科学》，8～11页，哈尔滨，哈尔滨工业大学出版社，2006。
③ 颜泽贤、范冬萍、张华夏：《系统科学导论：复杂性探索》，81～82页，北京，人民出版社，2006。

系统的功能。系统的功能反映了系统整体特性。一般而言，系统整体应具有部分及其总和所没有的新功能，这就是系统整体涌现性的体现。

系统功能是在系统与环境的相互关系中表现出来的系统总体的行为、特性、能力和作用的总称。系统总体的活动正是通过它与环境之间的输入（外界环境对系统的作用）、输出（系统对外界环境的作用），特别是输入和输出的相互关系而表现出来的。

控制论认为，功能就是系统将一定的物质、能量、信息输入变换为一定的输出的能力。

系统功能主要是系统的一种"时间上的秩序"。

系统的功能和性能是有区别的

系统内部组分间的相互作用以及在和环境相互作用中所表现出的特性和能力，称为系统的性能。利用风的流动性能进行风力发电是风的功能。可见，系统的功能是其性能的外在表现。

系统的功能不仅取决于系统的结构、层级，而且取决于环境对它的影响。可以说，系统的功能是由结构、层级和环境共同决定的。只有当环境合适时，系统的功能才取决于结构、层级。

1.2.3 复杂系统的基本特征

普里戈金曾指出，当代科学的迅速发展，一方面是人对物理世界的认识，在广度和深度上的量的扩大；另一方面是由于研究越来越复杂的对象，引起科学观念和研究方法上质的变化，这后一方面可能更为重要。[1]

金融系统是一个复杂系统

金融系统是一个复杂系统，金融系统的演化、进化历程符合复杂系统或复杂适应系统的进化历程和规律。复杂系统的演化，一种方式是由低级向高级、由单一向多样、由简单到复杂，再到越来越复杂的方向演化，这是进化；另一种方式是相反的演化，是退化。系统进化需要时间，因此进化是一个过程。[2]

金融系统作为一种不断进化的复杂适应系统，经历了由低级向高级、由单一向多样、由简单到复杂再到越来越复杂的方向演化，并且还在不断进化和发展。由金融的货币、债股、信托、保险、期货五种形态以及间接融资、直接融资、信托融资三种不同的融资方式等金融要素、金融主体所组成的金融复杂适应系统至

---

① 李士勇、田新华：《非线性科学与复杂性科学》，40页，哈尔滨，哈尔滨工业大学出版社，2006。
② 李士勇、田新华：《非线性科学与复杂性科学》，8～11页，哈尔滨，哈尔滨工业大学出版社，2006。

少具备以下特征：

整体性

系统整体性是指系统是由若干要素组成的具有一定功能的有机整体，各个作为系统子单元的要素一旦组成系统整体，就具有独立要素所不具有的性质和功能，形成了新的系统的质的规定性，从而表现出整体的性质和功能不等于各个要素的性质和功能的简单加和。系统性是系统的最为鲜明的、最为基本的特征之一。系统之所以成为系统，首先就必须要有整体性。

钱学森先生说："什么叫系统？系统就是由许多部分组成的整体，所以系统的概念就是要强调整体，强调整体是由相互关联、相互制约的各个部分组成的。系统工程就是从系统的认识出发，设计和实施一个整体，以求达到我们所希望得到的效果。"[①]

目的性

系统的目的性是指系统在与环境的相互作用中，在一定的范围内其发展变化不受或少受条件变化或途径经历的影响，坚持表现出某种趋向于预先确定的状态的特性。从系统的发展变化来看，系统的目的性一方面表现为系统发展的阶段性，另一方面又表现为系统发展的规律性。系统的目的性表现出系统发展方向的确定性。

非线性

构成复杂系统的一部分或全部组分必须具有非线性特征。非线性的实质是系统组分之间的相互作用、相互联系，不是单方面的影响，而是相互影响、相互制约、相互依存的。非线性关系可理解为一种反馈作用，即存在正反馈，也存在负反馈。非线性的相互作用使得复杂系统的演变变得丰富多彩。因此，非线性又被称为复杂性之源，即非线性导致了复杂性。

从另外一个角度，如果一个函数是线性的，如果赋予其任何值，函数的值都只是这些值的加权求和。由金融的货币、债股、信托、保险、期货形态等要素组成的金融子系统之间相互联系、相互制约、相互依赖、相互作用，其行为和性质变化不具有绝对独立性。在不同的社会经济系统中、在金融系统中，货币、债股、信托、保险、期货等不同的金融形态之间的相互关系是不成比例的非线性关系。[②]

① 魏宏森、曾国屏：《系统论：系统科学哲学》，201～202页，北京，清华大学出版社，1995。
② 魏宏森、曾国屏：《系统论：系统科学哲学》，234～240页，北京，清华大学出版社，1995。

多样性

多样性一方面是由于构成系统的各组分之间的相互作用，另一方面也包括各组分与环境之间的相互作用。相互作用的多样性导致系统整体行为的多样性。系统性能的多样性决定了系统功能的多样性。金融系统是一个具有多形态、多层次、多功能、多方式特征的复杂网络结构或架构。

多层性（多重性）

复杂系统往往具有多层次、多功能的结构，这样的结构被司马贺（西蒙）称为层级结构。每一层次均构成上一层次的组元，同时，也有助于系统的某一功能的实现。金融系统的结构特征就是一种多层次、多形态的网络体系。这种网络结构成为基础货币以及由此产生的信用货币、金融资产多维结构的基础，成为金融信息传输和反馈通路的基础，成为银行、证券、信托、期货、保险等组织、器官、系统形态和功能结构的基础。这种结构特性赋予了金融系统内部各组成要素系统复杂的非线性动力学特征。

复杂系统的多个层次之间一般不存在叠加原理，每形成一个新层次，就会涌现出新的性质。一般来说，越是复杂的系统，层次就越多，因此多层次性或多尺度性是刻画复杂系统复杂程度的一个基本特征。但是，作为一个系统，也不是层级越多越好，这还是一个必要的层级的概念。

涌现（突现）性

涌现是系统整体的一种特性，但整体的特性不一定都是涌现出来的。贝塔朗菲区分了累加性与构成性（非加和性）两种整体特征，把整体分为非系统的总和与系统总体两种。整体的那些只需要把部分特性累加起来即可得到的特性不是涌现性，只有那些依赖于部分之间特定关系的特性，即所谓的构成特征，才是涌现性。

因此，系统科学将这种整体具有而部分不具有的特性，称为涌现性。复杂系统无一不具有非线性，非线性特别是强非线性、本质非线性是产生涌现性的根源。涌现性是复杂系统进化过程中所具有的一种整体特性。涌现现象本质上是非线性特性，涌现性来源于非线性相互作用。

在金融系统的很多时候或方面，某些主体、参数等的微小变化，就可能出现金融系统整体或局部的突变现象，例如金融危机、货币危机的产生和发展，甚至还会对社会、经济系统产生重大冲击。从时间的角度考察，金融系统中货币、债股、信托形态的产生等都是突变（涌现）的现象。

不可逆性

自然界中许多复杂系统在随时间的演化过程中都具有不可逆性。例如，一粒种子长成的作物，不会再回到原来的种子；瞬息万变的气候过程也不会反演，在生态系统、经济系统等复杂系统中都不具有可逆性。但是，在不同的时间里，同一系统会表现出惊人的相似但又不同的形态，这就是赫拉克利特的名言"人不能两次走进同一条河流"的道理。

自适应性

复杂系统具有进化特征。系统进化指系统的组分、规模、结构或功能等随时间的推移朝着有利于自身存在的方向自我调整、自主适应内外环境变化。在不断地适应环境的过程中系统就变得复杂起来，这正体现了霍兰创立的复杂适应系统理论的精髓：适应性造就复杂性。

自组织临界性

自组织临界性是指复杂系统在远离平衡态的临界态上，并不像通常遵循一种平缓的、渐进的演化方式，而是以阵发的、混沌的、类似雪崩式的方式演化。地震、海啸，还有社会变革、经济危机、金融危机、货币危机等都是雪崩式的演化。

1987年，巴克和汤超、克特·威森费德构建了现实自组织临界性的沙堆模型。把沙粒缓缓地加到台子上，当沙堆陡到一定程度时，沙堆就不可能再增长了，处于一个稳定态。再加入沙粒，处于稳定态的沙堆系统就会从非临界态转向临界态。在稳定的自组织临界态中，存在着一个复杂系统，沙堆的形成不可能从单个沙粒的性质中预先知道。当沙堆陡的斜率增大到一个临界值时，再加入一粒沙子都会使沙粒下滑引起小区域或大面积滑坡，称为雪崩。

自相似性

复杂系统中存在不同层次的相似性。自相似性既可以指复杂系统不同层次结构，也可以指系统的形态、功能和信息。在自然界、生物系统、生态系统、社会经济系统、金融系统等领域都存在着不同层次的自相似性。

开放性

系统具有开放性是指系统本身与系统周围的环境有物质、能量、信息的交换。由于有这些交换，所以是开放的。开放性能使系统的组分（子系统）之间以及系统本身与环境之间相互作用，并能不断地向更好适应环境的方向发展变化。金融系统是社会、经济系统的一个组成部分，它与其外部环境之间存在着大量的物质、能量和信息的交换、交替、交流。

动态性

具有自组织、自适应、自调整的复杂系统都具有某种动力。这种动力使它们与计算机集成电路块和雪花类仅仅是复杂的物体有着本质的区别。复杂系统的动态性比起它们更具有自发性，更无秩序，也更活跃。然而这种动态性和混沌相差甚远。混沌理论指出，极其简单的动力规律能够导致极其复杂的行为表现。但混沌理论本身仍然无法解释结构和内聚力以及复杂系统自组织的内聚力。

混沌理论无法解释复杂性。复杂系统却具有将秩序和混沌融入某种特殊平衡的能力。它的平衡点即常被称为混沌的边缘：一个系统中的各种因素从未真正静止在某一个状态中，但也没有动荡至解体的那个地方。混沌的边缘是复杂系统能够自发调整和存活的地带。[①]

在金融系统中，货币、债股、信托、保险、期货等不同的金融形态是相对静止的，它们的运动、金融市场是动态变化的，整个金融系统的变化呈现着动态的特征。

稳定性

复杂系统的稳定性是指在外界作用下作为开放系统的复杂系统具有一定的自我稳定能力，能够在一定范围内自我调节，从而保持和恢复原来的有序状态，保持和恢复原有的结构和功能。复杂系统的存在就意味着其具有一定的稳定性。复杂系统的发展变化也是在稳定基础上的发展变化。

复杂系统的稳定性，首先是一种开放中的稳定性，同时意味着系统的稳定性都是动态中的稳定性。复杂系统的稳定性与其整体性、目的性等实际上都是互相联系的。复杂系统的稳定性，正是其在非平衡状态下保持自身的有序性的一种特征。[②]

金融复杂系统的形态或主体

金融系统的基础是商品以及其价值运动的表现形式：货币、债股、信托、期货、保险形态。而作为金融系统主要组成部分的保险和期货形态，不仅仅是金融的主体，它们也是金融系统的控制机制、风险管理机制。

保险是基于大数原则以及不利于金融系统、主体的事件、事物发生的概率，集合社会、个人之力量对金融系统的不利倾向、风险进行控制的风险管理机制，而期货是基于对冲原理对金融系统的风险进行控制、管理的机制。

金融系统的风险管理、控制机制也是分级的。保险和期货是金融系统整体的风险管理机制，对于作为金融系统主体的货币、债股、信托，它们也有自己的控制风险的机制。但是应该讲，期货、保险至少在金融产品层面上使用的频率还不高、规模还不够大，作用发挥不充分。

---

① 李士勇、田新华：《非线性科学与复杂性科学》，148~150页，哈尔滨，哈尔滨工业大学出版社，2006。
② 魏宏森、曾国屏：《系统论：系统科学哲学》，255~264页，北京，清华大学出版社，1995。

金融进化的阶段性和规律性

金融系统的进化是与人类社会进化的前工业社会（农业社会）、工业社会和信息社会（后工业社会）相对应的金融系统的表现和特征。如同数字化是信息化的基础一样，人类社会金融进化的基础是货币化。只有有了货币化，才产生了银行化，并继续发展成为证券化、信托化。

只有以充分发达的商品作为基础，才产生了货币化，才有银行化、证券化和信托化。实际上，虽然已经经过几百年乃至上千年的发展，货币化依然还有很多事情要做，依然有很长的路要走，特别是在信息化社会下，在小尺度规模下的社会、经济的运营、发展等方面。

就像银行化不是对货币化的否定，证券化不是对银行化的否定一样，信托化也不是对证券化、银行化和货币化的否定，而是证券化、银行化和货币化的发展、高级化，是一种金融进化"高端、大气、上档次"的现象和事件。

1.2.4 复杂系统的基本规律

复杂系统的基本规律是关于复杂系统在基本状态和演化发展趋势的必然的、稳定的普遍联系和关系，是比复杂系统的基本特征具有更大普遍性的一种对复杂系统的一般性把握。

复杂系统的基本规律概括为5个，包括结构功能相关律、信息反馈律、竞争协同律、涨落有序律和优化演化律。[1]

结构功能相关律

结构和功能是系统普遍存在的两种既相互区别又相互联系的基本属性，揭示结构与功能相互关联和相互转化就是结构功能相关律。

系统科学的建立和发展，使得结构和功能成为十分基本的科学概念，结构功能相关律成为系统科学中的一条基本规律。

复杂系统的结构反映系统中要素之间的联系方式、组织秩序及其时空表现形式，是复杂系统的一种内在的规定性。功能是复杂系统内部相对稳定的联系方式、组织秩序及时空形式的外在表现形式。系统的功能是与系统的结构相对应的范畴。

复杂系统的结构、功能是相互联系、相互制约的，是相对区别、相互分离的，是相互作用、相互转化的。系统的结构对于系统的功能具有决定性作用，系统的组成成分即要素种类、数量不同，其功能也不同。系统要素的时序性不同、

---

[1] 魏宏森、曾国屏：《系统论：系统科学哲学》，287～353页，北京，清华大学出版社，1995。

空间结构不同，如石墨与金刚石，其功能也不同。而系统的功能又可以反作用于系统的结构。

信息反馈律

信息反馈在复杂系统中是一种普遍现象，通过信息反馈机制的调控作用，使得系统的稳定性得以加强，或系统被推向远离稳定性。揭示信息反馈调控影响系统稳定性的内在机制称为信息反馈律。

信息是进行控制的基础。维纳在《控制论》中指出：信息就是信息，它既不是物质也不是能量。

王雨田主编的《控制论、信息论、系统科学和哲学》中讨论了六种常见的关于信息的定义：（1）信息是人们对事物了解的不确定性的度量，从而把信息看做是不确定性的减少或消除。（2）信息是控制系统进行调节活动时，与外界相互作用、相互交换的内容。（3）信息作为实物的联系、变化、差异的表现。（4）信息表现了物质、能量在时间、空间上的不均匀分布。（5）信息是系统的组织程度、有序程度。（6）信息是物理载体与语义构成的统一体。

尽管一般而言系统的反馈涉及物质流、能量流和信息流，但是最为重要的是信息，是关于系统的一种普遍的属性。系统的反馈，本质上传递的是信息，是关于系统的复杂性和组织性的规定性。

信息反馈是系统稳定性因素。正反馈和负反馈是反馈的两种基本形式。所谓的负反馈就是使得系统的运动和发展保持向既有目标方向进行的反馈。一般来说，负反馈是使得系统保持稳定的因素，使得系统表现出契合目的性的行为。

信息反馈推动系统发展演化。正反馈的作用与负反馈的作用表现出恰恰相反的效应，正反馈是可以使系统越来越偏离既有目标值甚至导致原有系统解体的一种反馈。

信息反馈保证系统的稳定性和发展性的统一。正反馈和负反馈都是客观存在的，它们对于系统都具有控制、调节作用。正反馈和负反馈是相互区别、相互对立的，但是这样的相互区别、相互对立也是相对的，它们之间实际上又是相互制约、相互转化的。信息反馈的辩证法，体现了系统稳定性和发展性相统一的辩证法。

竞争协同律

系统内部的要素之间以及系统与环境之间，既存在着整体同一性又存在着个体差异性。整体同一性表现为协同因素，个体差异性表现出竞争因素。通过竞争和协同的相互对立、相互转化，推动系统的演化发展，这就是竞争协同律。

系统是要素有机联系的统一体，即是个体的统一体。一个系统区别、独立于它系统，也就是该系统具有个体性，可以看做是个体。个体为了保持自己的个体性，也处在发展演化之中，决定了它们之间必然处于相互竞争之中。

协同反映的是事物之间、系统或要素之间保持合作性、集体性的状态和趋势。这与竞争反映的事物、系统或要素保持的个体性的状态和趋势正好相反。

竞争和协同是一种非线性相互作用，竞争和协同具有创造性和目的性，竞争和协同共同推动系统发展演化。

涨落有序律

系统的发展演化通过涨落达到有序，通过个别差异得到集体响应放大，通过偶然性表现出必然性，从而实现从无序到有序、从低级向高级的发展，这就是涨落有序律。

涨落也被称为起伏，有时也被称为噪声、干扰。从系统的存在状态来看，涨落是对系统的稳定的、平均的状态的偏离；从系统的演化过程来看，涨落是系统同一发展演化过程之中的差异。因此，从平衡非平衡角度看，涨落就是系统的一种不平衡状性。涨落是普遍的、无处不在的。涨落的表现形式是多种多样的。例如内涨落、外涨落，微涨落、巨涨落，正向涨落、反向涨落等。

有序是指系统内部要素之间以及系统与系统之间的有规则的联系或联系的规则性。有序是相对的，是相对于无序而言的。有序与无序在一定的条件下是可以相互转化的。

系统的序的规定性是多方面的。从系统的结构和功能角度，可以划分出系统的结构序和功能序。从时间和空间的角度，可以划分出空间序、时间序和时空序。

系统通过涨落达到有序。系统通过涨落达到有序时，面临着多种可能的前途，存在着多种可能的选择，即系统的发展演化出现了分叉。分叉点是系统从旧结构到新结构发生转变的突变、涌现点。

系统通过涨落达到有序，标志的是系统的向上的发展方面，但是也存在着必然性和偶然性、前进和倒退、上升和下降、进化和退化相互作用的过程。系统通过涨落被放大实现从无序到有序的发展过程，也就是一个系统的结构和功能得到优化的过程。

优化演化律

系统处于不断的演化之中，优化在演化之中得到实现，从而展现了系统的发展进化，这就是优化演化律。

演化与存在是一对相对应的范畴。演化标志着事物和系统的运动、发展和变化，而存在反映事物和系统的静止、恒常和不变。

优化是系统演化的进步方面，是在一定条件下对系统的组织、结构和功能的改进，从而实现耗散最小而效率最高、效益最大的过程。

系统存在着自组织优化和被组织优化两种基本优化现象。而系统优化最重要的是整体优化，系统优化是系统发展演化的目的。

1.2.5 复杂性科学、元系统跃迁理论、中国传统系统思想

复杂性科学

复杂性科学兴起于20世纪80年代，是系统科学发展的新阶段，也是当代科学技术发展的前沿领域之一。霍金称"21世纪将是复杂性科学的世纪"。复杂性科学的主要贡献和亮点是在方法论上的突破和创新，是一种新的时空观念和科学视野，是一场思维方式的变革。复杂性科学的理论和方法将为人类的发展提供一种革命性的思路、方法和途径。

复杂系统是复杂性科学的研究对象。复杂系统是一种由许多子系统组成，子系统之间存在着相互关联、相互作用、相互制约的关系，同时，具有某种功能或功能组合的整体。复杂系统具有整体性、目的性、稳定性、非线性、多样性、多层性、涌现或突现性、不可逆性、自适应性、自组织临界性、混沌性、自相似性、开放性和动态性等特性。

隐秩序

约翰·霍兰在探索了存在于复杂适应系统中的不解之谜，其中包括系统演化规律、复杂性产生机制、抽取复杂适应系统一般原理之后，提出了复杂适应系统理论的基本思想——隐秩序：适应性造就复杂性。

元系统跃迁理论、生命进化的阶梯与倒数第二层分叉增长规律

Ⅴ．图琴综合了功能和结构：形态、层级两个方面的进化机理，提出了元系统跃迁理论以及"生命进化的阶梯"，为理解复杂系统进化过程提供了一幅崭新的路线图。

图琴认为，生命的进化包括三个阶段，即化学纪元、动物纪元、理性纪元。其中化学纪元是生命进化的基础，动物纪元分为水螅、蚂蚁、高级动物三个阶段，理性纪元分为人、社会两个阶段。动物纪元最高准则是自我保存和繁殖的本能，理性纪元最高准则是理性、社会性、协调、整体安全。

中国传统系统思想

普里戈金在其著作《从混沌到有序》中曾经说过：中国文明对人类、社会和自然之间的关系有着深刻的理解……中国的思想对于那些想扩大西方科学范围和意义的哲学家和科学家来说，始终是个启迪的源泉。

系统思维，犹如一块璀璨的瑰宝，在中国古代传统思维中熠熠生辉。中国古代传统系统思想在现代世界得到格外的珍视，被看做智慧的源泉，未来的希

望。在阴阳八卦、《周易》、《道德经》、阴阳五行、《黄帝内经》、《孙子兵法》、宋明理学等学说、理论中，包含着大量的中国古代传统系统思想。[①]

阴阳五行学说

任何事物均可以用阴阳来划分，凡是运动着的、外向的、上升的、温热的、明亮的都属于阳；相对静止的、内守的、下降的、寒冷的、晦暗的都属于阴。我们把对于人体具有推进、温煦、兴奋等作用的物质和功能统归于阳，对于人体具有凝聚、滋润、抑制等作用的物质和功能归于阴，阴阳是相互关联的一种事物或是一个事物的两个方面。

阴阳学说认为：自然界任何事物或现象都包含着既相互对立，又互根互用的阴阳两个方面。阴阳是对相关事物或现象相对属性或同一事物内部对立双方属性的概括。阴阳学说认为：阴阳之间的对立制约、互根互用，并不是处于静止和不变的状态，而是始终处于不断的运动变化之中。"阴阳者，有名而无形"——《灵枢·阴阳系日月》。"一阴一阳之谓道"——《易传·系辞》。道：指"道理""规律"。"阴阳者，天地之道，万物之纳纪，变化之父母，生杀之本始，神明之府也"——《素问·阴阳应象大论》。

五行学说是中国古代哲学的重要成就，五行即木、火、土、金、水，但是这并不代表五种物质，而是五种属性、要素、主体。在我国，"五行"有悠久的历史渊源，《归藏易》《连山易》中均有其记载。

五行的木、火、土、金、水，对应五音是角、徵、宫、商、羽，对应五声是呼、笑、歌、哭、呻，对应五脏是肝、心、脾、肺、肾。

法术势

韩非子是战国时期（前475—前221年）著名哲学家、法家学说集大成者、散文家。他创立的法家学说，为中国第一个统一专制的中央集权制国家的诞生提供了理论依据。

韩非子别具匠心地将商鞅的"法"、申不害之"术"、慎到之"势"进行了有机的结合，并始终坚持将这三者放到社会背景、人性特点和其他相关的习惯、制度中加以考察。这使得他的理论获得了持久的生命力，在中国历史上发挥了巨大的作用，直到今天，仍有许多值得学习和借鉴的地方。[②]

抛开韩非子"法""术""势"的原意，重新解释其含义："势"是趋势、形势、大势，是事物发展的规律；"法"是制度、法律、规则，是在事物发展规

---

① 魏宏森、曾国屏：《系统论：系统科学哲学》，5～30页，北京，清华大学出版社，1995。
② http://baike.baidu.com/百度百科：法术势、韩非子。

律之下人们应该制定的规制、必须遵守的规则；"术"是战术、执行、实施，是人们在行事的时候，在遵循了事物发展规律和规则之下的灵活的实施和执行。

1.2.6 复杂系统的进化方式

一个复杂系统的演化、进化有许多原因：随机的事件、"通过涨落而有序"、不可预期的行动的反弹、行为规则的改变、控制者系统的指令信息的作用等等。如果复杂系统新的形式或状态对于系统的存在与发展来说比旧的形式有改进，称这种改进为进化。如果这种进化是由环境引起的，称之为适应。

如果一个系统有能力引起自身在结构形式上和行为方式上发生变化，做到对环境的适应，称该系统具有适应性。所以，适应或适应性或进化可以表达为：

适应或适应性或进化＝多样性变异＋遗传性保存＋环境性选择

多样性变异

包括多样性、变异、不同要素之间的相互作用增强等形式，可以从形态、层级、功能三个维度进行考察、分析。在多样性变异中，包括了两个层次：

其一是系统的整体性多样性变异，表现为系统的涌现现象，是系统层级的增加，是一种元系统跃迁。系统的整体性进化遵循倒数第二层分叉增长规律。

其二是子系统中的多样性变异，表现为形态、层级、功能的多样性变异。相对于系统整体而言，层级的变化为"微分层"。

对于系统的多样性变异，存在盲目的多样性变异现象。

其实，在金融系统的子系统中也存在着元系统跃迁，并遵循倒数第二层分叉增长规律。

遗传性保存

对于货币而言，遗传性保存包括货币的形态、层级、功能的遗传、复制、传播等。这其中还包括对货币的形态、层级、功能的"微分层"，就像有了手机通讯系统以后，又出现了微信一样，是一种形态的多样化、层级的多样化、功能的多样化。

遗传性保存主要是事物在多样性变异时间上而非空间上的持续性的形式。货币的遗传性保存是货币作为复杂系统的一种继承方式，是货币自身的一种选择，是货币自身优中选优、良性循环的机制，也就是货币使适应环境的多样性、变异或涌现保存下来、传播出去。这对于生物物种是一种遗传机制，对于生命大分子是一种复制机制，对于社会系统是通过亨德森所说的"文化基因"或道金斯所说的"模因"（Memes）实现的。人类的语言、图书、学习过程、文化传统、科学规范以及神话、法律、制度等起到了如同遗传机制的作用。

环境性选择

对于货币而言，其环境性选择包括货币的形态、功能、层级的减缩、"瘦身"、淘汰等。环境性选择是"适者生存、不适者淘汰"选择性原理的具体体现。环境性选择实际上是货币的外部环境，包括金融系统及其子系统以及政治、社会、经济、技术、制度的等因素对货币系统盲目变异原理、必要多样性定律、必要层级原理以及变异、相互关系强化等方面的"反动"，是复杂系统完善、"瘦身"、优化、淘汰的一种机制，是复杂系统的外部环境对复杂系统内部"军备竞赛"的一种选择、平衡机制，是一种不容错机制。[①]

从交易成本的角度，金融的环境选择性进化方式将使整个金融系统以及各子系统自身的交易成本更低、运行效率更高、运行效益更好。从历史上看，商品、货币、债股、信托、期货、保险等形态的不断演变，融资方式从单纯的间接融资到直接融资，再到信托融资方式的横空出世，都应该是一种典型的金融环境选择性进化现象、案例。这是由于人类社会经济、技术的进步、发展，需要金融及其子系统从形态、层级、功能等方面作出与之相适应的变化。

复杂系统的进化分别遵循必要多样性定律、必要层级原理、盲目变异原理和稳定者生存原理。

1.2.7 系统科学、复杂性科学在经济、金融上的应用前景

研究经济问题应从系统理论出发

经济学家们认为，研究经济问题应从系统理论出发，只有运用系统和演化理论方法讨论经济系统，所得到的相关结论才具有现实性、说服力。制度从本质上说是一个制度主体相互作用、开放的复杂网络系统。这种"网络"结构，既是制度涌现的必要机制，又是制度作用的对象。

复杂网络为研究复杂制度系统及其演化提供了一种新的研究方式，可以加深对制度系统结构及其演化的深入了解。复杂系统研究成果对于探索制度系统演化的复杂性具有良好的隐喻和借鉴意义。

2002年3月27日，哥伦比亚大学教授纳尔逊在北京大学作题为《演化经济学的前沿》的报告时，指出当代演化经济学有两个前沿问题：一个是如何理解经济变迁和技术变迁问题，如何理解经济的演化过程；另一个是制度方面的挑战，即在研究创新以及技术变迁时，不能忽略政府采取的政策以及制度变迁对经济演化和技术变迁造成的影响。演化制度分析经济学家克雷普斯、宾莫和霍奇森认为制度

---

① 颜泽贤、范冬萍、张华夏：《系统科学导论：复杂性探索》，370～372页，北京，人民出版社，2006。

作为演化过程的结果具有两个特点：一是路径依赖，二是复杂性的演化。

自然科学的发展丰富了经济学研究的理论维度

随着自然科学取得革命性进展，系统科学理论、耗散结构理论、自组织理论、量子力学理论、混沌与分形理论以及包括随机过程为代表的现代数学理论得到了进一步的发展，这大大丰富了经济学研究的理论维度。

20世纪90年代初，几位诺贝尔奖得主和数学大师对经济的分析提出了一个崭新的实例，即经济可以被看做一个演化的复杂系统。主流经济学除了继续从数学和现代物理学中获得灵感外，还从达尔文的进化论和系统科学中获得启发。一门借鉴生物进化思想方法和自然科学多领域的研究成果，用于研究经济现象和行为演变规律的经济学流派——演化经济学应运而生。演化经济学认为经济系统和生物系统一样是一个演化系统，它在外部环境和内在结构的互动中不断得以进化和修正。新奇性、创造性和涌现对于理解社会经济的演化是必不可少的。[①]

前景广阔的复合研究

人类已经进入了一个新的社会形态：信息社会。在信息社会中，信息、知识成为重要的生产力要素，和物质、能量一起构成社会赖以生存的三大资源。由于信息、知识的广泛应用，会产生新的社会组织管理结构、新型的社会生产方式，新兴产业的兴起与产业结构演进产生了新的交易方式等，从而对经济和社会发展产生了巨大而深刻的影响，从根本上改变了人们的生活方式、行为方式和价值观念。所以，以系统科学、系统复杂性理论的现有成果对在信息社会新的社会形态中金融系统的变化、趋势和规律进行"触类旁通"式的研究，应该会得出很有参考意义、参考价值的研究成果。

将系统科学和复杂性理论和方法应用于观察、解释、预测金融及其体系的历史、现实和未来，解决金融现实的复杂问题特别是金融创新、发展等问题，是系统复杂性研究的一个重要领域和进路。系统科学、系统复杂性与金融系统管理相交叉的综合研究，不仅会为金融管理科学带来范式性革命，而且也为系统复杂性提供了独特的发展资源。

1.3 金融隐秩序：多形态、多层次、多功能的智能化金融体系

1.3.1 金融的本质

金融是一个复杂系统

金融系统是随着人类社会、经济、技术进步和发展，不断生成、发展和进化

---

① 范如国：《制度演化及其复杂性》，1～7页，北京，科学出版社，2011。

的。金融系统的复杂性进化表现为金融系统是一个从无到有、从单一到多样、从简单到复杂、从无序到有序的不断发展、进化的过程。金融环境复杂性的不断增强，也从客观上促进金融系统的复杂性不断增加，主要表现为人类社会制度、技术的不断完善和发展，促进了金融系统复杂性的提高，促进了金融系统的形态、层次、功能和结构的不断演变、进化和发展。

金融的本质

金融是商品价值跨时间、跨空间的运动、交换和升级。商品的价值在不同的时间、空间的形态、层级、功能和结构就是金融系统不同的形态、层级、功能和结构。

金融系统的形态、层级、功能和结构是金融系统"时间上的秩序"。所有涉及商品价值在不同时间、不同空间之间进行的配置、交换都属于金融范畴。金融学就是研究商品价值跨时间、跨空间运动的科学技术。

1.3.2 金融的形态、层次、功能与融资方式

金融"进化的阶梯"

从系统论角度出发，参照"生命进化阶梯"，从功能和结构（含形态、层次）这种复杂系统"时间上的秩序"考察金融系统的进化和金融"时间上的秩序"，而不是从金融机构这种金融的外在表现形式考虑商品的价值运动形态，自下而上应包括三个纪元：金融的基础、动物和理性纪元。

金融基础纪元就是商品层级，分为生产资料和生活资料两个亚层级，是金融及其进化的基础。

金融动物纪元，由金融的货币、债股、信托形态三个层次组成，是一种由多样化的金融"执行"形态、层级、功能构成的金融执行架构。

金融动物纪元的主要功能包括计价、支付、贮藏、配置资源，调节债股以提高系统的流动性等。该阶段通过分散配置资源的方式管理金融系统及金融形态自身的风险。

金融的理性纪元，由金融的期货、保险形态两个层次组成，是一种由多样化的金融"控制"形态、层级、功能构成的金融控制架构。金融理性纪元主要承担对冲风险、风险保障等功能。该阶段通过对冲、保险的方式管理金融系统的整体风险。

融资方式的多样化

三种融资方式

从控制论的角度，金融三种最基本的融资方式——间接融资、直接融资、信

托融资是对五种金融形态三种不同的控制方式。主要由于信息、金融机构责任、投资者与融资者关系、法律关系、金融模式、管理模式等方面的差异形成了三种最基本的融资方式。这与金融系统的成本、效率、公平有很大关系，因为自然法则、进化、自然规律最关注成本。

三种融资方式之间的关系

在自然界存在着三种最基本的自然形态：物质、能量和信息。当这三种自然形态需要运动的时候，就需要不同的控制方式对它们加以控制，然后它们才会动起来。一般来讲，控制模式有三种：集中（中央、他组织）控制、分散（自组织）控制和集中控制与分散控制相结合的控制方式。

控制方式作用在金融系统上，就产生了间接融资、直接融资、信托融资三种融资方式。在法律关系上，分别与委托中介关系、委托代理关系、委托受托关系相对应。在三种融资方式中，信托融资方式是最符合遗传规律的。

信托融资与间接融资、直接融资方式的区别

经济关系不同

信托融资方式是按照"受人之托、代人理财"的经营宗旨来融通资金、管理财产，涉及委托人、受托人和受益人三个当事人，其信托行为体现的是多边信用关系。间接融资方式、直接融资方式则是分别作为"信用中介""信用代理"的方式筹集和调节资金供求，委托人和受益人是一体的，体现的是存款人/投资人与贷款人/被投资人之间发生的双边信用关系。

行为主体不同

信托融资方式的行为主体是委托人、受托人双主体。在信托行为中，受托人要按照委托人的意旨开展业务，为受益人服务，其整个过程，委托人都占主动地位。但是受托人也不是完全被动地履行信托契约。受委托人意旨的制约，受托人是以自己的名义开展活动。银行信贷的行为主体是银行，银行自主地发放贷款，进行经营，其行为既不受存款人意旨的制约，也不受借款人意旨的强求。证券行为的主体是投资者自身，与证券公司无关。

承担风险不同

信托融资方式一般按委托人的意图，以自己（受托人）的名义经营管理信托财产，信托的经营风险一般由委托人或受益人承担。虽然信托公司只收取手续费和佣金，不保证信托本金不受损失和最低收益，但是在责任方面较间接融资、直接融资方式重大许多，存在隐性的刚性兑付问题。

间接融资方式例如银行信贷则是根据国家规定的存放款利率吸收存款、发放贷款，自主经营，因而银行承担整个信贷资金的营运风险，只要不破产，对存款

要保本付息、按期支付。直接融资方式中金融机构不承担任何责任。

清算方式不同

作为间接融资、直接融资方式产生的金融资产，企业破产时，要作为破产清算财产统一参与清算。而由信托融资方式产生的信托财产则不在清算财产范围内。信托财产是一个独立的资产，由新的受托人承接继续管理，保护信托财产免受损失。这就是信托财产隔离风险的功能。

中询金融矩阵

五种金融形态、三种融资方式都具有可分性

金融的五种形态可以分别细分为基础货币、信用货币；债权、股权；信托、再信托；期货、再期货；保险、再保险等十种金融亚形态。这十种金融亚形态还可以再次细分。

三种融资方式可以按照时间、空间（公募、私募）等维度继续细分为十二种不同的融资方式。这种可分性，包括形态、层级或层次、功能，但可分性不应该是无限的。

五种金融形态与三种融资方式之间的关系：中询金融矩阵

一个完整的金融系统由不同的金融形态和不同的融资方式共同构成。当金融系统中不同的金融形态遇上不同的融资方式，将会产生不同的金融工具或金融资产。

参照波士顿矩阵、麦肯锡矩阵命名的逻辑、方法，把金融要素矩阵，即金融形态—融资方式矩阵命名为中询金融矩阵。中询金融矩阵将呈现出一幅绚丽、丰富多彩的金融工具或金融资产光谱图。

不同金融工具的重组或二次组合将产生新的金融工具或资产

在金融系统中，存在着通过不同金融工具的重组或二次组合产生一种新的金融工具或金融资产的现象，例如租赁业务。从融资模式角度讲，目前在银行模式下的租赁业务是两次组合的结果。

其一，成立租赁公司。作为一个实体公司，首先采用了间接融资方式从银行融通低成本的资金作为主要的业务资金来源。

其二，开展租赁业务。以信托融资方式形成了租赁资产。只不过租赁公司在使用信托关系中，委托人和受托人是同一个人；租赁资产实际上是一种信托融资型资产。如果从金融的形态角度考虑，租赁是将一种生产资料首先货币化，然后再演变为租赁公司的表内资产、融资者的表外负债。

所以，租赁业务是一种复合金融业务，是对金融主体的二次或重新聚集，通过不同的金融标识、内部模型、模块，生成了租赁这个复合型、模块化的金融工具或金融资产。

所以，从上述情况来讲，霍兰复杂适应系统（CAS）理论中7个基本点即对所有CAS都通用的4个特性和3个机制（聚集—特性、标识—机制、非线性—特性、流—特性、多样性—特性、内部模型—机制、模块—机制），是复杂系统进化的战略性工艺流程。

1.3.3 金融进化的目标与途径

金融进化的目标

金融系统进化的目标是成为一个"智能化"同时兼顾公平、效率的金融复杂适应系统。目前，生命、人类已经进入并达到了智能化的状态。然而在国际范围内，在经济、金融最发达的美国，金融系统也没有达到智能化的多样化：多形态、多层次、多功能的"稳态"结构。金融系统的发展、进化要远远落后于"生命进化的阶梯"这样的发展水平和状态。

如同生物的进化过程一样，金融系统的演化、进化、发展的趋势是一个不断适应外部环境而使自己不断优化的过程。"智能化"的金融系统应该是一个多样化即多形态、多层次、多功能的金融架构。此时，金融系统将是稳定的、均衡的、富有弹性的，同时包括了一个多样化即多形态、多层次、多功能的融资方式。实现这个目标时，金融系统就将是一个兼顾公平、效率的金融复杂系统。

但是，有一点是需要明确的，金融系统的发展、进化和其他复杂适应系统进化的过程相类似，存在着雪崩式的发展模式，特别是在元系统跃迁的过程中，即金融形态出现层级变化的时候。所谓亚雪崩式的发展模式也会出现在金融亚形态的元系统跃迁的过程中。

金融进化的途径

金融要实现自己的目标，将会通过三次金融革命来实现。

第一次金融革命

农业社会发端于约12000年前。农业社会的出现导致了农业革命，促成了第一次金融革命，即货币革命。大约在公元前2500年的古埃及开始使用金属货币。所以第一次金融革命发生期间在公元前2500年至17世纪左右，时间跨度约为5000年。

农业社会和第一次金融革命时期的认识论、方法论、实践论是以中国的阴阳五行理论、阴阳八卦理论（约公元前3000年至公元前2500年左右）为代表的整体论。农业社会、农业革命、货币革命的基础科学技术是以中国的四大发明为代表的科学技术。

中国将农业社会的水平推到了鼎盛，以至于到1840年八国联军发动第一次鸦片战争时，八国的国内生产总值之和也不及中国一个国家多。从进化的角度看，当时的中国进入了农业社会的超稳定结构，进入了进化的死胡同，没有出现新的分叉增长或者叫涌现、突现。

第二次金融革命

工业社会发端于英国，约为16世纪。工业社会的出现导致了工业革命，产生了第二次金融革命，即产生了第一种、第二种融资方式——间接融资、直接融资，出现了金融系统的第二种形态——债股形态，同时产生了期货、保险两种重要的金融主体或金融形态。

从金融角度讲，商业银行大致首先产生于13世纪的意大利，但是荷兰出现了现代金融学意义的商业银行，现代金融学意义的中央银行首先产生于17世纪的英国；世界上第一家股票交易所首先发端于荷兰，而美国纽约的股票交易所是到目前为止最庞大的股票交易所。

所以，近现代是第二次金融革命发生的时间段，期间约在13世纪至20世纪末期，时间跨度约为700年，但是期间产生了荷兰、英国、美国三个近现代世界性大国。到目前为止，美国无论在经济、金融、技术、军事等各个方面都还是世界唯一的超级大国。另外，在金融中具有重要意义的期货、保险，虽然它们发端于欧洲，但是均发展于美国。

工业社会和第二次金融革命时期的认识论、方法论、实践论是以牛顿的经典力学、爱因斯坦的"上帝之砖"等为基础的还原论。工业社会、工业革命、间接融资和直接融资革命的基础科学技术是以牛顿的经典力学、瓦特的蒸汽机技术、电气化技术等为代表的科学技术。

第三次金融革命

第三次金融革命产生于20世纪末期，经历时间不超过50年。信息、知识社会的出现导致了信息、知识革命，促进、产生了第三次金融革命，即第三种融资方式——信托融资方式以及金融形态的第三种形态——信托形态的革命。信托制度、信托关系最早出现在17世纪的英国，信息社会发端于20世纪末期的美国，但是具有现代金融学意义的信托（资产证券化）资产首先在美国得到大规模应用。

信息、知识社会和第三次金融革命的认识论、方法论、实践论应该是以整体论、还原论为基础，并将它们进行有效整合而涌现出来的复杂性科学、系统科学为基础的系统论。产生于中国的阴阳五行学说、阴阳八卦学说将是一种能够很好地理解复杂性科学、系统科学的工具、方法、理念。这可能也是中国能够在信息、知识社会有更大作为的思想基础。因为整体论比还原论更接近于以复杂性科学、系统科学为基础的系统论。信息革命、知识革命、信托融资、信托形态革命的基础科学技术是以复杂性科学、互联网为代表的科学技术。

第三次金融革命中最主要的亮点将会有三个：

一是金融的信托形态的出现并规模化。

由于商品经济、金融系统的发展、进化导致出现了现代金融学意义上第三层级、层次的金融形态，即信托形态。之所以叫信托形态是因为金融体系中第三层金融形态的产生方式是基于信托制度、信托关系而出现的、新的金融形态种类、层级，并由此产生了新的金融功能。

由于规模化信托资产的出现，丰富了金融系统的多样性——多形态、多层次、多功能，使金融系统更加富有弹性，能够更好地满足实体经济的需要，同时降低金融系统的风险和运行成本，展示出了更高的公平和效率程度。

二是信托融资，即第三种融资方式的产生并大规模使用。

信托融资是不同于间接融资、直接融资的第三种融资方式。信托融资不仅吸收了间接融资、直接融资的优点，同时也克服了间接融资由于信息传递断裂造成的金融机构的旁观者效应和内部代理人现象的缺点，也克服了直接融资中由于金融机构的代理人角色产生的旁观者现象或旁观者效应现象。在法律关系上通过双重所有权的开创性创新、设置，保证了信息传递的一一对应关系，同时避免了金融机构的旁观者效应现象，从而形成了一种全新的融资方式。

之所以称为信托融资，是因为第三种融资方式是在使用了信托制度、信托关系的基础上产生的融资方式。

三是期货和保险的作用与功能被发扬光大。

在第二次工业革命、第二次金融革命中产生和发展的、具有重要意义的金融的期货、保险形态，将会在第三次工业革命、第三次金融革命中被发扬光大，并发挥其前所未有的作用、功能。信托、期货、保险等金融形态的发展、进化，以及信托融资这一第三种融资方式的发展、进化，进一步促进金融复杂系统更加完善、优化，并促使金融复杂系统智能化。

1.3.4 金融的公平与效率

金融系统整体具有公平和效率两个属性。在金融系统中，随着金融层级的增加，随着融资方式的多样化，金融的公平性在不断增加。

效率为主的金融动物纪元，公平为主的金融理性纪元

金融系统的动物纪元，效率优先，同时兼顾公平。在金融动物纪元中，在效率不断提高的同时，公平的水平也是在不断提高的。

金融的动物纪元就是席勒教授讲的"非理性繁荣"和"动物精神"在金融进

化过程中的表现或现象。金融的理性纪元，将主要体现公平。在这个阶段，是在高效率基础上的公平，或者公平优先、讲究效率。所以，金融系统的进化就是发端于低效率但公平的时期，但是发展于效率优先、兼顾公平的阶段，最终走向以高效率为基础的公平。

公平和效率在金融子系统中也有体现

在金融的货币、债股、信托、期货、保险形态中，公平以间接融资、公募的方式实现，效率以直接融资、私募的方式达到。五种金融形态，其自身具有公平和效率的双重性，与不同的融资方式结合，公平和效率的双重性更复杂、更充分。三种融资方式，以不同的募集方式——公募、私募等进行，彰显其公平和效率的属性。

1.3.5 金融的稳定性、经济金融化及其度量

金融的稳定性

金融系统的进化，就是以金融与实体经济之间的5种相互关系，以金融子系统之间的7种相互关系为基础，在可分性之间，在五种金融形态以及三种不同的融资方式之间，保持一种合理的、符合逻辑的、动态的均衡状态。

当前的金融脱媒、去银行化、非银行化、技术脱媒等，是随着信息技术、互联网的不断发展，在大时间尺度上，人类社会、经济系统对间接债权融资工具的一种环境性选择，是一种降低金融系统运行成本、提高效率，对金融系统"瘦身"的方式。这些状况都说明目前的金融系统还不是一个相对稳定的复杂系统，还没有达到一个相对稳定的状态。

金融系统作为一个复杂系统，其整体性和目的性还远远没有实现。

再认知金融监管

金融系统有其自身的发展规律和稳态，金融系统一定会进化到一个智能化的、多形态、多层次、多功能的、均衡的金融系统。所以，要做好金融监管，实际上首先就是要认识到金融系统的发展规律和稳态，并监督金融机构、社会按照金融规律和"道"办事情，因为我们没有办法监管客观规律本身；其次，金融监管是监管人性，即监督人的"德"。而后者是重中之重。

经济金融化及其度量

经济金融化实际上是随着经济、技术、制度的不断发展，金融体系逐渐完善、复杂化，成为一个具有多样性——多形态、多层次、多功能的互联互通的、均衡的金融系统、金融结构或架构的过程。所以，经济金融化还会不断发展。因为从金融形态上讲，金融的信托形态、期货形态、保险形态都还在发展、进化严

重不足，而金融的货币形态、债股形态也还需要完善、优化、发展、进化。从融资方式、募集方式上讲，它们自身以及它们与金融形态的结合上还有很大的生长、发展、进化的空间。

经济金融化可以从三个方面来考虑，或者说这三个方面的综合就是经济金融化的程度：

金融密度

金融密度是指金融系统涉及经济活动的范围或程度，主要是指经济活动中以金融为媒介的交易份额逐步增大的过程。一是它可以用金融资产占GNP（或GDP）的比值来表示，二是它可以用金融总资产占整个社会总资产的比值来表示。

金融深度

金融深度是指金融在整个社会、人口中使用的程度、比重，可以用金融资产占人口的比值来表示。

金融层度

金融层度是指金融系统中不同金融形态、不同募集方式、不同融资方式之下，不同金融工具、金融资产与金融总资产之间的比例关系或程度。金融层度实际上是指金融"食物链"中的不同环节及其规模与上下各环节的相对状况。

由金融层度的概念，可以延伸出金融亚层度等。例如在金融的债股形态的分析中，就是在不同的资金募集方式下，债权资产与股权资产之间的比例关系，债权资产、股权资产与金融总资产之间的比例关系等。

经济金融化度量的"稳态"。达到智能化程度的金融系统，其经济金融化的度量将会是对金融系统中不同形态、层级、功能的金融资产，乃至每一笔贷款等进行编码、数字化，在此基础上形成一个金融"物联网"。从而像北京航天测控中心对所有航天器的测控一样，做到对每一笔金融资产的测控。

第二章　金融的进化：三次金融革命

金融要实现自己的目标，将会通过三次金融革命来实现。

2.1 金融形态的整体性进化

金融系统与人类社会经济、技术体系发展的关系，有些类似于物质世界中的原子核与电子的关系，两者之间是相互联系的。金融系统的发展、进化的结果也会与原子核外电子排布的方式、状态至少有逻辑方面的相似性。同时，地球上的营养级、食物链、食物网的状态、逻辑也对理解金融系统的发展、进化过程和现实状态有很好的参考价值。

而最能够给我们一个直接的帮助，在认知上对金融作为一个复杂系统的发展、进化过程有深刻认知的理论，就是1977年从苏联流亡到美国的美籍苏俄科学家图琴于同年在哥伦比亚大学发表的《科学的现象》一书中提出的元系统跃迁理论。书中，图琴以元系统跃迁范式解释了几乎生命所有的进化的层次，从生命的起源直到科学的出现和科学认识的现象，并把它作为一个普适性的原理[1] [2]（有关内容参见本书附录1）。

---

① 马步广、颜泽贤：《突现进化论的新范式》，载《科学技术与辩证法》，2005（22-1）。
② 颜泽贤、范冬萍、张华夏：《系统科学导论：复杂性探索》，292～307页，北京，人民出版社，2006。

实际上，在运用图琴的元系统跃迁范式解释、理解金融系统，建立了"金融系统进化的阶梯"之后，如果再从中国传统的阴阳学说、阴阳五行学说、道等概念和理论出发，理解这个模型，我们会得到更多的启发，对于完善这个模型具有重大的意义。图琴对五种形态之间关系的理解和认知应该讲是一个初步的，较之中国传统的系统思维例如五行、中医等对五种形态之间关系的理解和认知也是初步的。

对金融系统与实体经济之间的关系，对金融系统中五种形态之间关系的正确认知和理解，将会为数量化、数字化、物联网化金融系统与实体经济之间、金融系统不同子系统之间的关系，奠定逻辑基础。

2.1.1 金融形态的元系统跃迁

Ⅴ．图琴的元系统跃迁理论作为一种新的突现进化论，为我们理解复杂系统进化过程中的突现或涌现现象提供了一种崭新的进路。金融系统作为一个复杂系统，参考图琴元系统跃迁理论的基本概念、思路和对复杂系统进化机制的理解、描述，形成金融复杂系统的元系统跃迁理论，从而更好地、全面地、系统地理解、把握、预测金融系统的过去、现在和未来，具有十分重要的现实意义、未来意义。

金融形态的第一次元系统跃迁

在货币没有出现以前，人类都是进行物物交换，对于人类的经济系统而言，意味着还没有出现金融系统。当出现货币以后，人类金融系统的雏形得以展现。此时，人类的经济系统出现了一次跃迁，出现了货币，即出现了金融系统。

对金融系统来讲的元系统是指由实物商品系统（被控系统）与货币系统（控制者系统）组成的新系统——金融系统′，即金融系统′＝货币×实物商品系统。货币的出现是在人类社会商品生产无论是在数量还是在类别上都有了较大发展的基础上诞生的。货币代表了一种控制机制，不但能控制商品的功能，而且控制着商品的生产。

金融系统是一个新的涌现系统，对于人类社会来讲，不但创造了新的结构如不同类型的货币，而且创造了新的商品交换的类型和商品交换的方式。这和物物交换有很大的不同。货币—商品交换方式是人类经济活动的新层次上的活动。货币叫做涌现的新层次的活动，而此时实物商品叫做倒数第二层活动。

因此，元系统的精确具体的定义是金融系统′＝货币×（实物商品$_1$＋实物商品$_2$＋…＋实物商品$_n$）。事实上，从控制系统的角度，元系统是一个相对概念，相对于控制者系统而言，被控制者系统都是一种元系统。

所以金融系统的第一次元系统跃迁，就是由商品阶段转变到货币阶段，这叫做结构上的跃迁。其行为方式的跃迁为：货币的运动＝对实物商品的控制，这叫做功能上的跃迁，是经济发展之后金融系统功能上的跃迁（见图2-1）。

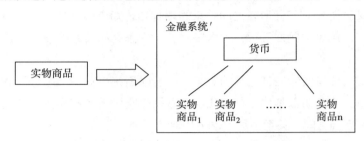

图2-1　金融系统的第一次元系统跃迁

金融形态的第二次元系统跃迁

金融形态的第二次元系统跃迁出现了银行。

在银行没有出现以前，人类经济活动中的金融活动主要是货币的职能，包括兑换、支付、结算等基本功能，还达不到马克思所说的货币的五大职能。当出现银行以后，无论是货币的形态还是货币的职能都获得重大发展。此时，人类的金融系统出现了第二次跃迁，产生了金融系统新的层级：银行（见图2-2）。

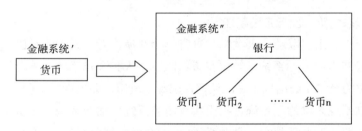

图2-2　金融系统的第二次元系统跃迁

在这里，所指的银行，并非目前金融系统实际运行过程中的银行，因为它不仅担负着货币的部分职能，同时还担负着间接、直接债权融资的功能。本部分所指的银行，确切地说是指金融的间接融资功能。

此时，对金融系统来讲的元系统是由货币系统（被控系统）与银行系统（控制者系统）组成的新系统：金融系统″，即金融系统″＝银行×货币系统。

银行的出现是在人类社会商品生产，无论是在数量还是在类别上都有了较大的发展以及货币形态、功能不断发展的基础上发展出来的。银行代表了一种控制机制，不但能控制货币的功能，而且控制着货币的产生。

此时，金融系统出现了一个新的涌现，对于人类社会来讲，不但创造了新的结构、层次，如不同类型的银行，而且创造了新的商品交换的类型和商品交换的方式，是人类财富价值运动的升级。银行—货币—商品交换的方式是人类经济活动新层次上的活动。银行叫做涌现的新层次的活动，而此时货币叫做倒数第二层活动（见图2-3）。

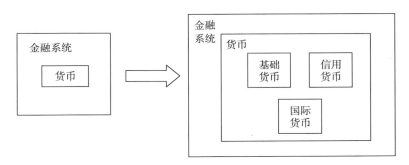

图2-3　金融系统内的元系统跃迁示意图

此时，元系统的精确具体的定义是金融系统″＝银行×（货币$_1$＋货币$_2$＋…＋货币$_n$）。事实上，从控制系统的角度，元系统是一个相对概念，相对于控制者系统而言，被控制者系统都是一种元系统。

所以金融系统的第二次元系统跃迁，就是由货币阶段转变到银行阶段，这叫做结构上的跃迁。其行为方式的跃迁为：银行的运动＝对货币的控制，这叫功能上的跃迁。

金融元系统跃迁的类别

依据金融系统的元系统跃迁的幅度或测度不同，金融系统的元系统跃迁可以分为两类：

一类是金融系统子系统的元系统跃迁。 在银行—货币阶段，金融系统内的元系统跃迁之一是新的子系统货币系统相对于原来的货币子系统，是一个元系统跃迁，主要表现为货币分化为基础货币、信用货币，并且随着经济系统的不断发展，这是货币的分级、分层。但是，还会出现国际货币的职能，这应该是货币职能的完善化、多样化，是货币横向运行的发展结果。

新的货币子系统不仅实现了原来货币实现的功能，而且还增加了更多的功能。由于货币在此阶段金融系统中起到主导的重要作用，在进化过程中货币跃迁到一个更高的阶段就对金融系统的发展起到了非常重要的作用（见图2-3）。

当然金融系统内元系统跃迁也可能有另外一种情况，即金融系统中某些低层次组织，例如由于技术进步的出现，传统商业银行向网络银行的转变，即发生了商业银行形态的元系统跃迁（见图2-4）。

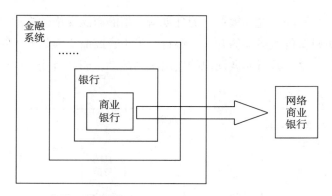

图2-4　金融系统内低层组织的元系统跃迁示意图

　　银行是金融系统的一个子系统，商业银行是银行的一个子系统，由于商业银行形态的变化导致的元系统跃迁——传统型商业银行→网络型商业银行，极大地改进了银行的运行模式，从而也极大地改进了金融系统。不过由于金融脱媒等现象的出现，银行在金融系统中作用有些下降，至少和以前相比作用在相对下降，因而对金融系统的进化改进不是太大或者举足轻重。但无论如何，这也是金融系统内低层组织的元系统跃迁促进金融系统进化的一种力量。

　　另一类是金融系统整体性的元系统跃迁。金融系统整体性的元系统跃迁，涉及整个金融系统的所有子系统。这种跃迁对于金融系统具有阶段性的关键意义。

　　根据元系统跃迁理论的基本原理、框架来观察金融系统的进化，我们发现金融系统控制的层级是不断从单层到多层、从低级到高级、从简单到复杂的发展过程；同时，也可以比较清楚地看到金融系统突现进化的一般机制和特征。

　　借用图琴先生的话讲，就是在金融系统发展的每一个阶段，金融系统都有一个被称为最高控制装置的子系统，它是最近产生并有最高组织水平的子系统（即元系统跃迁示意图中的C′）；而向下一个阶段的跃迁是通过这些系统的繁殖，并形成一个控制系统即新的子系统将它们整合成一个单一的整体，这个新的控制系统成为进化新阶段的最高控制装置。

　　在货币发展阶段，金融系统最高控制装置是货币，货币发展是由于实物商品的发展导致的；而金融系统的进一步发展是由于货币的发展，货币将实物商品和自身整合在一起并不断发展，为金融系统的下一次元系统跃迁创造了基础条件。

　　在银行发展阶段，金融系统的最高控制装置是银行，银行的发展是由于货币的发展导致的；而金融系统的进一步发展是由于银行的发展，银行将货币和自身整合在一起并不断发展，为金融系统的下一次元系统跃迁创造了基础条件。

2.1.2 金融形态"进化的阶梯" ①

金融系统的实质是人类创造财富的价值运动，是人类所创造的价值的运动，是实体经济虚拟形式的运动，这种运动是逐渐从低级到高级、从简单到复杂的发展过程。这个过程就像是数学中求导的过程，基础是人们进行商品生产过程中所创造的财富。货币是财富的一阶导数、债股是财富的二阶导数、信托是财富的三阶导数等等。

金融系统是一个复杂系统。一般而言，复杂系统的进化是分层级的，例如图琴的元系统跃迁理论和由此推出的"生命进化的阶梯"。在自然界和人类社会，像软件的开发与状态，原子、原子核、电子层结构，植物、食草性动物、食肉性动物、人类的相互关系和状态以及人体中细胞、组织、器官、系统、人体，还有就是数学上求导的过程。

如果将金融系统与中国古代哲学、理念、实践，例如阴阳五行学说相比较，那简直就是如出一辙。阴阳学说、阴阳五行学说、道德经等中国传统的哲学、理念让我们对金融系统各子系统，例如金融的货币、债股、信托、期货、保险形态的相互关系及其它们的层级化表现形式充满了期待。

正如地球生态系统中，生物之间有一个食物链，其实质是物质、能量、信息的存在形态、储量不断从低向高、从低级到高级、从简单到复杂的发展过程。实际上，金融系统的进化也是这样一个过程。在地球的生态系统内，由于能量流动在通过各营养级时会急剧减少，所以食物链不可能太长，生态系统中的营养级也不会太长，一般只有四级、五级，很少有超过六级的。

人类社会金融形态的两个层次

人类社会的金融系统在经历了金融形态从货币化、债股化到信托化以及融资方式从间接融资、直接融资到信托融资以后，按照图琴的理论，金融系统作为一个与生命的进化过程及其相类似的复杂适应系统，今后的发展和进化应该进入理性的纪元，就像生命的进化进入人类（思想）阶段、社会的整合（社会组合与文化）阶段一样。

---

① 为便于叙述并与金融实际运营中的情况相对应，在本部分描述中，银行的金融学含义是指要比金融货币形态高一个层级的金融债股形态中的债的形态。

其一是金融的动物层次。从生物的角度看，它的最高规律是自我保存和进行繁殖的本能；从经济的角度看，它的最高规律就是以追求效率为最高原则，公平次之，但是在金融的动物层次的三个阶段中，公平地位是在逐步提高的。

其二是金融的人类社会层次。从生物的角度看，它是人类自身创造的社会组织，是以追求公平为最高目标的，当然是在人类财富有了高度发展的基础之上的，是在效率很高的水平上追求公平。

金融形态进化的三个纪元

金融系统起源于商品生产和交换。商品生产、交换及其生生不息的发展为金融系统的产生、发展和进化奠定了基础。根据图琴生命进化的阶梯理论，金融系统作为一个复杂系统，也具有"动物精神、非理性繁荣与理性行动、社会行动"的特征。据此，我们将金融系统划分为金融的基础纪元、金融的动物纪元、金融的理性纪元三个阶段（见图2-5）。

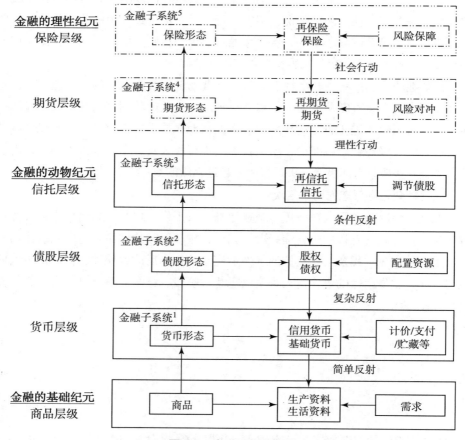

图2-5　金融进化的阶梯

图琴先生在描述生物进化的阶梯理论中谈到：在生物进化的动物层级或动物纪元，它的最高规律就是自我保存和进行繁殖的本能。这个时期的主流是"非理性繁荣"和"动物精神"在发挥着重要作用。而人类社会进入理性纪元，它的最高规律就发生了转变，但是这种转变的基础是充分发达的动物纪元。它的最高规律是理性、社会性、和谐、协调、整体安全等。

2.1.3 金融形态的动物纪元

金融动物纪元分为金融的货币、债股、信托形态三个阶段或层级。

在金融系统的基础纪元中，商品生产不断发展、进化，大规模的商品生产、发展和进化也是遵循控制论的，不过控制系统不够完备、不够典型。也就是说劳动力水平、生产关系的水平还不高。不过，商品经济的相对发达为金融系统的诞生、为货币的诞生奠定了基础。实际上，在商品经济发展到一定阶段时，货币的雏形就已经出现了，这也是金融系统诞生的雏形。

动物纪元的第一阶段：货币阶段

在金融系统的动物纪元中，第一阶段的典型特征主要是货币的发展、进化、分层，出现了基础货币和信用货币，并且基础货币、信用货币也随着经济，随着其他金融子系统而发展，到目前为止，仍处在发展、进化、分层中。在该阶段，间接融资方式出现了，这是金融系统又一次具有里程碑性质的发展、进化。

动物纪元的第二阶段：债股阶段

在金融系统的动物纪元中，第二阶段的典型特征主要是金融债股形态的产生、发展和进化。这是金融系统波澜壮阔的发展时期，也是目前金融系统中融资、投资得到发展、完善、进化、升级的关键过程。其主要基础从货币的产生和发展开始。在这个纪元，出现、完善了两种融资模式：间接融资、直接融资。

动物纪元的第三阶段：信托化阶段

在金融系统的动物纪元中，第三阶段的典型特征主要是金融的信托形态的产生、发展和进化以及出现了信托融资这种不同于间接融资、直接融资的第三种融资方式。而信托形态的第一级，在目前来讲就是大家普遍所说的资产证券化。

动物纪元的"动物精神"与"非理性繁荣"

金融的动物纪元，在某种程度上与美国耶鲁大学教授席勒所讲的"动物精神""非理性繁荣"相吻合。因为这一过程主要追求的是效率，但是对于公平的追求随着金融系统动物纪元的不断发展，所占比重也在不断增加。而且，在金融的债股、信托形态两个阶段，也蕴含着公平，而不仅仅是效率。

所以，大自然是如此的精妙，金融系统、金融工具的发展是不以人的意志为转移的一种发展方式，是一种规律，一种社会规律。人们可以按照自己的本能、人性的误区设计很多有利于自己或者自己小利益集团的金融产品、金融工具，但是如果不符合金融发展、进化的规律，终究是要吃大亏的。这可能也是金融危机产生的触发点。

从风险管理的角度，金融的动物纪元的风险管理理念、措施、目标是通过对资源的分散配置实现的。但是，这仅仅是三种风险管理手段之一。

2.1.4 金融的货币形态

货币的产生

在金融的货币形态阶段，特别是货币产生之初，人类社会的生产力水平、物质财富的富裕程度不高；金融系统非常简单；人类的经济活动和商品生产等往往相互独立，没有交换或者交换很少；人类社会或者经济系统尚未形成网络，相互联系至少从经济角度是很少的。只有当生产能力提高了，在自己消耗之余还有剩余的时候，才有了交换的需求。

但是，对于当时相当落后的经济系统和发展水平而言，作为一般等价物的货币的出现，无论是什么样的货币，对于当时的社会都是一个元系统跃迁与突现。突现的是货币对于商品生产的控制。特别是在商品生产不断发展的情况下，货币的重要程度增加，同时货币分化、分级并对商品生产产生重大影响甚至控制。而从实物商品到货币行动的激发，这一过程类似于生物系统的简单反射。

货币是金融形态的第一次元系统跃迁

货币的出现是具有简单反射特征的金融系统的突现，是金融系统理论上的第一次元系统跃迁。所以，货币阶段所产生的金融系统的元系统跃迁可以表述为：

货币化＝货币对商品生产的控制

货币对商品生产控制的结果是：

货币化＝货币执行货币的基本职能（计价、支付等），增加了商品的流动性，提高了商品市场的效率。

货币的形成是为了满足人们在进行商品生产过程中对商品设置价值尺度、流通手段、支付手段、贮藏手段和世界货币等职能，或者实现三个主要或基本职能：交易媒介、价值储藏和计价单位。其中，支付的清算和结算功能是重要的使用功能。虽然各国的清算和结算机制存在差异，但其共同特点是包括中央银行在内的银行系统是其中的核心。

所以，默顿（Merton）和博迪（Bodie）（2000）在论述银行时，就把银行的主要功能看成是利用支票账户、信用卡和电子通讯网络进行金融交易的清算和结算。不过，他们也指出，随着金融创新的发展和管制的放松，货币市场共同基金甚至企业也可以具有支付清算功能。

金融的货币形态可以按照不同的层级、功能、结构分为信用货币与基础货币两种。

基础货币与信用货币、间接货币与直接货币

就目前来讲，基础货币主要由中央银行发行，信用货币由商业银行制造，基础货币和信用货币之间的区别在于产生的时间、结构、所处层级、功能、发行者的不同。

间接货币，即基础货币

间接货币的间接的含义是指不可以直接用于消费、借贷的货币，它是金融系统内部的货币，不是实业系统的货币。间接货币就是具有价值但不可以在实业系统直接使用的一般等价物。

对基础货币进行分级，可以分为间接基础货币、直接基础货币。间接基础货币就是当前所说的基础货币，是由中央银行发行的货币，是基础货币公平、公募、社会化的表现形式。

直接基础货币就是"货币的非国家化"，是基础货币效率、私募、商业化的表现形式，应该是"货币的非完全国家化"。从目前的状况看，我们可以说基础货币所具有的公募、公平、社会化的功能由中央银行执行。但是不排除以后出现基础货币发行采用私募、效率、商业化的方式，由不同的个人、机构等非金融机构发行基础货币。哈耶克提出的"货币的非国家化"预言，有可能会随着实物商品、经济系统、技术系统等的发展而变为现实。

直接货币，即信用货币

直接货币的直接的含义是指可以直接使用，用于消费、借贷、间接债股的货币，它是金融系统与实业系统之间的货币。直接货币是在日常交易中具有使用价值，可直接使用、消费的一般等价物。

对信用货币进行分级，可以分为间接信用货币、直接信用货币。

间接信用货币是当前所说的信用货币，是信用货币公平、公募、社会化的表现形式，由商业银行发行。

直接信用货币是信用货币效率、私募、商业化的表现形式，由不同的个人、机构等非金融机构发行。比特币应该就是一种直接信用货币。另外，由银行在间接信用货币基础上产生的信用证、票据、授信额度等，应该都是直接信用货币的一种形式。短缺经济时代的各种票证，例如粮票、布票、烟票等，都应该是直接信用货币的一种。某个公司发行的饭票、饭卡等也应该是一种直接信用货币。

2.1.5 金融的债股形态、间接融资和直接融资方式

债股形态的产生、进化

在金融系统发展、进化的债股形态阶段即投融资阶段，由于商品生产的相对高度发展，商品交换的相对大规模增多甚至竞争的出现，导致间接融资、直接融资模式的产生、发展。反过来，融资方式的丰富也导致了商品生产的相对高度发展。

又由于后面提到的倒数第二层分叉增长规律的作用，也就是说，融资方式的产生、丰富和发展，导致货币功能的分化、专门化和丰富化。特别是在间接融资模式不断发展的情况下，导致中央银行的出现，即出现了由中央银行主导的基础货币和由商业银行主导的信用货币，于是在二者之间产生了复杂的货币层级、银行层级、银行网络。

从实物商品环节到投融资环节的发展路径要更长一些，要经过两个反射回路：

其一是从实物商品到货币再到商品的简单反射。

其二是从货币到投融资行为再到货币的反射行为。

此时的金融系统，才接受商品的信息，也就是从外界的刺激到投融资行为的触发，要经过较长的通道以及两个层级的反馈，即要经过财产信息、价值的传递与处理等才能到达投融资行动，这一过程类似生物系统的复杂反射。投融资行为的出现和发展，是具有复杂反射特征的金融系统的突现，是金融系统元系统跃迁的新阶段，是金融系统理论上的第二次元系统跃迁。

在投融资阶段，产生了一个新的控制系统：

（1）金融的债股形态或层级，由专门化的机构负责；

（2）投融资行为由专门的机构负责，但是已经分化、分级为间接债权融资、直接债权融资和股权融资行为，即分化为负责间接融资的银行，并出现负责直接融资行为的证券公司；

（3）由间接融资／直接融资——金融的债股形态形成的链条有较长的中间过程，它是通过基础货币、信用货币／银行、证券公司的网络来进行的，银行、证券公司与实物商品没有直接联系。另外，借贷的出现产生了一种间接融资方式，借款者和贷款者之间由银行进行了信息的隔离。这时，间接融资／直接融资行为不是由社会经济系统环境直接的刺激来决定，而是由社会经济系统的刺激以及资源配置的需要二者共同决定。

这个阶段，不像在货币阶段，在没有银行、证券公司的情况下，人们基本上直接通过一般等价物货币进行商品交换。在投融资阶段，社会商品的交换要有银行、证券公司的参与。所以，投融资阶段所产生的金融系统的元系统跃迁可以表

述为：

金融的债股形态或投融资行为＝对货币形态、资产的控制，对货币形态、资产控制的结果是：

金融的债股形态或投融资行为＝执行金融系统配置资源的功能，增加了货币化资产（基础货币、信用货币）的流动性，提高了商品生产和货币的效率。

债股形态与间接融资、直接融资作用产生了债股金融功能、工具或资产

金融的债股形态与间接融资、直接融资方式的共同作用形成间接债权、间接股权、直接债权、直接股权等金融工具，形成相应的金融资产。其功能是对投资者的货币资产进行配置，通过分割股份、分散投资的方式管理、降低资产的风险，同时满足融资者的资金需求，是对投资者、融资者货币资产的状况进行调配，即积聚资源、分割股份、管理风险、资源配置功能。

积聚资源、分割股份、配置资源的功能由中介承担。中介既可以是运营比较透明的共同基金，也可以是运营不太透明的银行。

对于投资者，通过中介进行投资可以在成本较低的情况下获得三大好处：资产可以充分分散、流动性有保障、获得融资者的信息和监督融资者。

融资者通过中介融资可以降低融资成本、进行大规模融资，同时对融资者的项目股权也可以通过中介进行分割。将无法分割的大型投资项目划分为小额股份，以便中小投资者能够参与这些大型项目的投资。

但是，中介特别是银行本身也存在资产、负债的流动性匹配问题。解决这些问题的方法就是资产证券化，即信托化。

债权、股权融资的区别

债权融资、股权融资之间的区别在于清偿顺序不同。

间接债股，即间接债股融资工具。间接债权融资的间接的含义是指资金供需双方的资产之间没有一一对应的关系，第三方即相应的金融机构横在两者之间，使资产信息阻断，使投资者和融资者之间没有发生直接关系。

间接债股融资模式，理论上可以细分为间接债权融资、间接股权融资。间接债权融资就是借贷。间接股权融资，理论上应该有这种方式，就是由商业银行进行股权投资，这种情况在我国目前的金融系统实际运行中被禁止了。但是，公募型证券投资基金实际上也是一种部分性的间接股权融资形式。而在民间，存在着间接股权融资方式。

直接债股，即直接债权、股权融资工具。直接债股融资的直接的含义是指资金供需双方最终形成的资产之间存在着一一对应的关系。第三方即相应的金融机构的角色或功能是代理人。直接债权融资、股权融资之间的区别在于清偿顺序不同。直接债权融资可以继续分级为偏债、偏股的直接债权融资工具，即公司债、企业债和可转债；股权融资也可以细分为偏债、偏股的股权融资工具，即优先股、普通股或称为一级资本、二级资本。

2.1.6 金融的信托形态、信托融资方式

在金融的信托形态阶段，出现了两个重要的现象：

一是金融形态的进化，出现了金融的信托形态，信托形态是金融的第三种金融形态。

二是融资方式的进化，出现了继间接融资、直接融资后的第三种融资方式：信托融资方式。

金融的信托形态、信托融资方式，它们的共同点都是以信托理念、信托关系、信托制度为基础的金融要素。

信托形态的进化

金融的信托阶段，即当前所称的资产证券化或资产衍生化。这种复杂的行为，不是先天的反射，例如简单反射、复杂反射等。它是后天获得的经学习才具有的反射，是后天学习、积累"经验"的反射活动，是以非条件反射为基础的。这种过程类似于生物系统的条件反射。

信托化行为的出现和发展，是具有条件反射特征的金融系统的涌现、突现现象，是金融系统元系统跃迁的新阶段，是金融系统理论上的第三次元系统跃迁。所以，信托化阶段所产生的金融系统的元系统跃迁可以表述为：

信托化＝对金融的债股形态、债股资产的控制，对其控制的结果是：

信托化＝执行金融系统调节经济的功能，增加了基础资产（债权资产、股权资产）的流动性，提高了商品生产、货币、债股资产的效率。

信托化，其中一个目标是为了调节、平衡国家、企业等经济体的资产、负债比例关系即债权、股权比例关系，是对一个国家、企业资产负债表的调节，从而影响现金流和盈利状况。同时，也增加了整个金融系统的流动性。

信托融资方式的进化

信托融资方式的出现，极大地丰富、完善了金融的融资方式。当信托融资方式与金融的货币形态、债股形态、信托形态相遇，又极大地丰富了金融的融资手段、金融工具以及由此产生的金融资产的类型。

从理论上讲，金融的信托形态仅仅应该只是通过金融的债股形态与间接融资、直接融资方式的结合，产生间接信托或再信托金融工具或金融资产以及直接信托或再信托金融工具或金融资产。

信托融资方式遇到商品形态、金融的货币形态、债股形态、信托形态乃至期货系统、保险形态，在它们的共同作用下，将产生：商品或实物形态的信托融资工具和信托资产，货币形态的信托融资工具和信托资产，债股形态的信托融资工具和信托资产，信托形态的信托融资工具和信托资产，期货形态的信托融资工具和信托资产，保险形态的信托融资工具和信托资产。

这应该就是信托的魅力、灵活性之所在。信托化是金融系统进化的重大涌现、突现现象。

2.1.7 金融形态的理性纪元

理性的概念

理性一般是指形成概念、进行判断、分析、综合、比较、推理、计算等方面的能力。理性和感性相对，是指处理问题按照事物发展的规律和自然进化原则进行考虑的态度，考虑问题、处理事情不冲动，不凭感觉做事情。

从社会学角度来讲，理性是指能够识别、判断、评估实际理由以及使人的行为符合特定目的等方面的智能。理性通过论点与具有说服力的论据发现真理，通过符合逻辑的推理而非依靠表象获得结论、意见和行动的理由。理性的意义在于对自身存在及超出自身却与生俱来的社会使命负责。[①]

金融理性纪元

金融的理性纪元是金融系统发展的高级阶段，主要是在商业信用高度发达的基础上，社会信用产生和发展，使得之前金融系统以追求效率为最高目标的状态得到根本性好转，公平成为金融系统追求的最高目标。

金融的期货、保险形态，或者说期货化和保险化应该相当于人类进化阶梯中的理性纪元——人类（思想）阶段、社会的整合（社会组合与文化）阶段。金融理性纪元分为金融的期货形态、保险形态两个阶段和层次、层级。

期货是利用对冲原理，对经济、金融风险进行配置、分散、管理；保险是利用风险的概率原则，对经济、金融风险进行配置、分散、管理。

实物期货、金融期货自身具有且应该具有一定的社会性；保险自身具有且应该具有更多的社会性的成分，当然不能排除其商业、市场化的成分。金融理性纪元的发展过程、最终目标是商业信用的功能降低、社会信用的功能不断提升；对于效率的追求占据次席，对于公平的追求成为主角。

---

① http://baike.baidu.com/百度百科：理性。

期货、保险并不是货币、债股、信托等金融形态产生、发展、进化以后才出现的。这些金融子系统同步、并行发展和进化，只不过它们产生、出现、发展、进化的时点有先后。

金融理性及发展阶段尚需时日

期货、保险的出现，使金融系统产生了独立的风险管理、控制子系统：期货、保险系统。从控制方式的角度讲，金融系统是一个它组织、集中控制或它控制与自组织、分散控制或自控制相结合的复杂系统。期货、保险系统就是金融系统的集中或中央控制系统。

目前，作为金融系统进化高级阶段的期货、保险的发展还很不完善，很不发达。金融系统突破"非理性繁荣""动物精神"的金融动物纪元，将在很大程度上依赖期货和保险的发展、完善和进化。目前期货、保险的发展水平、进化程度还远远达不到它们应该承担的职能。但是从期货、保险的原理上看，它们具备这样的潜质。另外，期货、保险的发展将很大程度上依赖商品生产、货币化、债股化、信托化的发展与进化，它们共同组成了金融体系，是相互联系、相互刺激、相互制约、相互促进的金融系统的各个组成要素。

2.1.8 金融的期货形态

期货的概念及发展

期货的英文为Futures，是由"未来"一词演化而来。其含义是：交易双方不必在买卖发生的初期就交收实货，而是共同约定在未来的某一时候交收实货，因此称其为"期货"。期货就是一种合约，一种将来必须履行的合约，而不是具体的货物。合约的内容是统一的、标准化的，唯有合约的价格，会因各种市场因素的变化而发生大小不同的波动。这个合约对应的"货物"称为标的物，通俗地讲，期货要炒的那个"货物"就是标的物，它是以合约符号来体现的。例如：CU0602是一个期货合约符号，表示2006年2月交割的合约，标的物是电解铜。

期货市场最早萌芽于欧洲。早在古希腊和古罗马时期，就出现过中央交易场所、大宗易货交易以及带有期货贸易性质的交易活动。最初的期货交易是从现货远期交易发展而来。

第一家现代意义的期货交易所1848年成立于美国芝加哥，该所在1865年确立了标准合约的模式。20世纪90年代，中国的现代期货交易所应运而生。现有上海期货交易所、大连商品交易所、郑州商品交易所和中国金融期货交易所四家期货交易所，其上市期货品种价格变化对国内外相关行业的产生具有深远的影响。

期货的基本功能

期货的基本功能主要有两个方面：

一是发现价格。由于期货交易是公开进行的对远期交割商品的一种合约交易，在这个市场中集中了大量的市场供求信息，不同的人在不同的地点，对各种信息的不同理解，通过公开竞价形式产生对远期价格的不同看法。期货交易过程实际上就是综合反映供求双方对未来某个时间供求关系变化和价格走势的预期。这种价格信息具有连续性、公开性和预期性的特点，有利于增加市场透明度，提高资源配置效率。

二是回避市场风险（转移价格风险）。期货交易的产生，为现货市场、金融市场提供了一个回避价格风险的场所和手段，其主要原理是利用期现货两个市场进行套期保值交易。在实际的生产经营过程中，为避免商品价格的千变万化导致成本上升或利润下降，可利用期货交易进行套期保值，即在期货市场上买进或卖出与现货市场上数量相等但交易方向相反的期货合约，使期现货市场交易的损益相互抵补，锁定企业的生产成本或商品销售价格，保住既定利润，回避价格风险。

套期保值是指在现货市场上买进或卖出一定数量现货商品的同时，在期货市场上卖出或买进与现货品种相同、数量相当但方向相反的期货商品（期货合约），以一个市场的盈利来弥补另一个市场的亏损，达到规避价格风险目的的交易方式。期货交易之所以能够保值，是因为某一特定商品的期现货价格同时受共同经济因素的影响和制约，两者的价格变动方向一般是一致的。由于有交割机制的存在，在临近期货合约交割期，期现货价格具有趋同性。

期货的交割机制

期货交易的了结（即平仓）一般有两种方式，一是对冲平仓，二是实物交割。实物交割就是用实物交收的方式来履行期货交易的责任。因此，期货交割是期货交易的买卖双方在合约到期时，对各自持有的到期未平仓合约按交易所的规定履行实物交割，了结其期货交易的行为。实物交割在期货合约总量中占的比例很小，然而正是实物交割机制的存在，使期货价格变动与相关现货价格变动具有同步性，并随着合约到期日的临近而逐步趋近。实物交割就其性质来说是一种现货交易行为，但在期货交易中发生的实物交割则是期货交易的延续，它处于期货市场与现货市场的交接点，是期货市场和现货市场的桥梁和纽带。所以，期货交易中的实物交割是期货市场存在的基础，是期货市场两大经济功能发挥的根本前提。

期货交易的两大功能使期货市场两种交易模式有了运用的舞台和基础。价格发现功能需要有众多的投机者参与，集中大量的市场信息和充沛的流动性，而套期保值交易方式的存在又为回避风险提供了工具和手段。

同时期货也是一种投资工具。由于期货合约价格的波动起伏，交易者可以利用套利交易通过合约的价差赚取风险利润。[1]

期货市场在宏观经济中的作用[2]：调节市场供求，减缓价格波动；为政府宏观调控提供参考依据；促进本国经济的国际化发展；有助于市场经济体系的建立和完善。

期货市场在微观经济中的作用[3]：形成公正价格；对交易提供基准价格；提供经济的先行指标；回避价格波动而带来的商业风险；降低流通费用，稳定产销关系；吸引投机资本；资源合理配置机能；达到锁定生产成本、稳定生产经营利润的目的。

正确认知期货的作用、功能

正如图琴在《关于元系统跃迁的对话》一文中曾经讲过原始人侦察敌对部落人数的情形。如果没有语言文字包括手势语言，有3个敌人走进洞穴，2个敌人走出洞穴，原始人还会知道有1个人留在洞穴里。但是如果有25个人走进洞穴，有14个人走出来，洞穴里还有多少人，原始人对此没有任何分辨力。即使在今天我们仍然发现，在世界上现存的原始部落里，他们的数字概念只有1、2、3，超出了这3个数字就是"许多"了。他们有多少个数目字呢？4个数目字：1、2、3、多。对于金融系统来讲，期货层次已经是第四个层次了，它已经不是仅仅靠联想、反射可以解决的问题了。

期货完善了金融系统的整体性、加强了对金融系统风险的管理等，但是我们对期货的认知还不够全面。期货在金融系统、在经济系统中的作用、功能还需要继续探索，正确认识。

期货化

实物期货和金融期货的出现和发展，是具有思想特征的金融系统的突现，是金融系统元系统跃迁的新阶段，是金融系统理论上的第四次元系统跃迁。期货化所产生的金融系统的元系统跃迁可以表述为：

期货化＝对信托等资产的控制，对信托等资产控制的结果是：

期货化＝执行金融系统对冲风险的功能，降低了信托等资产以及整个金融系统乃至经济系统的风险程度，提高了商品生产、货币、债股、信托资产以及整个金融系统乃至经济系统的安全性。

---

① http://baike.baidu.com/百度百科：期货。
② http://wenwen.soso.com/z/q54031816.htm。
③ http://wenwen.soso.com/z/q54031816.htm。

期货化是金融系统进化的一个重大涌现、突现现象。

2.1.9 金融的保险形态

保险的基本概念

保险是依靠大数法则和概率论技术，用收取保费的方法来分摊灾害事故造成的损失，以实现分摊损失、经济补偿的目的，从而支持实体经济发展、降低虚拟经济风险程度、体现人类社会互济性的一种观念、思维方式和行为方式。

从经济角度看，保险是分摊意外事故损失的一种财务安排；从法律角度看，保险是一种合同行为，是一方同意补偿另一方损失的一种合同安排；从社会角度看，保险是社会经济保障制度的重要组成部分，是社会生产和社会生活精巧的稳定器；从风险管理角度看，保险是金融系统一种风险管理的方法。

保险的基本功能

保险具有经济补偿、资金融通和社会管理功能，这三大功能是一个有机联系的整体。经济补偿功能是基本的功能，也是保险区别于其他行业最鲜明的特征。资金融通功能是在经济补偿功能的基础上发展起来的。社会管理功能是保险业发展到一定程度并深入到社会生活诸多层面之后产生的一项重要功能，它只有在经济补偿功能和资金融通功能实现以后才能发挥作用。

保险的经济补偿功能

保险的经济补偿功能是保险的立业之基，最能体现保险业的特色和核心竞争力。具体体现为两个方面：

一是财产保险的补偿。保险是特定灾害事故发生时，在保险的有效期和保险合同约定的责任范围以及保险金额内，按其实际损失金额给予补偿。通过补偿使得已经存在的社会财富因灾害事故所致的实际损失在价值上得到补偿，在使用价值上得以恢复，从而使社会再生产过程得以连续进行。这种补偿既包括对被保险人因自然灾害或意外事故造成的经济损失的补偿，也包括对被保险人依法应对第三者承担的经济赔偿责任的经济补偿，还包括对商业信用中违约行为造成经济损失的补偿。

二是人身保险的给付。人身保险的保险数额是由投保人根据被保险人对人身保险的需要程度和投保人的缴费能力，在法律允许的情况下，与被保险人双方协商后确定的。

保险的社会管理功能

社会管理是指对整个社会及其各个环节进行调节和控制的过程。目的在于正常发挥各系统、各部门、各环节的功能，从而实现社会关系和谐、整个社会良性运行和有效管理。

社会保障管理。保险作为社会保障体系的有效组成部分，在完善社会保障体系方面发挥着重要作用。一方面，保险通过为没有参与社会保险的人群提供保险保障，扩大社会保障的覆盖面；另一方面，保险通过灵活多样的产品，为社会提供多层次的保障服务。

社会风险管理。保险公司具有风险管理的专业知识、大量的风险损失资料，为社会风险管理提供了有力的数据支持。同时，保险公司大力宣传培养投保人的风险防范意识；帮助投保人识别和控制风险，指导其加强风险管理；进行安全检查，督促投保人及时采取措施消除隐患；提取防灾资金，资助防灾设施的添置和灾害防治的研究。

社会关系管理。通过保险应对灾害损失，不仅可以根据保险合同约定对损失进行合理补偿，而且可以提高事故处理效率，减少当事人可能出现的事故纠纷。由于保险介入灾害处理的全过程，参与到社会关系的管理中，改变了社会主体的行为模式，为维护良好的社会关系创造了有利条件。

社会信用管理。保险以最大诚信原则为其经营的基本原则之一，而保险产品实质上是一种以信用为基础的承诺，对保险双方当事人而言，信用至关重要。保险合同履行的过程实际上就为社会信用体系的建立和管理提供了大量的重要信息来源，实现了社会信息资源的共享。[①]

保险的资金融通功能

资金融通功能是指将保险资金中的闲置的部分重新投入到社会再生产过程中。保险人为了使保险经营稳定，必须保证保险资金的增值与保值，这就要求保险人对保险资金进行运用。保险资金的运用不仅有其必要性，而且也是可能的。一方面，保险保费收入与赔付支出之间存在时间差；另一方面，保险事故的发生不都是同时的，保险人收取的保险费不可能一次全部赔付出去，也就是保险人收取的保险费与赔付支出之间存在数量差。这些都为保险资金的融通提供了可能。保险资金融通要坚持合法性、流动性、安全性、效益性的原则。

正确认知保险的作用、观念

保险完善了金融系统的整体性、加强了对金融系统风险的管理等，但是我们对保险的认知还不够全面。保险在金融系统、在经济系统中的作用、功能还需要继续探索，正确认识。

---

① http://baike.baidu.com/百度百科：保险。

保险化

保险化包括保险和再保险行为的出现和发展，是具有社会整合特征的金融系统的突现、涌现现象，是金融系统元系统跃迁的新阶段，是金融系统理论上的第五次元系统跃迁。保险化所产生的金融系统的元系统跃迁可以表述为：

保险化＝对期货等资产的控制，对期货等资产控制的结果是：

保险化＝执行稳定整个金融系统的功能，降低了期货等金融形态、资产以及整个金融系统乃至经济系统的风险程度，提高了商品生产、货币、债股、信托、期货等金融形态、资产以及整个金融系统乃至经济系统的安全性。

保险化是金融系统进化的一个重大涌现、突现现象。

2.1.10 金融风险管理的手段和层次

风险管理手段的种类

风险管理的手段一般有三种：资产分散、对冲风险和保险。

资产分散这种金融系统风险管理的手段，出现在金融系统的非理性阶段，在金融系统的执行阶段，主要分别由金融的债股形态、信托形态及它们的亚形态来完成的。资产分散是金融系统在执行阶段的风险管理方式。

对于金融系统来讲，通过对不同融资者、不同项目和在金融系统中不同的资产层面配置资源，即通过债股权方式与不同的融资方式结合，就可以在空间和时间中将资产分散，同时将风险分散。

对于金融系统来讲，通过信托形态，通过调节股债形态及其亚形态的比例关系，增加金融系统的流动性，来降低、分散金融系统的风险。

期货、保险是金融系统独立的风险管理系统和手段

期货、保险可以在时间和空间对金融系统、对金融系统的资产配置状况进行风险管理、经济调节。期货通过对冲风险的功能实现对风险的管理。例如账户原油就是一种实物期货。保险以概率计算为基础，通过金融手段，实现对风险的管理、配置、覆盖。

保险和期货是金融系统的一种风险管理、风险干预、风险平衡机制。再保险和再期货，是一种金融风险再管理、再干预、再平衡的机制，是一种下向因果关系的体现，是金融系统对子系统的管理、干预和平衡。从成本、效果的角度看，再保险和再期货是一种更加高效的风险管理、干预和平衡方式。

但是，就像货币、银行等金融工具一样，由于存在着较大的杠杆，其自身风险是较大的，所以这些金融工具自身的风险管理反倒是重中之重的事情。

保险和期货的不同点

金融系统风险管理机制具有分层、分维的特性，包括两个方面：时间维度和层次维度。保险和期货在时间维度、层次维度中具有不同的作用、功能。从复杂性科学的角度，保险和期货是不同的风险控制方式，是集中式控制和分布式控制的结合。

从时间维度上看，期货主要是从未来的角度管理、影响、平衡金融系统的风险，但是并不排斥期货在现实中发挥作用；保险主要是从现实的角度来管理、影响、平衡金融及其子系统的风险，但是并不排斥保险从未来的角度发挥作用、实现风险管理的功能。

从层次维度上看，期货机制主要试图从系统整体的维度对金融系统风险进行管理、影响和平衡，但是并不排除期货从产品、子系统、个体层面发挥作用；而保险机制主要是试图从产品、子系统、个体层面对金融系统、金融子系统、金融组分进行风险的管理、影响和平衡，但是也不排除其从系统整体的维度对金融系统的风险进行管理、影响和平衡。

保险、期货的细分

期货可以按照不同结构、层级、功能的不同分为期货与再期货、间接期货与直接期货、金融期货与实物期货、商业化期货与社会化期货等种类。

保险可以按照不同结构、层级、功能的不同分为保险与再保险、间接保险与直接保险、金融保险与实物保险、商业化保险与社会化保险等种类。

2.1.11 金融形态的"倒数第二层分叉增长规律"

金融整体的"倒数第二层分叉增长规律"

运用动力学的观点分析，金融系统的元系统跃迁在什么时候实现的，又在什么时候由于什么原因使得跃迁的范围和测度得到推广，从而在金融系统的进化中占据支配地位。

以货币为例说明。当然涌现、突现出一个控制机制货币时，它在商品生产最顶层，它控制着不同类型的商品生产，商品生产这时处于倒数第二层。当商品生产规模还不是很大、数目还不是很多时，货币就已经形成了。

货币的形成，由于它的控制作用，改变了商品生产的行为方式，并使它们丧失某些不适应货币的行为方式。当商品生产的行为以及行为的改变对于金融系统和商品生产特别有用时，商品生产便迅速增长，它繁殖增快，并有大量的商品被组织到商品生产的体系中，在范围和测度上都逐渐占据支配地位。对这种情况或状态，图琴称之为倒数第二层分叉增长规律。需要说明的有三点：

一是并非所有的货币控制的商品生产都迅速增长，只有那些最能适应金融系统的货币才能使倒数第二层迅速增长。这里有一个关于货币的多样性以及自然界对这种多样性进行选择与保存的问题，所以叫做分叉增长。例如在货币不同的发展阶段出现不同形态、功能的货币就是这种货币的多样性的表现。

二是商品及其生产在被控制过程中行为方式的改变和繁殖，也对货币的发展起到加速的作用。商品及其生产之所以能加速增长，是因为它对货币从而对金融系统有用。

三是在货币阶段，金融系统元系统跃迁的过程中有一个控制者货币与被控制者商品生产相互加强的正反馈过程起作用。商品愈繁殖，它的多样性愈丰富，它的适应性行为愈发展，它就愈能加强和精确化控制货币；反之，货币愈能适应环境，愈有利于金融系统的发展，就愈能加速倒数第二层系统的发展与繁殖。这是一个正反馈的相互促进导致元系统跃迁的发展问题。

借用图琴的话讲就是：当生产的商品数量不多的时候，货币已经初步形成了，这是试错法（按：这里指的是盲目的多样性和选择的保存规律）唯一能够起作用的方式。货币一旦形成，无论是商品生产还是货币都进一步精确化了，例如货币出现了基础货币和信用货币，出现了金属币、纸币、票据等。商品生产的控制结构的出现并不能够得出商品生产一定会迅速增长的结论，宁可说它超前于并导致这个增长是因为它使商品生产对金融系统有用，金融系统组织特定层次的载体分支选出只在新的较高层次形成，这个金融系统的特征就被称为倒数第二层分叉增长规律。

在金融系统的货币阶段，突现的行动者货币位于突现系统的最后一层；被整合的子系统商品生产构建了倒数第二层，元系统跃迁使这些倒数第二层的商品生产子系统得以递增繁殖。

正如海里津所说："将进化过程当做层次序列进行描述，图琴明确引进了元系统跃迁这个进化基本过程或进化的'量子'的概念，从这点出发，图琴最重要的贡献也许是他的'倒数第二层分叉增长定律'。"

这个定律可以看做是对元系统跃迁较详细的动力学研究。它说明：在控制着子系统S_i的数目的、经变异与选择而形成的控制系统C'出现之后，S_i会倾向于繁殖与分化（而不像西蒙关于超系统形成时的子系统那样，是固定不变的），其理由是当控制S_i的多样性愈丰富，发展和加强控制机制C就愈加重要。因而C的发展和S_i的繁殖是一个相互加强的过程，结果元系统跃迁由一个正反馈来刻画。在那里一个小小的进化被强烈地加速，而在新的平衡态达到时，这个发展才减慢下来。

倒数第二层分叉增长定律或规律，在金融系统的债股形态阶段、信托形态阶段等也是适用的。正是借贷的出现，即间接债权融资、直接债权融资，促进了货币的发展、分化、分级；而金融的信托形态也将促进金融的债股形态，即债权融资、股权融资的发展、分化、分级。

不同金融亚形态中的"倒数第二层分叉增长规律"

金融系统不同发展阶段或者说不同金融形态的细分形态中，"倒数第二层分叉增长规律"依然在发挥着作用。例如，在金融的货币形态或层级，信用货币的出现促进了基础货币的发展。在债股形态阶段或层级，股权投融资促进了债权投融资的发展。在信托形态阶段或层级，再信托促进了信托（资产证券化）的发展。所以，信用货币、股权、再信托亚形态分别是基础货币、债权、信托亚形态"倒数第二层分叉增长"的结果。

2.1.12 金融系统的能级交错现象

理想和现实之间往往有差距

对于金融系统的进化，也存在着逻辑上的进化的阶梯和实际过程中进化的阶梯的区别。这种现象在电子层排列中也出现过，被叫做"能级交错现象"，即电子层数较大的某些轨道的能量反低于电子层数较小的某些轨道能量的现象。如4s反而比3d的能量小，填充电子时应先充满4s而后才填入3d轨道。过渡元素离子化时，大体是先失去ns电子，但也有先失去（n−1）d电子的，像钇等。能级交错的顺序不是绝对不变的，在原子序数大的原子中，3d轨道可能比4s轨道的能量低。

金融系统的能级交错现象表现在和理想中的金融系统的"进化阶梯"相比，在金融系统的动物、理性纪元阶段，金融机构横跨在金融的货币、债股、信托、期货、保险形态阶段之间，形成了现实金融系统中的金融机构，例如：

首级金融能级交错现象：中央银行和商业银行的能级交错现象

在现实世界，商业银行或经营性银行处于信用货币和债权金融亚形态之间。中央银行只承担货币整体职能（价值尺度、流通手段、贮藏手段、支付手段、世界货币）中的部分职能。商业银行或经营性银行承担了货币的支付、结算、汇兑等功能，同时还承担了金融系统部分配置资源的功能，即债权形态的间接债权、直接债权功能。

信用货币阶段存在个人、机构基本或基础账户管理的问题，如专门化的个人、机构基本账户管理机构的缺失。理论上讲，应该有一个账户管理的层次，是货币化阶段的亚层，就像储存物品的仓库。账户管理应该是公共事务，就像航空中的航线，它不应该由航空公司来管理和运营，而应该由政府进行管理，是一个公共产品。在账户管理的基础上再派生出间接融资、直接融资（债权、股权）。

但是，可能出现的问题是：专门化的账户管理是一种消耗，就像仓库，要交保管费，在实际运营过程中人们不愿意为此单纯地付出。可是就像俗话讲的：背着抱着一般沉。把账户管理和间接融资结合在一起，人们没有看到付出，看到的只是低回报，但是人们认为这是合理的，认了。这是人的认识的问题。但是，这对金融系统的运营和安全是有重大问题的。可以说，自银行诞生之初，就为商业银行的生存和发展，为金融系统的生存和发展带来了隐患，埋下了一个不定时的炸弹。

这种状态也许为货币危机、金融危机乃至经济危机和社会危机埋下了导火索和隐患。商业银行或经营性银行可以利用此种状态进行权力寻租。由于在间接融资模式中，信息是被阻断的，所以间接融资模式天生存在着结构上、功能上、制度上的缺陷或瑕疵。随着信息技术、互联网的发展，间接融资被直接融资取代，或者蜕变为一种非主流的融资模式，是有很大可能的。

也就是说存在很大的可能，今后随着信息技术、互联网的发展，在投融资阶段，直接融资将成为主流，逐渐取代间接融资，或者说间接融资会边缘化。就像比尔·盖茨讲的：银行是21世纪最后的恐龙。今后，银行也主要会以直接债权融资模式存在。

第二级金融能级交错现象：信托或投资银行的能级交错现象

从理论上讲，如果一个证券公司单独从事直接投融资业务，从金融系统进化阶梯的角度看，不存在能级交错现象。

采用信托（资产证券化、资产衍生化）手段对基础资产（债权、股权资产）进行经济调节的信托模式中，投资银行既承担着直接融资的功能，又承担着信托化、再信托化的功能，从物质、能量、信息传递的角度，应该是没有问题的。但是问题可能出在不能既当裁判员又当运动员的问题上，就是一个机构的资产，不能由该机构对该资产进行升级，就像不能既做账又当出纳的逻辑一样，这有可能会掩盖问题，导致权力寻租。2008年美国金融危机表面上是基础资产出了问题，实际上是那些机构的人有意为之，并得到了某种程度的默认。

也就是说，由商业银行生成的债权资产、由证券公司形成的债权股权资产，其信托化必须由信托公司进行资产证券化；而当继续进行资产衍生化的时候，至少必须换一家金融机构进行资产衍生化的处理。

2.2 融资方式的进化

融资方式的多样化

在金融系统进化的过程中，同时发生着两个方向的进化，一个是纵向的进化或交易的发生，就是商品的价值运动形式从商品到货币、从货币到债股、从债股到信托形态的演化过程，同时还会出现从信托到期货、从期货到保险形态的进化过程，其实质是金融层级、层次、功能多样化的产生、发展、进化的过程。

与此同时，还会出现一个横向的交易行为、交易方式，即间接融资、直接融资、信托融资，其实质是融资方式多样化的发展、进化的过程。对于金融系统来讲，横向交易可以用霍兰的标识规则解释，纵向交易可以用金融进化的阶梯规律来解释。

但是，从资金融通过程中信息、金融中介的地位及作用两个维度区分三种融资方式——间接融资、直接融资和信托融资是融资方式最基本、最基础形态。

从控制论的角度看，金融三种最基本的融资方式——间接融资、直接融资、信托融资是对五种金融形态三种不同的控制方式。主要由于信息、金融机构责任、投资者与融资者关系、法律关系、金融模式、管理模式等方面的不同形成了三种最基本的融资方式。这与金融系统的成本、效率、公平有很大关系，因为自然法则、进化、自然规律最关注成本。

融资方式的细化

融资还可以从其他不同的角度加以分类。例如，从是否付息和是否具有返还性，融资可以被划分为借贷性融资或者投资性融资；从融资的形态不同，可以划分为货币性融资和实物性融资；从融资双方国别的不同，可以划分为国内融资和国际融资；从融资币种不同，可以划分为本币融资和外汇融资；从期限长短，可以划分为长期融资、中期融资以及短期融资；从融资的目的是否具有政策性，可以分为政策性融资和商业性融资；从融资是否具有较大风险，可以划分为风险性融资和稳健性融资等。

2.2.1 第一种融资方式：间接融资

在人类历史上具有现代金融学意义的融资方式的变化，是首先出现了间接融资。从银行的角度讲，就是资金信贷行为；从保险的角度理解，就是社会保险行为，例如航意险、大病统筹等。间接融资是伴随着银行的出现、发展而产生、发展的，是银行投融资的一种行为，是法律赋予银行的一项专有投融资业务。另外，在保险领域，例如社会保险方面，采用的募集资金方式也是一种间接融资方式。但是，保险的本质不是投融资，至少不仅仅是为了投融资。

间接融资是一种资金池融资模式

资金池是一种间接融资方式，即供需双方资产的信息之间不存在一一对应的关系，所有权与使用权遵循委托代理关系，第三方即相应的金融机构拥有资产的占有权、使用权，但没有所有权。

资金池融资模式追求的最高目标是公平，兼顾效率，对投资人、对社会是一种相对公平、市场需要的募集资金方式。

间接融资一般采用公募方式募集资金，交易成本相对比较高；也可以采用私募方式募集资金，交易成本相对较低，虽然效率方面有提高，但公平程度有所下降。

间接融资的特征

间接性。在间接融资中，资金需求者和资金初始供应者之间不发生直接借贷关系，由金融中介发挥作用。资金初始供应者与资金需求者只是与金融中介机构发生融资关系。

相对集中性。间接融资通过金融中介机构进行。在多数情况下，金融中介并非是对某一个资金供应者与某一个资金需求者之间一对一的对应性中介，而是一方面面对资金供应者群体，另一方面面对资金需求者群体的综合性中介。由此可以看出，在间接融资中，金融机构具有融资中心的地位和作用。

信誉差异性较小。由于间接融资相对集中于金融机构，世界各国对于金融机构的管理一般都较严格，金融机构自身的经营也多受到相应稳健性经营管理原则的约束，加上一些国家还实行了存款保险制度，因此，相对于直接融资来说，间接融资的信誉程度较高，风险性也相对较小，融资的稳定性较强。

融资主动权掌握在金融中介手中。在间接融资中，资金主要集中于金融机构。资金贷给谁不贷给谁，并非由资金的初始供应者决定，而是由金融机构决定。对于资金的初始供应者来说，虽然有供应资金的主动权，但是这种主动权实际上受到一定的限制。因此，间接融资的主动权掌握在金融中介手中。

间接融资的优点

间接融资吸收存款的起点低，能够广泛筹集社会各方面闲散资金，积少成多，易于形成巨额资金。

在间接融资中，由于金融机构的资产、负债是多样化的，融资风险便可由多样化的资产和负债结构分散承担，从而安全性较高。而在直接融资中，融资的风险由债权人独自承担。

降低融资成本。因为金融机构的出现是专业化分工协作的结果，它具有了解和掌握借款者有关信息的专长，而不需要每个资金盈余者自己去搜集资金赤字者的有关信息，因而降低了整个社会的融资成本。

间接融资的局限性

主要是由于资金供给者与需求者之间加入金融机构为中介，隔断了资金供求双方的直接联系，在一定程度上减少了投资者对投资对象经营状况的关注和筹资者在资金使用方面的压力和约束。

间接融资是一种资金池业务模式，它的法律本质是对于财产权利在清偿顺序上靠前的一种安排。如果从信息的角度看，间接融资模式的信息传导过程中出现了信息不清晰、模糊、断裂的情况。财产及其权利信息传导的不清晰、模糊和断裂，会加大财产及其权利运营的成本，并对运营效率、收益产生负面影响。就是说，间接融资具有责任分散效应。相对于间接融资，直接融资在信息的传递方面是流畅的、清晰的，这也造成了责任的直接传递。虽然直接融资的初期成本会比间接融资高，但是有可能综合成本低，效率较高，收益较高。

旁观者效应，也称为责任分散效应

1964年3月13日夜3时20分，在美国纽约郊外某公寓前，一位叫朱诺比白的年轻女子在结束酒吧间工作回家的路上遇刺。她绝望地喊叫："有人要杀人啦！救命！救命！"听到喊叫声，附近住户亮起了灯，打开了窗户，凶手吓跑了。当一切恢复平静后，凶手又返回作案。当她又喊叫时，附近的住户又打开了电灯，凶手又逃跑了。当她认为已经无事，回到自己家上楼时，凶手又一次出现在她面前，将她杀死在楼梯上。在这个过程中，尽管她大声呼救，她的邻居中至少有38位到窗前观看，但无一人来救她，甚至无一人打电话报警。

这个事件引起纽约整个社会的轰动，也引起了社会心理学工作者的重视和思考。心理学家把这种众多旁观者见死不救的现象称为责任分散效应。

责任分散效应是指对某一件事来说，如果是单个个体被要求单独完成任务，责任感就会很强，会作出积极的反应。但如果是要求一个群体共同完成任务，群体中的每个个体的责任感就会很弱，面对困难或遇到责任往往会退缩。因为前者独立承担责任，后者期望别人多承担责任。

责任分散的实质就是人多不负责，责任不落实。按照中国的典故就是"三个和尚没水吃"。心理学家研究发现，当出现责任分散效应时，行为主体受到六种心理因素影响：利他主义动机、社会惰化、从众心理、道德因素、法不责众心理和人际关系相互作用。[①]

金融系统信息阻断现象

在整个金融系统的信息传递过程中，从商品到基础货币是由中央银行执行的，它的信息传递如果出现问题，就是通货膨胀现象，即货币超发，基础货币的发行量与实物商品之间出现了扭曲。

由基础货币向信用货币进行的信息传递，主要由商业银行执行。由于商业银行执行着货币的部分职能，又执行着间接融资的功能，这个过程出现了商品价值信息传递的阻断现象。这可能是产生货币危机、金融危机乃至经济危机的诱因之一。

---

① http://baike.baidu.com/百度百科：责任分散效应。

其后的资产层级的信息传递基本上是通畅的。直接融资包括直接债权融资、股权融资，信托、期货、保险等，都不存在商品价值信息传递的阻断现象。这可能是目前金融系统的结构性问题。

随着计算机技术、互联网技术的发展，间接融资这种产生信息阻断现象的融资方式有可能会消失，至少它不能成为主流的融资方式。取而代之的是直接融资，即直接债权融资和股权融资，或它们的混合体、变异体，如信托融资等。这也可能就是盖茨先生所说的银行会成为21世纪最后的恐龙的具体原因。

银行功能的跨界性所导致的现象，有可能是人类生产力、生产关系不发达的原因导致的。如果将金融系统比喻成一个大的软件系统，就像一个系统的基础性软件出现了大的系统性的瑕疵乃至缺陷，而这个系统性的瑕疵乃至缺陷又不能够清除，那么这个基础、系统软件将会严重影响由它产生、背书的应用软件的正常运行和功能发挥。

金融脱媒深化

近年来，我国资本市场不断发展，各类非银行金融机构持续壮大，作为我国金融体系核心的商业银行正面临着严峻挑战，金融脱媒趋势在我国金融市场日益显现。从金融脱媒综合指标（CBDR）看，美国的商业银行金融脱媒程度最高约为20%，日本和德国分别约为40%和60%。我国的CBDR自1996年以来波动较大，基本处于80%左右。这表明我国的金融脱媒尚有较大发展空间，脱媒程度将继续深化。

2.2.2 第二种融资方式：直接融资

直接融资是一种中介代理型融资模式

直接融资是指拥有闲置资金的单位（包括企业、机构和个人）与资金短缺需要补充资金的单位，相互之间直接协议，或者在金融市场上前者购买后者发行的有价证券，将货币资金提供给需要补充资金的单位使用，从而完成资金融通的过程。

直接融资的基本特点是：拥有闲置资金的单位和需要资金的单位直接进行资金融通，不经过任何中介环节或者中介环节仅是一种代理行为。

金融上的中介代理是一种直接融资方式，即投资者、融资者供需双方的资产信息之间存在对应的关系，遵循委托代理关系，涉及代理权。第三方即相应的金融机构不拥有占有权、使用权和所有权，仅仅是一种代理权的行为。

中介代理融资模式追求的最高目标是效率，兼顾公平，是一种相对有效率的资金募集方式。

可以采用私募方式募集资金，交易成本比较低，效率相对更高，但公平程度下降较多；也可以采用公募方式募集资金，交易成本相对较高，公平程度提高，但效率水平下降。

直接融资的种类

从金融系统角度看，在金融的货币形态方面，主要包括国债、国库券、银行票据、信用证、信用卡等；在债股形态方面，主要包括公司和企业债券、可转债、普通股票、优先股等。

直接融资的特征

直接性。在直接融资中，资金的需求者直接从资金的供应者手中获得资金，并在资金的供应者和资金的需求者之间建立直接的债权债务关系。

分散性。直接融资是在无数个企业相互之间、政府与企业和个人之间、个人与个人之间或者企业与个人之间进行的，因此融资活动分散于各种场合，具有一定的分散性。

信誉上差异性较大。由于直接融资是在企业和企业之间、个人与个人之间或者企业与个人之间进行的，而不同的企业或者个人，其信誉好坏有较大的差异，债权人往往难以全面、深入了解债务人的信誉状况，从而带来融资信誉的较大差异和风险性。

部分不可逆性。例如，在直接融资中，通过发行股票所取得的资金，是不需要返还的。投资者无权中途要求退回股金，而只能到市场上去出售股票，股票只能够在不同的投资者之间互相转让。

相对较强的自主性。在直接融资中，在法律允许的范围内，融资者可以自己决定融资的对象和数量。例如在商业信用中，赊买者和赊卖者可以在双方自愿的前提下，决定赊买或者赊卖的品种、数量和对象；在股票融资中，股票投资者可以随时决定买卖股票的品种和数量等。

直接融资的优点

资金供求双方直接联系，可以根据各自融资的条件，例如借款期限、数量和利率水平等方面的要求，实现资金的融通。

由于资金供求双方直接形成债权、债务关系，债权方自然十分关注债务人的经营活动；债务人面对直接债权人的监督，在经营上会有较大的压力，从而促进资金使用效益的提高。

通过发行长期债券和发行股票，有利于筹集具有稳定性的、可以长期使用的投资资金，由此筹集的资金具有可以长期使用的特点。在存在较发达的资本市场条件下，短期性资金也进入市场参与交易，支持这类长期融资的发展。

直接融资的局限性

直接融资双方在资金数量、期限、利率等方面受到限制比间接融资多。

对于资金供给者，由于缺乏中介的缓冲，直接融资风险比间接融资大。

在直接融资方式中，由于金融机构仅仅是一个代理人的角色，所以同样存在着旁观者效应现象。

2.2.3 间接融资与直接融资之间的协调

间接融资是一种所谓的"关系融资"方式，直接融资是一种所谓的"距离融资"方式。

关系融资的优点。通过中介和借款人之间的关系可以防止借款人的道德风险行为。保证了投资项目的事后效率，并使长期投资得以进行。

关系融资的缺点。中介通过关系获得的信息优势可能剥夺企业过多的利润，从而抑制企业的动力，即企业因被"锁定"而可能面临着敲竹杠。事后的效率可能导致事前的无效率，即发生软预算约束问题。直接融资或市场化融资方式与间接融资或银行融资方式的优缺点正好相反。[1]

不排除一种可能性，就是随着信息技术、互联网的发展，信息对称程度在不断提高，如果基础信用建设能够广泛覆盖，那么从技术上也可以在大多数情况下实现直接融资。至少，间接融资方式的比重会下降，甚至降为非主流的资金融通方式。

间接融资与直接融资之间的互补关系

在金融系统中，金融的债股形态及亚形态、间接融资和直接融资方式各有自己的优势，也有各自的不足。在该层级或阶段，能够产生这些融资方式，就是为了保障它们集合起来能够提供一个最优的投融资子系统，或者智能化的金融子系统。

戈德·史密斯认为，随着金融发展和经济发展的不断深化，间接融资和直接融资将逐渐形成并存局面。这是由于银行等间接融资机构在效率、经营方式和信息上存在着缺陷。从信息化和经营模式的角度看，间接融资模式是一种信息传递过程中出现了不清晰、模糊、断裂的信息模式基础上产生的经营模式，而直接融资在交易规模、信息披露、经营业绩等方面有较高的进入壁垒。[2]

直接融资和间接融资两种制度安排有可能将在很长一段时间内保持一种互补态势。

2.2.4 第三种融资方式：信托融资

信托融资方式最初产生、来源于英国的尤斯制度。

---

① 殷剑锋：《金融结构与经济增长》，106页，北京，人民出版社，2006。
② 刘向东：《资产证券化的信托模式研究》，62页，北京，中国财政经济出版社，2007。

信托融资方式本质上是一种直接融资方式，但是又不同于直接融资方式，即投资者、融资者供需双方的资产信息之间存在一一对应的关系，遵循委托受托关系，涉及双重所有权，第三方即相应的金融机构拥有受托资产占有权、使用权、第二所有权。信托融资方式与直接融资方式最大的区别是金融机构在融资过程中所起的作用是不同的，所遵循的原理、制度、法律关系是不同的。

信托融资模式追求的最高目标是公平与效率的均衡，在这个基础上信托融资还是一个相对有效率的资金募集方式。

信托融资方式也可以采用私募方式募集资金，交易成本比较低，效率相对高一些，但公平程度下降一些；也可以采用公募方式募集资金，交易成本相对高一些，公平程度提高一些，但效率水平下降一些。

2.2.5 三种融资方式之间的比较

在自然界，存在着三种最基本的自然形态：物质、能量和信息。当这三种自然形态需要运动的时候，就需要不同的控制方式对它们加以控制，然后它们才会动起来。一般来讲，控制模式有三种：集中（中央、他组织）控制、分散（自组织）控制和集中控制与分散控制相结合的控制方式。控制方式作用在金融系统上，就产生了间接融资、直接融资、信托融资三种融资方式。

在法律关系上，三种融资方式分别与委托中介关系、委托代理关系、委托受托关系相对应。在三种融资方式中，信托融资方式是最符合遗传规律的（见表2-1）。

表2-1 三种融资方式比较

	间接融资	直接融资	信托融资
信息传递，投资者与融资者关系	● 信息被金融机构阻断 ● 投资者与融资者之间不存在对应关系	● 信息穿透金融机构 ● 投资者与融资者之间存在对应关系	● 信息穿透金融机构 ● 投资者与融资者之间存在一一对应关系
法律关系，金融机构责任	● 委托中介关系 ● 投资者拥有所有权，金融机构拥有使用权 ● 金融机构有间接责任 ● 存在旁观者效应、内部代理人现象	● 委托代理关系 ● 投资者拥有所有权和使用权 ● 金融机构无权金融机构没有责任 ● 存在旁观者效应、内部代理人现象	● 委托受托关系 ● 投资者与金融机构共同拥有所有权 ● 金融机构有很大程度上的直接责任 ● 至少是抑制了旁观者效应、内部代理人现象
金融模式，管理模式	● 投资者资金池业务 ● 融资者资金池业务 ● 投资者和金融机构资产没有分开核算	● 投资者非资金池业务 ● 融资者资金池业务 ● 投资者和金融机构资产分开核算	● 投资者非资金池业务 ● 融资者非资金池业务 ● 投资者和金融机构资产分开核算

信托融资与间接融资、直接融资方式的区别[①]

经济关系不同

信托融资方式按照"受人之托、代人理财"的经营宗旨来融通资金、管理财产，涉及委托人、受托人和受益人三个当事人，其信托行为体现的是多边信用关系。间接融资方式、直接融资方式则是分别作为"信用中介""信用代理"的方式筹集资金和调节资金供求，委托人和受益人是一体的，体现的是存款人/投资人与贷款人/被投资人之间发生的双边信用关系。

行为主体不同

信托融资方式的行为主体是委托人、受托人双主体。在信托行为中，受托人要按照委托人的意旨开展业务，为受益人服务，其整个过程，委托人都占主动地位。但是受托人也不是完全被动地履行信托契约。受委托人意旨的制约，受托人是以自己的名义开展活动。银行信贷的行为主体是银行，银行自主地发放贷款，进行经营，其行为既不受存款人意旨的制约，也不受借款人意旨的强求。证券行为的主体是投资者自身，与证券公司无关。

承担风险不同

信托融资方式一般按委托人的意图，以自己（受托人）的名义经营管理信托财产，信托的经营风险一般由委托人或受益人承担。虽然信托公司只收取手续费和佣金，不保证信托本金不受损失和最低收益，但是在责任方面较间接融资、直接融资方式重大许多，存在隐性的刚性兑付问题。间接融资方式，例如银行信贷则是根据国家规定的存放款利率吸收存款、发放贷款，自主经营，因而银行承担整个信贷资金的营运风险，只要不破产，对存款要保本付息、按期支付。直接融资方式中金融机构不承担兑付责任。

在不同的融资方式中，从投资者承担风险高低的角度看，间接融资的风险应该相对低一些，直接融资的风险应该高一些，信托融资方式的风险位居两者之间。

清算方式不同

作为间接融资、直接融资方式产生的金融资产，企业破产时，要作为破产清算财产统一参与清算。而由信托融资方式产生的信托财产则不在清算财产范围内。信托财产是一个独立的资产，由新的受托人承接继续管理，保护信托财产免受损失。这就是信托财产隔离风险的功能。

---

① http://baike. baidu. com/百度百科：信托。

2.3 中询金融矩阵

在金融系统的进化过程中，金融系统中不同的金融形态，即商品价值运动方式的层级，也就是金融系统的主体，包括货币、债股、信托、期货、保险等五个形态、层级。这些金融主体与金融的三种融资方式（包括间接融资、直接融资、信托融资）相结合，就会产生不同的金融工具和金融资产。金融的形态或层级、融资方式是金融复杂系统中两个最重要的基础要素、参数。

另外，投资人——个人、机构，民事、商事，社会、商业，资产——有形资产、无形资产，信用、商品，融资者、第三方/金融机构、监管者，交易状态等参数或要素也很重要，但是它们都必须在金融形态或层级、金融的融资方式这两个基础要素之上才有金融学方面的意义。

2.3.1 中询金融矩阵：金融形态—融资方式矩阵

矩阵的概念和应用[①]

在数学上，矩阵是指纵横排列的二维数据表格，最早来自于方程组的系数及常数所构成的方阵。矩阵理论是一门研究矩阵在数学上的应用的科目。矩阵理论本来是线性代数的一个小分支，但其后由于陆续在图论、代数、组合数学和统计上得到应用，渐渐发展成为一门独立的学科。方阵如幻方及拉丁方阵的研究历史悠久，最早的幻方出现于中国的龟背图上。

莱布尼兹——微积分的始创者之一，首先在1693年利用行列式来解题；而加布里尔·克拉默率先利用行列式解联立线性方程组，在1750年引进了克莱姆法则。19世纪，出现了由著名数学家高斯发明的高斯消去法以及比较慢的改良版本高斯—约当消去法。1848年，西尔维斯特率先使用"matrix"这个字。阿瑟·凯莱、哈密顿、格拉斯曼、弗罗贝尼乌斯及冯·诺伊曼都是对矩阵理论有贡献的著名数学家。

目前，矩阵是高等代数学中的常见工具，也常见于统计分析等应用数学学科中。在物理学中，矩阵于电路学、力学、光学和量子物理中都有应用；计算机科学中，三维动画制作也需要用到矩阵。矩阵的运算是数值分析领域的重要问题。将矩阵分解为简单矩阵的组合可以在理论和实际应用上简化矩阵的运算。对一些应用广泛而形式特殊的矩阵，例如稀疏矩阵和准对角矩阵，有特定的快速运算算法。在天体物理、量子力学等领域，也会出现无穷维的矩阵，是矩阵的一种推广。

---

① http://baike.baidu.com/百度百科：矩阵；http://zh.wikipedia.org/wiki/维基百科：矩阵理论。

实际上，在中国传统系统思想、方法中，由阴阳五行推导出的天干地支、阴阳八卦等体现、表现了矩阵的思想、方法。只不过天干地支主要用于纪日，还可用来纪月、纪年、纪时等；阴阳八卦、周易以高度抽象的六十四卦的形式表征普遍存在的双边关系中可能发生的各种各样的变化，以此认知大自然、人类社会、人的规律，即认知"道"与"德"。

矩阵图法①

矩阵图法就是从多维问题的事件中，找出成对的因素，排列成矩阵图，然后根据矩阵图来分析问题、确定关键点的方法。它是一种通过多因素综合思考，探索问题的好方法。

在复杂的问题中，往往存在许多成对的质量因素。将这些成对因素找出来，分别排列成行和列，其交点就是其相互关联的程度，在此基础上再找出存在的问题及问题的形态，从而找到解决问题的思路。

矩阵图的形式如图2-6所示：A为某一个因素群，a1、a2、a3、a4…是属于A这个因素群的具体因素，将它们排列成行；B为另一个因素群，b1、b2、b3、b4…为属于B这个因素群的具体因素，将它们排列成列；行和列的交点表示A和B各因素之间的关系。按照交点上行和列因素是否相关联及其关联程度的大小，可以探索问题的所在和问题的形态，也可以从中得到解决问题的启示等。

B＼A	a1	a2	a3	a4
b1	a1b1	a2b1	a3b1	a4b1
b2	a1b2	a2b2	a3b2	a4b2
b3	a1b3	a2b3	a3b3	a4b3
b4	a1b4	a2b4	a3b4	a4b4

图2-6　矩阵图的形式

矩阵图的最大优点在于寻找对应元素的交点很方便，而且不遗漏，显示对应元素的关系也很清楚。矩阵图法还具有以下几个优点：可用于分析成对的影响因素；因素之间的关系清晰明了，便于确定重点；便于与系统图结合使用。

波士顿矩阵②

波士顿矩阵（BCG Matrix），又称市场增长率—相对市场份额矩阵、波士顿咨询集团法、四象限分析法、产品系列结构管理法等，是由美国著名的管理学

---

① http://baike.baidu.com/百度百科：矩阵。
② http://baike.baidu.com/百度百科：波士顿矩阵。

家、波士顿咨询公司创始人布鲁斯·亨德森于1970年首创的一种用来分析和规划企业产品组合的方法。

波士顿矩阵认为，一般决定产品结构的基本因素有两个，即市场引力与企业实力。这种方法的核心在于要解决如何使企业的产品品种及结构适合市场需求的变化，只有这样，企业的生产才有意义。同时，如何将企业有限的资源有效地分配到合理的产品结构中去，以保证企业收益，是企业在激烈竞争中能否取胜的关键。

麦肯锡矩阵[①]

麦肯锡矩阵（McKinsey Matrix）是对公司的战略事业单元进行业务组合分析的一个管理模型。它亦被称做：GE矩阵（GE Matrix）、业务评估矩阵（Business Assessment Array）以及GE业务荧屏（GE Business Screen），又称通用电器公司法、九盒矩阵法、行业吸引力矩阵。

在战略规划过程中，应用GE矩阵必须经历五个步骤。GE矩阵可以用来根据企业在市场上的实力和所在市场的吸引力对公司进行评估，也可以表述一个公司的事业单位组合判断其强项和弱点。在需要对产业吸引力和业务实力作广义而灵活的定义时，可以以GE矩阵为基础进行战略规划。

GE矩阵与BCG矩阵在以下三个方面表现得不同：

市场/行业吸引力（Market/Industry Attractiveness）代替了市场成长（Market Growth）被吸纳进来作为一个评价维度。市场吸引力较之市场成长率显然包含了更多的考量因素。

竞争实力（Competitive Strength）代替了市场份额（Market Share）作为另外一个维度，由此对每一个事业单元的竞争地位进行评估分析。同样，竞争实力较之市场份额亦包含了更多的考量因素。

GE矩阵有9个象限，而BCG矩阵只有4个象限，使得GE矩阵结构更复杂、分析更准确。

中询金融矩阵

由五种金融形态和三种融资方式形成的矩阵，称为金融要素矩阵、金融形态—融资方式矩阵。该矩阵的交会处就是不同的金融工具、金融资产。当然，如果再加上投资者、融资者、募集资金的渠道（公募、私募）等金融要素，就更会成为一个现实中严格意义上的金融工具、金融资产类型图。

---

① http://baike.baidu.com/百度百科：GE矩阵。

参照波士顿矩阵、麦肯锡矩阵命名的逻辑，把金融要素矩阵、金融形态—融资方式矩阵命名为中询金融矩阵。中询金融矩阵可以用于不同金融企业及其事业单位、产品的定位。在战略规划过程中，可以使用中询金融矩阵，同时可以用来分析和规划金融企业的产品组合（见表2-2）。

表2-2　　　　　　　　　　中询金融矩阵（简）

形态层级/融资方式			间接融资方式	直接融资方式	信托融资方式
保险形态	再保险	二级	二级再社会保险	二级再商业保险	二级信托型再保险
		一级	一级再社会保险	一级再商业保险	一级信托型再保险
	保险	二级	二级社会保险	二级商业保险	二级信托型保险
		一级	一级社会保险	一级商业保险	一级信托型保险
期货形态	再期货	二级	二级间接再期货	二级直接再期货	二级信托再期货
		一级	一级间接再期货	一级直接再期货	一级信托再期货
	期货	二级	二级间接期货	二级直接期货	二级信托期货
		一级	一级间接期货	一级直接期货	一级信托期货
信托形态	再信托	二级	二级间接再信托资产	二级直接再信托资产	二级再信托资产
		一级	一级间接再信托资产	一级直接再信托资产	一级再信托资产
	信托	二级	二级间接信托资产	二级直接信托资产	二级信托资产
		一级	一级间接信托资产	一级直接信托资产	一级信托资产
债股形态	股权	二级	（间接融资普通股）	普通股、一级资本	信托普通股
		一级	（间接融资优先股）	优先股、二级资本	信托优先股
	债权	二级	银行中长期信贷资产	可转债	信托中长期贷款（可转债）
		一级	银行中短期信贷资产	公司债、企业债	信托中短期贷款（信托债）
货币形态	信用货币	二级	银行票据、信用证/卡	直接票据、信用证/卡	信托票据、信用证/卡
		一级	银行信用货币	直接信用货币	信托信用货币
	基础货币	二级	国债/地方债	国债/地方债、纸黄金	信托国债/地方债
		一级	法定货币	法定货币、金银、比特币	信托币
商品	生产资料	二级	社会型土地、人力、信息、知识、资本等要素	市场型生产要素制造企业	民事、商事信托，农用土地流转信托等
		一级	社会型一般生产资料	市场型一般生产资料生产企业	民事、商事信托，财产管理、企业信托等
	生活资料	二级	社会型生活奢侈品	市场型奢侈品生产企业	民事、商事信托
		一级	社会型生活必需品	市场型必需品生产企业	民事、商事信托

中询金融矩阵的细化

对于金融形态，在细分为货币、债股、信托、期货、保险五个形态、层级之后，还可以继续细分为基础货币、信用货币，债权、股权，信托、再信托，期货、再期货，保险、再保险等十个金融形态亚层。将十个金融形态亚层再次分级、分层，就会出现二十个金融形态季层。向下还具有可分性。

对于三种融资方式——间接融资、直接融资、信托融资，如果加上时间、空间的维度，即时间上分为中短期、中长期两种方式，空间上按照聚集资金的范围分为公募、私募两种方式，那么，三种融资方式就可以衍生出十二种不同的融资方式。而且，在这个基础上，还具有可分性。

二十个金融形态季层，与十二种不同的融资方式共同作用，将生成丰富多彩的、多样化的、多形态、多层级、多功能的金融工具、金融资产矩阵结构图。（参见表2-2）

2.3.2 金融形态的可分性与适度性

金融形态的细分程度，必须在整个金融系统中，在货币、债股、信托、期货、保险形态层级之间保持一种均衡的关系，否则彼此之间就会失去平衡。这种关系应该遵循复杂系统的5个基本规律，或者本书前述的基于中国传统系统思想的5种金融形态之间的7种关系。

对金融系统今后的研究，一个重要的、关键的方向是建立金融系统与不同金融形态、亚形态乃至更细分的形态之间，不同的金融形态、亚形态乃至更细分的形态自身之间的定量化的、数量化的关系模型。

应该讲，金融系统与不同金融形态之间、不同的金融形态之间的定量化的、数量化的关系应该属于一种混沌现象，就是说它们应该是在一个区间内发生变化的。在这个基础上，我们就可以对不同的金融形态进行基本的控制、管理。所以，从这种意义上讲，目前的金融学、金融系统还不是一门精密的科学，今后的路还很长。目前金融学的研究、实践还是面对点的、局部的，不是整体的，更谈不上是系统的。

2.3.3 融资方式的可分性与适度性

融资方式的出现是与社会商品生产水平直接相关的。同时，在三种融资方式——间接融资、直接融资、信托融资方式之间也应该存在着关联关系。所以，在融资方式的细分程度上不是越细越好，而是要与其他融资方式相协调，要与金融系统、金融子系统之间保持一种平衡、均衡。

2.3.4 不同金融工具的重组将产生新的金融工具或资产

不同金融工具的重组

在金融系统中，存在着通过不同金融工具的重组或二次组合产生一种新的金融工具或金融资产的现象，例如租赁业务。从融资模式角度讲，目前银行模式下的租赁业务是两次组合的结果。

其一，成立租赁公司。作为一个实体公司，首先采用间接融资方式从银行融通低成本的资金作为主要的业务资金来源。

其二，开展租赁业务。以信托融资方式形成了租赁资产。只不过租赁公司在使用信托关系中，委托人和受托人是同一个人，租赁资产实际上是一种信托融资型资产。如果从金融的形态角度考虑，租赁是将一种生产资料首先货币化，然后再演变为租赁公司的表内资产、融资者的表外负债。

所以，租赁业务是一种复合金融业务，是对金融主体的二次或重新聚集，通过不同的金融标识、内部模型、模块，生成了租赁这个复合型、模块化的金融工具或金融资产。

运用金融工具二次组合技术，解决农用土地信托低成本资金来源

对于目前农用土地流转信托的出现，有一个最大的问题是低成本资金的来源问题，或者说资金的募集方式问题。这个问题可以通过租赁公司模式解决，不一定非要走信托银行或土地银行的模式。将租赁公司做成一个用于土地方向的、专项的土地租赁公司，可以解决低成本资金来源问题。这实际上是运用了不同金融工具二次组合的技术来解决低成本资金问题，也应该可以解决农用土地流转信托低成本资金的来源。

运用公募型投资基金，解决农用土地信托低成本资金来源

运用公募投资基金解决低成本资金来源的模式，运用的是公募型的间接债权或间接股权金融工具的原理，既可以投资债权，也可以投资股权。将公募型投资基金做成一个用于土地方向的、专项的公募型投资基金，应该可以解决农用土地流转信托低成本资金来源问题。

2.4 两种重要的金融关系：基于中国传统系统思想的解释

中国传统医学是在阴阳五行学说基础上，对于人体这个复杂适应系统的医学解释，其观念、逻辑、理论、方法、实践等对于我们理解、把握、预测金融这个复杂适应系统具有重大的参考意义。

2.4.1 阴阳五行学说与中医理论

《黄帝内经》曰："阴阳者，天地之道也，万物之纲纪，变化之父母，生杀之本始，神明之府也。"阴阳五行学说，是中国古代朴素的唯物论和自发的辩证法思想。它认为世界是物质的，物质世界在阴阳二气作用的推动下滋生、发展和变化，并认为木、火、土、金、水五种最基本的物质是构成世界不可缺少的元素。这五种物质相互滋生、相互制约，处于不断的运动变化之中。

《道德经》曰："道生一，一生二，二生三，三生万物。万物负阴而抱阳，冲气以为和。"这是从宇宙起源角度谈到了阴阳，但不是对"阴阳"一词本身进行定义或解说。道者，导也。导者，向也。当混沌水汽从无序运动转向有序运动，就等于车辆上了正道，开始向目的地前进了。这种在正道上的有序运动导致了太极的诞生。太极就是"一"，它诞生于混沌从无序运动转向有序运动的那一时刻。太极一诞生，随后而来的就是天地的出现。天地就是"二"。天气下降、地气蒸腾，二气相合，其结果就是人的诞生。人就是"三"。"三"也包含万物生灵，人是万物生灵中最灵者，是它们的总代表。随后世界万物在阴阳交互作用中世代交替，保持种群和数量的平衡。"负阴而抱阳"表示出了"阴"为"阳"的基础或前提的意思。

孔子在《系辞》中说："一阴一阳为之道。"按我们现代语言和科学研究的成果，对这句话的理解应该是：自然界中存在着阴阳，是对立统一的阴阳两种能量，是构成万事万物的基础，存在世界的一切都是由基本的阴阳能量所构成。这两种能量与无极元的相互作用产生了阴阳两种初阶粒子，是构成一切高阶粒子、物质粒子以及物质的基础。

阴阳哲学研究的是天地变化之道、万物运行的法则、生命变化的规律、生命内部的制约和支持关系、生命力的源头。下面五点是对《黄帝内经》所阐述的阴阳五行理论内容的提炼：

第一点，阴阳理论用来阐述天地生成和变化。中国古代认为在混沌之后，清阳上浮为天，浊阴下沉为地，所以清阳为天，浊阴为地。又认为地气上升为云，天气下降为雨。而这一过程和天地生成过程构成了天地之间的物质循环。

第二点，阴阳理论用来阐述万物运行的法则。阴阳用来阐述运动的不同方式、方向和结果。

第三点，阴阳理论用来阐述生命变化规律。中国古代用生、长、收、藏来说明生命的变化形式和过程，而推动这一过程实现的力量就是阴阳。

阴阳用来说明生命变化形式的"生、长、收、藏"，推动了生命过程的

"生、长、化、收、藏"，形成终而复始的运动，这正是五行理论的内容之一。这也充分表明了五行理论是用来解释和落实阴阳理论的。

第四点，阴阳理论用来阐述生命内部的制约和支持关系。

第五点，阴阳理论用来阐述生命能力的源头。在中国古代，道家和医家都是用"神明"来描述生命的生灭现象和能力。阴阳正是这种生灭现象发生的原因，因此也就是用来理解生命现象的。

阴阳之间的交互作用包括阴阳交感、对立制约、互根互用、消长平衡、相互转化。

阴阳之间的关系

阴阳是宇宙中相互关联的事物或现象对立双方属性的概括。

交感关系：阴阳交感

交感关系指阴阳的交互作用，相错则是指这种相互作用十分错综复杂。阴阳交感是阴阳得以产生和变化的前提条件。

相反关系：对立制约

阴阳的对立、矛盾、制约，称之为阴阳相反关系。在相对立的基础上，阴阳还存在着相互制约的特性，对立的阴阳双方相互抑制、相互约束，表现出阴强则阳弱、阳胜则阴退的错综复杂的动态联系。

相成关系：互根作用

阴阳的互根互用关系，称之为相成关系。指阴阳的相互依存，即阴阳的任何一方都不能脱离对方而单独存在。如果没有阴，也就没有阳；指在相互依存的基础上，某些范畴的阴与阳还体现出相互滋生、相互为用的关系特点。

平衡关系：消长平衡

消长，指阴阳的两者始终处于运动变化之中。所谓"消"，意为减少、消耗；所谓"长"，意为增多、增长。"平衡"，指阴阳之间的消长运动如果是在一定范围、一定程度、一定限度、一定时间内进行的，这种消长运动往往不易察觉，或者变化不显著，事物在总体上仍旧呈现出相对的稳定，此时就称做"平衡"。

转化关系：相互转化

阴阳相互转化是指在一定条件下阴阳各自向其对立属性转化。它是指阴阳总的属性的改变。阴阳的关系不是一成不变的，它们处于消长变化之中，一旦这种消长变化达到一定阈值，就可能导致属性的相互转化。阴阳的转化一般都出现在阴阳变化的"物极"阶段，即"物极必反"。

五行及相互关系

五行学说是中国古代哲学的重要成就，五行即木、火、土、金、水。但是这并不代表五种物质，而是五种属性、要素、主体。在我国，"五行"有悠久的历史渊源，《归藏易》《连山易》中均有其记载。五行的木、火、土、金、水，对应五音是角、徵、宫、商、羽，对应五声是呼、笑、歌、哭、呻，对应五脏是肝、心、脾、肺、肾。

五行："木、火、土、金、水"和"生、长、化、收、藏"

根据五行学说以五行的特性对事物进行归类，将自然界的各种事物和现象的性质及作用与五行的特性相类比后，将其分别归属于五行之中：

"木曰曲直"，凡是具有生长、升发、条达舒畅等作用或性质的事物，均归属于木。木：生发、条达、主仁，其性直，其情和。

"火曰炎上"，凡具有温热、升腾作用的事物，均归属于火。火：炎热、向上、主礼，其性急，其情恭。

"土爰稼穑"，凡具有生化、承载、受纳作用的事物，均归属于土。土：长养、化育、主信，其性重，其情厚。

"金曰从革"，凡具有清洁、肃降、收敛等作用的事物则归属于金。金：清净、收敛、萧杀、主义，其性刚，其情烈。

"水曰润下"，凡具有寒凉、滋润、向下运动的事物则归属于水。水：寒冷、流动、向下、主智，其性聪，其情善。

《素问·五常政大论》中的："五化宣平"，指五行的"生、长、化、收、藏"五个生化阶段。

"相生、相克、制化、胜复、相乘、相侮、相及"关系[①]

五行即木、火、土、金、水，它们之间存在交互作用，包括相生、相克、制化、胜复、相侮、相乘、相及。

相生关系

相生关系指木、火、土、金、水五种要素之间相互滋生和助长的关系，可用来说明事物间相互协调的现象，是指这一事物对另一事物具有促进、助长和滋生的作用，互相转化，互相促进，互相作用，互相影响，相辅相成。

相辅相成。出自明朝张岱《历书眼序》："诹日者与推命者必相辅而行，而后两者之说始得无蔽。"指事物之间互相配合、互相补充、相互依存、缺一不可的关系。

五行相生的次序是：木生火，火生土，土生金，金生水，水生木。

相生关系又称为母子关系，如木生火，也就是木为火之母，火则为木之子。

[①] http://baike.baidu.com/百度百科：相生、相克、制化、胜复、相乘、相侮、母子相及。

相克关系

相克关系指借金、木、水、火、土五种物质之间互相制约和排斥的关系，来说明事物之间相互制约、相互克制、相互约束的现象，是指这一事物对另一事物的生长和功能具有抑制和制约的作用。

五行相克的次序是：木克土，土克水，水克火，火克金，金克木。

制化关系

制即克制，化即化生。五行学说认为，化生和克制是互相为用的，事物生中有克，克中有生，才能维持其相对的平衡协调。这样生克的配合，称为制化。举木为例：木能克土，但土能生金，金又能克木，通过这种调节，使木不能过度克土。其余类推。

胜复关系

胜复关系是指"五运六气"在一年之中的相胜相制、先胜后复的相互关系。胜即"胜气"，复即"复气"。胜是主动的，有强胜的意思；复是被动的，有报复的意思。

胜复之气，即一年中之上半年若有太过的胜气，下半年当有与之相反的复气。如上半年热气偏盛，下半年当有寒气以报复之。又如木运不及，金气胜木，木郁而生火，火能克金，称为复。

胜复的一般规律是，凡先有胜，后必有所报复，以报其胜。胜复之气并非每年都有。

《医源资料库》：胜复，运气术语。指胜气与复气，即相胜之气和报复之气。《素问·五运行大论》："天地之气，胜复之作，不形于诊也。"《类经》："六气盛衰不常，有所胜则有所复也。"一年中，若上半年有太过的胜气，下半年当有与之相反的复气。例如上半年热气偏盛，下半年即有寒气报复之。又如五运中某运偏胜，即有它运相克以报复。例如木运不及，金气胜木，木郁而生火，火能克金，称为复。胜复的一般规律是凡先有胜，后必有复，以报其胜。

古人用胜复之说说明自然气候的相胜相制的现象，进而探讨疾病流行、病机、预后以及治疗的关系。《素问·至真要大论》："治诸胜复，寒者热之，热者寒之……此治之大体也。"

相乘关系

相乘关系即乘虚侵袭、以强凌弱之意，交互侵袭（乘、趁，意为侵袭）。五行中的相乘，是指五行中某"一行"对被克的"一行"克制太过，从而引起一系列的过度克制反应。医学上的相乘即相克太过，超过正常制约程度，属病理变化范畴。如肝气过亢，肺金不能制约肝木，则太过之木便去抑制土，使土更虚而发生肝气犯胃的病征。

运算方法中的一则，即木乘土，土乘水，水乘火，火乘金，金乘木。

导致五行相克异常而出现相乘的原因一般有三：

所不胜行过于亢盛，因而对其所胜行的制约太过，使其虚弱。如木行过亢，则过度克制其所胜行土，导致土行虚弱不足，称为"木亢乘土"。临床上所见的剧烈的情志变化引起的脾胃功能失调，一般属此种情况。

所胜行过于虚弱，其所不胜行则相对偏亢，故所胜行也受到其所不胜行的加倍的制约而出现相乘。如木行虽然没有过亢，但土行已经过于虚弱不足，木对土来说属相对偏亢，故土行也受到木行较强的克制而出现相乘，称为"土虚木乘"。临床上所见的慢性胃病因情绪变化的发作，多属此种情况。

既有所不胜行的过于亢盛，又有其所胜行的虚弱不足，两者之间力量差距拉大，则出现较重的相乘。如既有木行的过亢，又有土行的虚弱不足，则两者之间出现更为严重的相乘。一般称为"木乘土"。临床上所见的肝气郁结或亢逆，而脾胃功能早已虚弱不足，则易发生较重的"肝气乘脾"病理变化，病人的病情也较重。

当五行中的某"一行"本身过于强盛，可造成被克的"五行"克制太过，促使被克的"一行"虚弱，从而引起五行之间的生克制化异常。例如：木过于强盛，则克土太过，造成土的不足，即称为"木乘土"。另一方面，也可由五行中的某"一行"本身虚弱，因而对它"克我"，"一行"的相克就相对增强，而其本身就更衰弱。例如：木本不过于强盛，其克制土的力量也在正常范围内。但由于土本身的不足，因而形成了木克土的力量相对增强，使土更加不足，即称为"土虚木乘"。

相侮关系

五行学说术语。即反克，又称反侮。侮，恃强凌弱之意。相侮属病理变化范畴。正常情况下，金可克木，若金气不足，或木气偏亢，木就反而抑制金，出现肺金虚损而肝木亢盛的病征。《素问·五运行大论》："气有余，则制己所胜而侮所不胜；其不及，则己所不胜侮而乘之，己所胜轻而侮之。"

相侮，即五行中某一行本身太过，使克它的一行无法制约它，反而被它所克制，所以又被称为反克或反侮。比如，在正常情况下水克火，但当水太少或火过盛时，水不但不能克火，反而会被火烧干，即火反克或反侮水。例如：木本受金克，但在木特别强盛时，不仅不受金克制，反而对金进行反侮（反克），称做"木侮金"，或是发生反侮的一个方面。另外，也可由金本身十分虚弱，不仅不能对木进行克制，反而受到木反侮，称做"金虚木侮"。

相侮的次序：木侮金，金侮火，火侮水，水侮土，土侮木。

相侮与相乘一样，也有"太过"和"不及"两个方面：

太过所致的相侮，是指五行中的某一行太过强盛，使原来克制它的一行不仅不能够克制它，反而受到它的反向克制。例如木气过于亢盛，其所不胜的一行金不仅不能克制木，反而被木所侮，出现木侮金的现象。

不及所致的相侮，是指五行中某一行太过虚弱，不仅不能克制某一行，反而被其所胜的一行的反克。正常情况下，金克木，木克土，但当木过于虚弱时，不仅金乘木，土也会侮木。相乘，即五行中的某一行对被克的一行克制太过。比如，木过于亢盛，而金又不能正常地克制木时，木就会过度地克土，使土更虚，这就是木乘土。

相生相克关系

五行的相生相克关系可以解释事物之间的相互联系，而五行的相乘相侮则可以用来表示事物之间平衡被打破后的相互影响。

相生相克是密不可分的。没有生，事物就无法发生和生长；而没有克，事物无所约束，就无法维持正常的协调关系。只有保持相生相克的动态平衡，才能使事物正常地发生与发展。

相乘相侮关系

如果五行相生相克太过或不及，就会破坏正常的生克关系，而出现相乘或相侮的情况。五行的相乘、相侮，是指五行之间正常的生克关系遭遇破坏后所出现的不正常相克现象。

相乘和相侮，都是不正常的相克现象，两者之间是既有区别又有联系。相乘与相侮的主要区别是：前者是按五行的相克次序发生过强的克制，从而形成五行间相克关系的异常；后者则是与五行相克次序发生相反方向的克制现象，从而形成五行间相克关系的异常。两者之间的联系是在其发生相乘时，也可同时发生相侮；发生相侮时，也可以同时发生相乘。如：木过强时，既可以乘土，又可以侮金；金虚时，既可以受到木的反侮，又可以受到火乘。

相及关系

相及关系是指母子相及关系，包括母病及子和子病及母两类，皆属五行相生关系失常出现的变化。

母病及子。是指五行中的某一行失常，影响到其子行，导致母子两行皆异常的变化。母病及子的一般规律是：

母行虚弱，累及其子行也不足，导致母子两行皆虚，即所谓"母能令子虚"。如水虚不能生木，引起木行也不足，结果水竭木枯，母子俱衰。临床上常见的肾精亏虚，引起肝精肝血不足，或肾阴亏虚引起肝阴不足而肝阳上亢的病变，即属此类。

母行过亢，引起其子行亦盛，导致母子两行皆亢。如木行过亢，可引起火行过旺，导致木火俱盛。临床上常见的肝火亢盛引致心火亦亢，出现心肝火旺的病变，即属此类。

子病及母。是指五行中的某一行异常，影响到其母行，导致子母两行皆异常的变化。子病及母的一般规律是：

子行亢盛，引起母行也亢盛，结果是子母两行皆亢，即所谓"子能令母实"，一般可称为"子病犯母"。如临床上可见心火过亢引起肝火亦旺，结果导致心肝火旺的病理变化。

子行亢盛，劫夺母行，导致母行虚衰，一般可称为"子盗母气"。如临床上可见肝火太盛，下劫肾阴，导致肝阴肾阴皆虚的病理变化。

子行虚弱，上累母行，引起母行亦不足，一般也可称为"子盗母气"。如临床上可见心血亏虚引起肝血亦不足，终致心肝两虚的病理变化。

2.4.2 金融与实体经济之间的关系

金融是虚拟经济，与实体经济相对应。金融与实体经济共同构成完整的经济系统。金融与实体经济的关系就像一个硬币的两面，按照中国传统文化的概念就是阴与阳的关系。商品的生产，即生活资料、生产资料的生产是实体经济，是阴；金融是资金的融通，是商品价值运动的形态，是虚拟经济，是阳。人类社会及其运行就是在"负阴而抱阳"。阴为阳的基础，实体经济是金融即虚拟经济的基础。

按照中国传统文化的观点，金融与实体经济之间的交互作用包括交感关系、对立关系、相成关系、平衡关系、转化关系五种相互关系。

实体经济、金融与阴、阳

《黄帝内经》总结："阴阳者，天地之道也，万物之纲纪，变化之父母，生杀之本始，神明之府也。"商品的生产，即生活资料、生产资料的生产是实体经济，是阳；金融是资金的融通，是商品的价值运动，是作为商品一般等价物的货币的运动，是虚拟经济，是阴。实体经济与金融是相关事物的相对属性，存在着可分性。

实体经济与金融的交感关系：阴阳交感

这是指实体经济与金融的交互作用，相错则是指这种相互作用十分错综复杂。阴阳交感是实体经济与金融得以产生和变化的前提条件。

实体经济与金融的相反关系：对立制约

对立制约指实体经济与金融的对立、矛盾、制约，称之为阴阳相反关系。在相对立的基础上，实体经济与金融还存在着相互制约的特性，对立的实体经济与金融双方相互抑制、相互约束，表现出实体经济强则金融弱、金融胜则实体经济退的错综复杂的动态联系。

实体经济与金融的相成关系：互根作用

实体经济与金融的互根互用关系，称之为相成关系，指实体经济与金融的相互依存，即实体经济与金融的任何一方都不能脱离对方而单独存在，如果没有实体经济，也就没有所谓的金融；指在相互依存的基础上，某些范畴的实体经济与金融还体现出相互滋生、相互为用的关系特点。

实体经济与金融的平衡关系：消长平衡

消长，指实体经济与金融两者始终处于运动变化之中。所谓"消"，意为减少、消耗；所谓"长"，意为增多、增长。"平衡"，指实体经济与金融之间的消长运动如果是在一定范围、一定程度、一定限度、一定时间内进行的，这种消长运动往往不易察觉，或者变化不显著，事物在总体上仍旧呈现出相对的稳定，此时就称做"平衡"。

实体经济与金融的转化关系：相互转化

实体经济与金融的相互转化是指在一定条件下可各自向其对立的属性转化。它主要是指实体经济与金融总的属性的改变。实体经济与金融的关系不是一成不变的，它们处于消长变化之中。一旦这种消长变化达到一定阈值，就可能导致属性的相互转化。实体经济与金融的转化一般都出现在实体经济与金融变化的"物极"阶段，即"物极必反"。

在金融系统或虚拟经济与实体经济之间，存在着老子所说的"万物负阴而抱阳，冲气以为和"的现象，即经济系统、金融系统这两个复杂系统，虚拟经济与实体经济之间是在相互作用、相互激荡的情况下，生成新的、动态的、和谐体的复杂系统。

金融与"穷则独善其身，达则兼济天下"

目前已经到了应该发展、完善金融这个虚拟经济的关键时期了。"穷则独善其身，达则兼济天下"。这句话出自《孟子》的《尽心章句上》。原意是指"不得志的时候就要管好自己的道德修养，得志的时候就要努力让天下人（指百姓）都能得到好处"。在这里，想用这句话表明的是，从金融系统的发展阶段来讲，它还是很"穷"的，甚至还不如实体经济的发展。

所以，金融系统在不够"达"的情况下，为实体经济服务的能力是不够的，无法"兼济实体经济""兼济天下"。实际上，目前的重中之重是要首先完善金融系统，使金融系统能够达到"达"的水平、境界和能力，这样才能够使它"兼济实体经济""兼济天下"。也就是说，当前是金融这个虚拟经济发展的滞后，拖了实体经济发展的后腿。作为实体经济，这时不应该高歌猛进，而应该等一等虚拟经济发展的步伐，要不然就会"欲速则不达"。

实体经济和虚拟经济是互相服务的关系

按照系统科学的观点，金融与实体经济之间存在着结构功能相关律、信息反馈律、竞争协同律、涨落有序律和优化演化律。

按照中国传统系统思想的观点，虚拟经济与实体经济间的关系是建立在交感、对立制约、相成、消长平衡、相互转化基础之上的相互关系。发展实体经济，更要发展虚拟经济，否则不能成为一个完整的、均衡的经济系统。

所以理论上讲，金融系统即虚拟经济，与实体经济之间，无所谓谁更重要。就像人的五官，或者人体的器官，缺一样都不能够成为一个完整意义上的整体。虚拟经济与实体经济间的关系，也无所谓谁服务于谁，而是互相服务的关系。当然，不可否认的是在社会、经济、金融、技术发展的某个阶段，由于发展的不平衡，可能存在谁为谁服务的问题。

2.4.3 金融五种形态之间的关系

金融的动物纪元与理性纪元之间的关系，是执行与控制的关系。在金融系统的进化中，应该分化为彼此关联但功能各不相同的两个系统。对于一个完整的金融系统，两者之间应该相得益彰。

按照图琴的理论，在一个复杂系统中存在着"倒数第二层分叉增长规律"。对于金融系统，就是说不同的金融形态的发展在很大程度上依赖于其上一个层级金融形态的产生、发展和进化。例如，货币的发展、进化依赖于金融债股形态的产生、发展和进化。

实际上，按照中国的阴阳五行学说和中医理论，在金融的五种形态——货币、债股、信托、期货、保险之间存在着七种相互关联、相互作用、相互制约的复杂关系，即相生、相克、制化、胜复、相乘、相侮、相及关系。

相生是一种相互滋生和助长的关系。

相克是一种制约、约束、对立关系。

制化是一种平衡协调关系。

胜复是一种主动、被动关系。

相乘是一种过度克制反应关系。

相侮是一种反克或反制的关系。

相生相克关系可以解释金融五种形态之间的相互联系。

相乘相侮则可以用来表示金融五种形态之间平衡被打破后的相互影响。

相及则可以表明相生关系失常后金融五种形态之间出现的变化和关系。

按照系统科学的观点，金融五种形态之间也应该存在着结构功能相关律、信息反馈律、竞争协同律、涨落有序律和优化演化律。

金融的结构功能相关律

对于金融复杂系统而言，结构是金融系统隐性的规定性，功能是金融系统显性的规定性。结构侧重于从金融系统要素或主体之间的关系看问题，功能着眼于从金融系统的特性、能力看问题。

金融五种形态之间七种相互关联、相互作用、相互制约的复杂关系实际上是金融系统的结构、功能之间存在着的相互联系、相互制约、相对区别、相互分离、相互作用、相互转化的复杂关系。

在当前金融发展水平下，金融系统结构功能相关律给我们的启示是：金融危机下过度依赖货币功能、货币功能的过度使用将会加重金融系统的非稳定性、非均衡性，有些类似于人体中其他身体功能弱化后的"肝肿大"。

2.5 金融的自组织和环境选择性进化

金融系统作为一个复杂系统，其自组织进化主要包括多样性变异和遗传性保存，分别遵循必要多样性定律、必要层级原理、盲目变异原理和稳定者生存原理。金融的多样性变异和遗传性保存是金融系统自组织的方式，是金融系统作为一个复杂系统主动适应环境变化的方式，是金融系统适应性进化的方式。

适应性产生复杂性。金融系统的适应性进化使金融系统产生了复杂性。

2.5.1 金融形态的多样性变异

对于金融系统而言，多样性变异包括多样性、变异、不同要素之间的相互作用增强等形式。对于金融系统的自组织进化，主要应该关注的是金融系统内部在不同层级所发生的多样性、变异等现象。至于金融系统整体性形态、层级、功能的进化，在金融系统整体性进化中已经作了大量的描述。

多样性变异需要从形态、层级、功能三个维度考察、分析金融子系统的结构或架构。但分析是从金融系统理论上进化的阶梯——金融的货币、债股、信托、期货、保险形态等以及金融系统现实中进化的阶梯——货币、银行、证券、信托化阶段两方面来进行描述的。

金融产生之初，人类社会的经济、技术发展水平比较低。到目前经济高度发达的社会阶段，金融一直都在发展和进化着，金融的形态、层级、功能的发展和进化与社会经济发展阶段相吻合。金融的自我进化过程与银行化、证券化、信托化的过程基本一致。

金融形态、层级的多样化

金融的形态、层级，合称为金融的结构。金融的形态是金融结构的一种显性表现形式。金融系统的结构是指不同金融形态的存在方式。在金融系统中，不同的金融形态占据着不同的空间，这就是金融形态的空间特性，即金融形态的层级特性。而金融形态、层级在时间上的秩序就是它们的功能。由于不同的金融形态层级不同，所表现出的性能、特性、功能也不同。

金融系统的结构、层级、功能

美国金融学家戈德·史密斯（1969）最早对金融结构的定义和衡量进行了系统的研究。他在《金融结构与金融发展》一书中指出，"金融结构即金融工具和金融机构的相对规模"，"各种金融工具和金融机构的形式、性质及其相对规模共同构成了一国金融结构的特征"。而且，金融结构"随时间而变化的方式在各国不尽相同"。[①]

戈德·史密斯按照金融资产和金融工具的数量、种类和分布描述了金融系统的结构。戈德·史密斯金融系统的结构特征主要表现为这样一些指标：金融资产的总量和实物资产之间的比例关系，这种关系被称做是金融相关率；各经济部门的金融资产与负债总量及其在不同种类的金融工具上的分布；金融结构和非金融经济部门所持有的金融资产和负债之间的关系；各种不同金融机构的金融资产和负债的比例关系以及这些资产和负债采取的金融工具的形式等等。依据这些指标，戈德·史密斯区分了三类金融结构：

第一类是18世纪和19世纪中叶欧洲和北美出现过的结构。在这种结构中，金融相关率比较低，债权凭证远远超过股权凭证，商业银行在金融机构中占据了统治地位。这种结构被认为是金融系统发展初级阶段的特征。

---

① 谢清河：《金融结构与金融效率》，导论3页，北京，经济管理出版社，2008。

第二类是20世纪上半叶普遍存在于大多数非工业化国家（西班牙、拉丁美洲、东南亚等）的结构。在这种结构中，金融相关率、债权凭证相对于股权凭证的优势以及商业银行的统治地位等都同第一种结构相似，不同之处仅在于政府和政府金融机构发挥了更大的作用。

第三类是20世纪初期以来工业化国家的结构。其中，金融相关率较高，债权凭证虽然依然居于优势地位，但是股权凭证相对于债权凭证的比例在上升，而且金融机构日益多样化。同储蓄机构和私人养老保险组织相比，商业银行的地位在下降。

目前，人们多避繁就简地讲金融系统的结构分为两大类：市场导向的结构和银行导向的结构。顾名思义，在市场导向结构中，金融市场以及同金融市场密不可分的非银行金融中介具有重要的地位和作用；在银行导向结构中，存款货币银行及类似机构在金融系统中占据了统治地位。①

目前，对于金融结构的解释基本上沿袭了美国学者戈德·史密斯对于金融结构的定义，即债权和股权之间或者间接融资和直接融资之间的结构，或市场导向的机构和银行导向的机构之间的比例关系。

但是实际上，金融结构是一个更复杂的概念、范畴。它不仅仅是债权与股权、间接融资与直接融资之间的关系。

金融系统发展史是金融结构不断复杂、层级不断增加的历史，但是它不仅仅是所谓的市场导向的结构和银行导向的结构这么简单。金融结构或金融形态的范围应该更广泛，描述的层级更多。另外，对于金融结构更详细的描述应该是金融层级描述的内容。

金融系统形态、层次复杂性的增长

当前金融系统中形态、层次，主要包括：

金融系统分为两个纪元，即金融的动物纪元和理性纪元；五种形态和层级，即货币、债股、信托、期货、保险。

金融的不同形态还具有可分性。都有至少2～3个亚形态或亚层级。向下还具有可分性。

根据系统思想中关于适应性进化的基本原理，进化是通过多样性的产生和适应性的选择而实现的。那么金融系统进化过程是通过什么途径增加结构、层次的复杂性呢？

---

① 殷剑锋：《金融结构与经济增长》，31～32页，北京，人民出版社，2006。

金融形态的变异增加和多样性的产生、发展和进化，金融系统的结构复杂性就越大。例如，在金融的债股形态形成过程中，银行首先出现并主要执行着货币的支付功能。当货币进化到一定程度后，金融系统中资源配置功能中的债权形态和间接融资方式首先出现，随后出现金融的股权形态以及直接融资方式。这个时候的金融系统和银行刚出现时的金融系统有着很大的不同。另外，对于金融的债权形态，在经济、金融发展的过程中，也会分叉，分化出现公司债或企业债、可转债等所谓的一级债权、二级债权。这些都带来多样性的增加。这种增加可以是共时的，也可以是历时的。假定其他情况不变，金融系统的形态、结构、层级愈多样，系统就愈复杂。

金融子系统之间、子系统内部要素相互关系愈来愈紧密，相互作用增强导致进化过程中结构复杂性的增长。生态系统是许多物种群体之间共生适应而形成的，这种结构新层次的形成是系统的尺度上即层次结构或垂直结构上复杂性增加的表现。在金融系统中，其基本要素是商品，金融系统的进化是在商品基础上不断"求导"、升级的过程，不同的金融形态、层级之间是一个相互联系、互相依赖、互为条件的复杂的网络关系。例如，货币的发展、进化产生了金融的债权、股权形态。反过来，债权、股权形态的发展、进化也促进了货币更大的发展、进化。不同的金融子系统，或者说不同的金融形态——货币、债股、信托、期货、保险之间的关系，可以用中国的阴阳五行学说中"木、火、土、金、水"之间的关系加以理解、解释。

金融系统功能的多样化

金融的性能，不能完全等同于金融的职能，金融的性能是金融系统进化完整或高级阶段时的功能。而金融功能与金融系统进化的过程有关，金融系统在不同的时期，金融的功能是不同的。金融系统发展史是金融功能不断进化的历史。

应该说，发展到一定时期的金融系统的功能复杂性是有一定限度的，受到其形态、层级等结构和数量的制约。对于功能复杂性层次的增长，奥林于1979年提出了"必要的层次定律"。他将这个定律表述如下："调节能力的缺乏可以通过较多的组织层级加以补偿。"

对于功能复杂性的自我加强现象，范·瓦伦（Van Valen）于1973年提出了"红皇后原理"（Red Queen Principle）。他将这个原理表述如下："仅仅为了适应与之共同进化的系统，一个进化系统不断发展自己是完全必要的。"这个原理的名称来自于艾丽斯漫游奇境记中的红皇后的隐喻："你必须拼命奔跑，为的是保持原地不动。"必要的多样性定律、必要的层次定律以及信息世界的极限定律——布莱曼常数，都说明人类的能力是极其有限的。[①]

从金融系统整体角度看，功能与性能、职能之间还有较大差距。

金融的货币形态或层级的功能是货币的基本职能，包括价值尺度、流通手段、贮藏手段、支付手段、世界货币。但是就中国目前而言，这些职能也没有完全实现，即人民币的国际化还没有完全实现。所以，目前中国货币系统的功能是不完全的。

金融的债股形态或层级的职能或性能是配置资源，但是中国目前银行、证券这些承担资源配置职能的机构所表现出来的配置资源的功能是不完善的，这可能是由于人民币利率市场化、人民币国际化、证券发行制度、证券市场的形态、层级、结构、管理、金融机构的行为、基础货币的投放渠道等等的影响所致甚至有很大的影响。就是说，如果金融的货币形态、层级、结构、功能还是一个没有完全发育、成熟的形态，那么金融的资源配置的功能是不可能完善的、预期的。而金融的债股形态、层级、结构的不完善，更加剧了资源配置功能的缺失、不完善、不发达、不理想。

金融的信托、期货、保险形态/层级的功能基本上还没有形成规模，调节债股、对冲风险、保障系统安全的职能也执行的不好。这与中国金融系统中货币、债股的形态、层级、结构的不完善、不发达有直接关系。另外，与金融融资方式的不完善、不发达等也有直接的关系。当然，这也与中国商品生产的发展水平、市场化程度有很大关系。

金融系统的多样性变异与相互作用增强的现象

多样性变异的产生和发展

货币的多样性变异可以从相同形态、层级、功能的货币，其区域性、发行者、适用范围、基础技术、产品等方面加以描述。在货币形态发展的某个阶段，例如金属货币阶段，会有不同的金属（金、银、铜等）以货币的形式出现；在票据阶段，有支票、本票、汇票等；在目前的网络货币阶段，有电子钱包、数字钱包、电子支票、电子信用卡、智能卡、在线货币、数字货币等，这些都是货币变异的表现。货币系统就是通过这种增加变异的方式，来适应外部环境的变化。

银行的多样性变异可以从相同形态、层级、功能的银行，其区域性、股权结构、控制者、经营范围、服务对象、基础技术、产品等方面加以描述。现代银行类型，按照不同的分类标准，主要有全国性银行、地方性银行、社区银行，政府银行、官商合办银行、私营银行；股份制银行、独资银行，全能性银行、专业性

---

① 颜泽贤、范冬萍、张华夏：《系统科学导论：复杂性探索》，231~239页，北京，人民出版社，2006。

银行；企业性银行、互助合作银行等。

证券、信托、期货、保险的多样性变异可以从形态、层级、功能的不同、信用与实物的不同、时间长短不同等角度加以理解。

相互作用增强的产生和发展

从当前的时点上描述，相互作用增强是指金融系统内部诸组分以及与金融系统外部诸组分相互之间的联系、作用、制约得到加强的状态。例如，在当前，由于货币与互联网、计算机等不同的技术、需求相结合，使货币的功能、结构、层级发生了复杂性变化，产生了电子钱包、数字钱包、电子支票、电子信用卡、智能卡、在线货币、数字货币等。

由于银行在金融体系中的重要作用（储蓄、理财、托管、清算、结算、衍生产品等），与储户、企业、同业及其他金融机构形成了错综复杂的关系。

从大的角度讲，银行相互作用增强的方式有很多，像银信合作、银证合作、银保合作、银期合作以及银行与实体经济的合作等。

从理论上讲，金融系统内部诸组分之间的相互作用增强现象应该是金融系统自身的必然现象。实际上，就是中国的阴阳五行学说、中医理论中讲述的五行之间的关系，即相生、相克、制化、胜复、相侮、相乘、相及关系（详见本文附录2）。也就是说，在金融系统内部不同的金融形态——货币、债股、信托、期货、保险之间的关系是一个互联的网络关系。

金融系统的盲目多样性变异

盲目多样性变异是必须的，是必要多样性变异的前提和基础，是复杂系统进化的基础。是否是必要多样性，要由环境、系统整体以及自组织共同决定。

美国心理学家和进化认识论创始人唐纳德·坎贝尔指出：广义的进化论原理就是盲目的变异与选择的保存原理。盲目的变异与选择对于所有的归纳成就，对于所有的真正知识增长以及对于所有的系统环境的适应，都是基本的。

系统在进化过程中，它的构型（Configuration）会产生多样性变异。构型包括系统的个体和种类、属性和状态、行为与形态、结构与功能等诸方面。只要时间足够长，它们都会发生各种各样的变异。例如，有一个时期（20世纪50年代）分子生物学家认为淋巴细胞的抗体是这样产生的：它是一个可塑性的大分子，当抗原（细菌、病毒以及任何异己的东西）入侵之时，它叠加在抗原的"模板"之上而产生出来，就如同一个人的手套与手相互匹配一样，也就是说它在外界环境直接作用下产生。

直到最近才彻底搞清楚，原来淋巴细胞本身具有极大的多样性和变异性。当外界抗原入侵时淋巴细胞的变异多样性使得它有足够的变体应对外来入侵者。当外界入侵者进入时，免疫系统的作用就是将变体选择出来，加以克隆复制，以便专一地对付特定的病菌。只要想一想人类有多少种传染病，有多少侵入人体的病菌以及这些病菌又会发生怎样的变异，就会理解淋巴细胞及其抗体的多样性变异。到目前在没有精确统计的情况下，仅自1790年以来美国就发布了470万种专利。

值得指出的是，作为系统进化的一个机制，多样性变异通常是自发的、盲目的，不是直接针对外界环境的要求而发生的，是在"不知道"变异者是否被选择的情况下发生的。当然人工产品的多样性变异，并非完全是盲目的。[①]

就金融系统而言，人们自发地为了社会经济技术等方面发展的需要而去发明创造不同的金融工具、金融产品、金融公司、金融市场等。不过在它们被发明创造之时，谁也不能准确预料，它是否真的能成功地被社会所选择和接受，从而提高金融系统的适应性生存和发展的能力。这里充满着风险和疑难，随时有被淘汰的危险。所以导致金融系统进化的多样性变异体，即创新的金融工具、金融产品、金融公司、金融市场等，当其产生之时与环境无直接适应关系，不能准确预期将来是否被选择，在这个意义上讲是盲目的多样性变异。但是，它是金融作为一个复杂系统进化的基础。

但是，金融的盲目多样性变异如果不加控制，或者控制不够好，就会导致出现货币危机、金融危机。

实际上，从复杂性科学的角度，金融系统的创新应该是有章可循的，那就是金融系统的混沌现象。那就是说，金融系统的创新应该是在一定的范围内进行的，不是不受约束的、随心所欲的。这也涉及作为一个复杂系统的金融系统的自适应性稳定问题。

2.5.2 金融的遗传性保存

对于金融系统而言，遗传性保存包括金融系统的形态、层级、功能、结构的遗传、复制、传播等。这其中还包括对金融系统的形态、功能的"微分层"，就像有了手机通讯系统以后，又出现微信一样。

遗传性保存是多样性变异在时间上而非空间上出现的持续性的形式。银行的遗传性保存是银行作为复杂系统的一种继承方式，是银行系统自身的一种选择，是银行系统自身优中选优、良性循环的机制。也就是银行适应环境的多样性、变异或涌现保存下来、传播出去。这对于生物物种是一种遗传机制，对于生命大分

---

① 颜泽贤、范冬萍、张华夏：《系统科学导论：复杂性探索》，145～147页，北京，人民出版社，2006。

子是一种复制机制，对于社会系统是通过亨德森所说的"文化基因"或道金斯所说的"Memes"（模因）实现的。人类的语言、图书、学习过程、文化传统、科学规范以及神话、法律、制度等起到了如同遗传机制的作用。[①]

从商业银行到政策性银行的产生和发展，从商业银行到资产管理公司的产生和发展，这些现象在很大程度上都应该是与遗传性保存有关，即政策性银行、资产管理公司的产生和发展都是在吸收了商业银行的管理理念、方法、措施、经验、教训等的基础上发展起来的。但更为重要的是，作为银行最基本的职能——资源配置功能、金融服务和金融中介功能，它们都遗传下来了。

遗传性保存这种机制、逻辑和原理，也给我们很多启示，那就是金融系统、金融子系统、金融工具、金融机构、金融产品等都有一个积累的过程，同时也是一个学习的过程、吸收以前人类知识并创新知识的过程。

从理论上讲，从金融系统进化的阶梯角度上讲，金融系统的遗传性保存就是随着时间的流逝，那些金融系统在形态、功能等的盲目性多样性、变异将会消失。应该的、正常的、符合规律的所谓金融创新，实际上就是符合了金融发展规律的金融的形态、层次、功能以及由它们形成的金融结构，会被保存下来。例如，随着时间的流逝，银行的间接融资方式会随着出现"金融脱媒""去银行化""非银行化"等现象，回归到其本来的位置，这就是间接债权融资方式的"本分"。

2.5.3 金融形态的环境选择性进化

对于金融系统而言，环境性选择进化是"适者生存、不适者淘汰"选择性原理的具体体现。金融系统的环境性选择进化包括金融系统整体和不同金融形态，不同金融亚形态、功能、层级的减缩、"瘦身"、淘汰等。

环境性选择实际上是金融系统的外部环境，包括政治的、社会的、经济的、技术的、制度的等因素对金融复杂系统盲目的变异原理、必要的多样性定律、必要的层级原理以及变异、相互关系强化等方面的"反动"，是金融复杂系统完善、"瘦身"、优化、淘汰的一种机制，是金融复杂系统的外部环境对金融复杂系统内部"军备竞赛"的一种选择、平衡机制，是一种"不容错机制"。

从交易成本的角度看，金融系统的环境选择性进化方式将使整个金融系统交易成本更低、运行效率更高、运行效益更好，达到金融系统自身的物质、能量消耗更优化、信息更通畅、控制更顺畅的状态和程度。

---

① 颜泽贤、范冬萍、张华夏：《系统科学导论：复杂性探索》，371页，北京，人民出版社，2006。

经济发展阶段对金融形态的环境性选择

金融形态整体的环境选择性进化

从金融系统发展的历史上看，对金融系统的发展有最重大、最直接影响的是人类社会发展阶段，或者说是经济发展水平、阶段的影响。总体来讲，金融的货币、债股形态的产生和雏形是在前工业社会形成的产物，是商品经济发展到一定时期的金融系统的表现和状态，而工业社会时期，促进了金融的货币、债股形态等金融行业的发展。当然，金融的保险、期货形态也在这个阶段产生和发展。人类进入信息化社会以后，金融的信托形态、期货形态、保险形态等将会得到很大的发展和进步。虽然有这样或者那样的问题，而人类社会及金融系统重大的进步基本上都是这种雪崩式的发展模式，是涌现或突现的发展方式。所以，美国经过了2008年的经济危机之后，有可能在金融系统方面有重大进展。

所以，人类金融系统的产生、发展和进化，可以说是人类社会、经济进步和不同发展阶段的"投射"。金融系统的发展水平、发展阶段要基本适应人类社会、经济系统进步的步伐，不能太超前，也不能太落后。

随着人类社会、经济系统的发展，人们期待的、被希勒教授所称道的"美好的社会"应该已经看到影子了。而一个建筑在"美好的社会"之下，对"美好的社会"有重大支撑的、社会性的、理性的金融系统的轮廓，至少已经初显。那就是由商品价值运动的不同形态，从金融的货币形态→金融的债股形态→金融的信托形态→金融的期货形态→金融的保险形态的演进逻辑、路线，同时产生、出现了金融融资方式的演进逻辑、路线：间接融资→直接融资→信托融资，由它们共同构成互联互通的、网络型的金融系统。

金融子形态的环境选择性进化

不同金融形态或层次的环境选择性进化，包括货币、债股、信托、期货、保险等金融形态的环境选择性进化，包含了两个方向：

其中一个方向是对于目前金融系统的子系统——不同层级的金融形态来讲，存在着发展与"瘦身"同步进行的态势。以中国的金融系统为例，对于那些已经发展过头、过度的金融形态、金融亚形态，是一个瘦身的过程。其中最典型的例子就是理论上称为间接债权融资的金融工具、间接融资的融资方式，会随着信息技术的进步而逐步"去间接融资化"。

而另一个方向是发展那些发展不足、不够的金融形态、亚形态，直接融资、信托融资方式以及由它们共同作用产生的金融工具、金融资产，例如货币的国际化、货币主体和价格的市场化、货币发行者的市场化（比特币）等。对于金融的债股形态，就是要发展一个多层次的、健康的、符合金融发展规律的资本市场。

同时，金融的信托形态、期货形态、保险形态也应该与货币、债股同步发展。

金融的货币形态或层次的环境选择性进化

对于货币而言，其环境性选择包括货币的结构/形态、性能/功能、层次/层级的减缩、"瘦身"、淘汰等。环境性选择是"适者生存、不适者淘汰"选择性原理的具体体现。环境性选择实际上是货币的外部环境，包括金融系统及其子系统以及政治的、社会的、经济的、技术的、制度的等因素对货币系统盲目的变异原理、必要的多样性定律、必要的层级原理以及变异、相互关系强化等方面的"反动"，是复杂系统完善、"瘦身"、优化、淘汰的一种机制，是复杂系统的外部环境对复杂系统内部"军备竞赛"的一种选择、平衡机制，是一种不容错机制。

从交易成本的角度看，货币的环境选择性进化方式，将使整个金融系统以及货币自身的交易成本更低、运行效率更高、运行效益更好。从历史上看，货币形态的不断演变，包括从实物货币、金属货币、票据、纸币到电子货币的发展历程，应该是一种典型的货币的环境选择性进化案例。这是由于社会经济技术的进步、发展，需要货币从形态等方面作出与之相适应的变化。

在人类社会经济发展的某个阶段，经济发展与货币形态的多样化成反比，与货币功能多样化成正比；某些阶段有可能是反向的。例如，中国经济社会发展到秦王朝，秦始皇统一六国以后，首先统一了货币、度量衡等。这种情况从交易成本来讲是发展的方向，另外也是秦朝货币的国际化，只不过不是通过市场化的方式。这个过程就是货币形态的减缩、"瘦身"、淘汰的过程，同时也是货币功能增加的过程。而目前，人民币国际化的过程，从世界范围来讲，是一个国际货币形态增加的过程；对人民币来讲是一个职能、功能增加的过程。

跳蚤市场与非货币化。另外，现代社会中也存在着非货币化的现象，例如跳蚤市场。而互联网的出现和发展，也会对货币、货币化产生影响。在现代社会，不使用货币而进行价值、商品、服务交换的最典型的案例就是跳蚤市场。在这个市场上，人们可以使用不同的商品进行相互交换，而不需要货币作为中介。

互联网与非货币化、去货币化。货币的产生是为了便利商品的交换。从商品中分离出来固定地充当一般等价物的商品，就是货币。货币的基本职能是交易媒介、计价单位等。互联网的产生和发展，实际上大大提高了人们进行服务、商品交换的方便程度，在很大程度上会促进物物交换的发展。

银行的环境选择性进化

例如山西钱庄被西方现代银行模式所取代，应该是一种典型的银行的环境选择性进化案例。山西钱庄的模式是前工业时代的产物，它没有与时俱进，在中国进入半殖民地半封建社会、进入工业化时期的前期以后，就被西方在工业化时期产生的现代银行模式所取代。另外，像金融脱媒、非银行化和去银行化等也应该是银行的环境选择性进化方式。

在货币层面，货币形态的进化，由金属货币→纸币→票据→电子货币的进化历程就可以看到，它们变化主要的原因是社会发展阶段、经济发展阶段的不同。这是不以人的意志为转移的，是社会、经济、金融系统发展、进化的规律之所在。

金融脱媒。"金融脱媒"又称"金融非中介化"。在金融管制的情况下，资金供给绕开商业银行体系，直接输送给需求方和融资者，完成资金的体外循环。随着经济金融化、金融市场化进程的加快，商业银行作为主要金融中介的重要地位在相对降低，储蓄资产在社会金融资产中所占比重持续下降及由此引发的社会融资方式由间接融资为主向直接、间接融资并重转换的过程。金融深化（包括金融市场的完善、金融工具和产品的创新、金融市场的自由进入和退出、混业经营和利率、汇率的市场化等）也会导致金融脱媒。金融脱媒是经济发展的必然趋势。[1]

非银行化。非银行化主要是指非商业银行化，即非商业银行类金融中介机构在经济发展过程中，在资源配置方面持续增强发挥作用，是经济金融对非银行金融中介机构依赖程度不断加深和增强的演变过程。这是金融资产配置从依托商业方式向非商业银行方式的转变，是一个动态的概念。非银行化的种类有两种：其一是狭义的非银行化，即银行微观业务的非传统化；其二是广义的非银行化，即在金融中介机构体系中银行的份额和地位相对下降。[2]

去银行化。《财富》杂志列举了三大信号，说明美国有可能正存在微妙的"去银行化"趋势。在这次金融危机中，一些全球银行业巨头轰然倒塌，还有一些银行则濒临破产边缘。这场金融危机改变了美国人的借贷观念。尽管大多数人仍然把资金存进或大或小的银行，但一些涌动的暗流显示，不论是普通消费者还是大型跨国企业，都已经不再把大型金融机构视为资金来源。

打养老金的主意。在个人收入高峰时期（35岁至55岁期间）以养老金账户作抵押借款。

直接向私人投资者贷款。为了使资金来源多样化，而不是全部依赖于银行，美国一些规模最大的企业越来越多地向私人投资者借款。

向朋友和邻居借钱。在网络世界里，急需借款的人越来越多地求助于个人对个人贷款（Peer to Peer Lending）。社交借贷网站（Social Lending Sites）很受自雇者的欢迎。此外，有些人的信用资料对银行或信用合作社来说比较难于评

---

① http://baike.baidu.com/百度百科：金融脱媒。
② 文静：《金融结构"非银行化"发展研究》，35页，上海，东方出版中心，2009。

估，他们也倾向于使用这类网站。根据所使用的社交借贷服务的不同，借款人可以借到7000美元至25万美元。他们可以拿这笔钱用于任何用途，从缴纳学费到支付创业成本。[①]

由此，由于银行的环境选择性进化方式，在某种程度上促成银行发展的阶段性，使银行有了更明显的生命周期特征。银行的环境选择性进化是在外界干扰下银行的一种进化方式，而不是退化方式。

技术发展阶段对金融形态的环境性选择

从交易成本的角度看，技术对金融系统的环境选择性，使整个金融系统和不同资产层面子系统的交易成本更低、运行效率更高、运行效益更好，达到金融系统和子系统自身的物质、能量消耗更优化、信息更通畅的程度。

相对于人体的神经系统，互联网就是金融的神经系统。

技术脱媒。目前，尚未有正式的技术脱媒的定义。国内一般认为技术脱媒特指在网络技术和电子商务的快速发展下，银行的支付结算系统被一些非金融机构介入，迫使银行让出一部分支付平台功能，例如第三方支付。但是，技术脱媒应该还会发展。从目前看，技术脱媒的范围、广度、深度等还将继续发展，资金供应、借贷、投资、理财等目前已经出现在非金融机构的营业范围内。这就是网络银行、网络金融的产生和发展，继续发展会出现网络化金融。像传统商业银行向以互联网技术支持的网络化商业银行的转型就应该属于应对技术脱媒的方式，而以互联网技术支持的新兴网络银行应该是产生技术脱媒的一种情形。

目前所讲的技术脱媒，在很大程度上是基于货币支付功能的，它可能还会发展到人们投融资、信托理财等方面，所以目前这种影响对于货币形态或层级影响最大。对债股形态、信托形态的影响，包括对金融的期货、保险形态的影响，可能会随着信息技术的发展逐步深化、逐步显现。

基本账户问题。计算机技术、互联网的发展，可能会对个人、机构的基本账户，特别是个人基本账户的设立、维持等产生重大冲击。至少，可能会分化现行基本上由银行把持个人和机构基本账户的状态。就是说人们的基本账户会多样化，不一定非要在银行设立。当然，法律规定了非银行金融机构不可以揽储，实际上是说人们的基本账户只能开在银行。

互联网的发展是否会导致产生一个独立于银行和任何金融机构的、至少是个人层面的基本账户或基础账户，还需要观察。实际上，这也不是没有可能。

---

① 《美国人正在"撤离"银行？》www.fortunechina.com/business/c/2010–09/01/content_40918.htm。

2.6 金融的公平与效率

金融系统作为一个与生命系统相类似的复杂适应系统，它的进化也类似于生命进化的阶梯和发展阶段。

金融的进化有历时性和共时性两种特性。历时性主要表现在金融形态、层级、功能上，最终表现为一种结构的逐渐复杂。所以金融的形态、层级、功能是金融系统结构的一种"时间上的秩序"。金融进化的共时性表现在金融的形态、层级、功能是随着经济系统、金融子系统的进化而同时进化。

金融发展的历史，除了从表面看的变化、进化以外，最重要的是要从金融系统形态、层级的进化过程，发现金融系统的性能、职能、功能的重大变化。这就要从金融系统整体的目标，以及由金融子系统分头实现的子目标，考察金融系统在社会化、商业化或者说公平、效率的演化、进化规律。

2.6.1 金融整体的公平与效率

由图琴的生命进化的阶梯理论推理、演化而来的金融进化的阶梯理论，也包括了两个人类金融组织的层级：金融的动物纪元，包括金融的货币、债股、信托形态或层级以及金融的理性纪元，包括金融的期货、保险形态或层级。

金融系统的进化也存在着非理性繁荣、动物精神与理性行动、社会行动。从金融系统的角度考察，金融系统实现公平、效率是整个金融系统的目标，主要是靠金融系统整体的功能和金融各子系统各自的功能，通过整体与相对的个体两个层次来实现的。

金融的动物纪元，它的最高规律就是商品价值运动中商品价值的自我保存和繁殖的本能，是人类创造的金融经济或商业化组织，是感性思维的体现。从经济学的角度看，它更多地体现的是效率，同时兼顾公平。

金融的理性纪元，是人们通过大脑、网路的逻辑、联系而形成的，是人类自身创造的金融社会或社会化组织。它的最高规律是理性和社会行动，是理性思维的体现。从经济学的角度看，它更多地体现的是公平，同时兼顾效率，是金融民主、金融普惠。

2.6.2 金融子系统的公平、效率

金融的进化有社会性和商业性两种特性

金融子系统的效率、公平体现在资金募集方式上。金融系统的理性行动与动物精神，实际上就是金融系统的社会性和商业性。而社会性，从经济学角度考虑

的是公平，从金融角度考虑的就是公募。例如金融的股权形态，当使用公开募集的方式时产生多层级的股票市场，相比较而言，这一过程更多体现的是公平性质。商业性，从经济学角度考虑的是效率，从金融角度考虑的就是私募。当然，还有介于社会性和适应性之间、介于公平与效率之间、介于公募和私募之间的模式，是灰色的地带，统称为第三种模式。

金融子系统的效率、公平还体现在不同的融资方式上

金融系统公平、效率还体现在不同的融资方式上，间接融资、直接融资、信托融资的发展历程就是公平、效率的某种体现。

间接融资是一种相对公平但是效率不高的融资手段。间接融资方式与不同金融形态的结合产生的不同的金融工具、金融资产也具有这种特性。

直接融资是一种效率较高但公平程度较低的融资方式。直接融资方式与不同的金融形态之间的结合产生的不同的金融工具、金融资产也具有这种特性。

信托融资是一种集合了间接融资、直接融资优点，撇去了前两者缺点的第三种融资方式。它兼顾了公平和效率。信托融资方式与不同的金融形态之间的结合产生的不同的金融工具、金融资产也具有这种特性。

不同金融要素的组合会使效率、公平度更高

不同的金融形态、融资方式、募集方式结合，会产生更加丰富的、体现不同公平、效率程度的金融工具、金融资产。当然，如果不同的金融形态包括金融的货币、债股、信托形态或层级以及金融的理性纪元，包括金融的期货、保险形态或层级，与不同的募集方式——公募、私募，不同的融资方式——间接融资、直接融资、信托融资相结合，将会给人类社会提供更加丰富的、体现不同的公平、效率的金融工具、金融资产。

2.7 金融的适应性自稳定

金融系统的适应性自稳定，包括金融系统整体和金融子系统的适应性自稳定，它们之间是相互制约、互为条件的。

2.7.1 复杂系统的稳定性[①]

适应性自稳定是系统的一种重要的普遍性质。系统哲学家欧文·拉洛兹将它列为系统四大普遍性特性之一。

---

① 颜泽贤、范冬萍、张华夏：《系统科学导论：复杂性探索》，91~96页，北京，人民出版社，2006。

稳定性的概念

系统的稳定性是指在外界作用下开放系统具有一定的自我稳定能力，能够在一定范围内自我调节，从而保持和恢复原来的有序状态、保持和恢复原有的功能和结构。[①]

稳定性一词是关于状态和变换的，而不是关于某个物体的。平衡状态是这样一种状态：系统经过变换仍然保持原有状态，即它不是随时间的变化而变化。平衡的状态就是某种不变性，而且是状态的所有分量都是不变的。

处于平衡状态的状态空间中的那个点，叫做固定点。如果系统没有经过什么干扰，系统的状态始终保持在这个点上。

有时系统的状态沿着一个封闭的状态变动，绕圆圈周而复始地变化，这也是一种自然界的普遍的恒定性形式，称为状态序列的恒定性。这个周期经历的有限状序列在状态空间中的表现，叫做极限环。

稳定域指的是一个区域（即某个状态集），系统的变换（T）结果都逃不出这个区域或集，即它不会产生出新的状态，则称这个状态集为相对T的稳定域。

系统在干扰下保持稳定性，是指干扰将系统带离它的固定点、极限环或稳定域之后，系统仍能通过它的变换，返回原来的状态，这种性质就被称为系统的稳定性。所以，系统状态的稳定性表现为系统状态的变化向固定点、极限环和稳定域的收敛。它是系统的一种性质，即系统的状态或行为离开它的平衡点、极限环或稳定域时，系统能返回它的稳定态。

适应性自稳定或适应性生存

当系统的稳定性的域指的是本质变量或系统结构自身的稳定性，并且这种稳定性是由系统的一种内部机制自行达到时，称这种系统的稳定性为适应性自稳定。本质变量指的是与系统的结构存在密切相关的一组变量，它必须保持一定的阈值系统才能够存在，否则系统便要解体。本质变量的稳定，就是这些本质变量的变化保持在它的结构存在许可的范围内。对于一个动物来说，就是保持在生理学的限度内。这就是所谓维持生存。

如果系统具有自稳定的性质，也就是说，它总有一种条件或机制，当环境使它的状态离开本质变量的平衡点、平衡环和平衡域时，总可以返回平衡状态，或至少也会使它的本质变量保持在结构存在许可的范围里。

在动物界中，就是它有一种内部机制，使它的基本变量保持在它的生理学限度之内。例如血液中的葡萄糖浓度不能低于0.06%，否则组织就会因为它的主要

---

① 魏宏森、曾国屏：《系统论：系统科学哲学》，255页，北京，清华大学出版社，1995。

能源匮乏而瓦解；但这个浓度也不能超过0.18%，否则就会引起糖尿和其他不良生理后果。但人的身体有一种功能，当血液中的葡萄糖降至0.07%左右时，肾上腺就会分泌肾上腺素，使肝将储存的糖元变成葡萄糖，同时葡萄糖降低会刺激食欲，摄取食物提供葡萄糖，这些葡萄糖进入血液中制止其含量下降。反之，当血液中葡萄糖浓度升得过高，胰腺的胰岛素分泌就会增加，从而导致肝脏将葡萄糖从血液中取走一部分。而如果它的浓度超过0.18%，肾脏就会将葡萄糖排到尿中去，这是一种适应性自稳定的机制。同样，人的视网膜在一定强度的光照下功能最佳。光线过强，神经系统使瞳孔收缩，光线太暗它就会放大，以这种机制或方法使进入眼球的光量处在一个最合适的限度内。

这些情形就是系统的适应性自稳定或适应性生存。而所谓适应性，就是这样一种行为方式或状态变换方式，它导致系统本质变量的变化保持在系统结构存在所许可的范围内；对于生命世界来说，就是保持在它的生理限度的范围内。

2.7.2 金融系统的"本分"

对于金融这个复杂系统，还有一个必须十分关注的议题就是金融系统的适应性自稳定或适应性生存现象。

金融应该服务实体经济

从理论上讲，金融的发展和进化，是为了人类社会系统、经济系统的发展，就是说金融应该是为实体经济服务的。这是金融的"本分"。这是金融系统的目的性、适应性自稳定或适应性生存问题。

金融系统发展过程中偏离"本分"

实践中，金融系统在发展过程中不时会忘记自己的"本分"，这是金融系统盲目多样化的结果，也可能是金融系统发展过程中出现的问题，也有可能是金融系统固有的瑕疵甚至缺陷所致。这都导致金融系统应该生成一种适应性自稳定或适应性生存的机制。

金融系统自身的发展还远远不够成熟

就目前人类社会、经济发展的水平，导致金融系统的发展还远远没到达最和谐、最优化的阶段。也就是说金融系统还不具有自稳定的性质，金融系统自身还没有一种条件或机制，当环境使它的状态离开本质变量的平衡点、平衡环和平衡域时，总可以返回平衡状态，或至少也会使金融的本质变量保持在结构、层级、功能存在许可的范围里。但是，在金融实际的运行过程中，金融就利用了自身在经济体系中的地位和优势，越过了自身的"本分"，超越了理论上金融的界限。实际上，山已经不是那座山了，金融已经不是理论上的那个金融了。

金融系统的成熟需要不同的金融形态、亚形态充分发育、发达

一个成熟、充满活力又不失稳重的金融系统还需要时间的积累，需要商品生产向一个更高的阶段发展，同时也需要货币、债股、信托、期货、保险等，也就是银行、证券公司、信托公司、期货公司、保险公司等的充分发育、发展，并在这些金融主体之间实现一种均衡、平衡的状态。

考察世界金融发展的历史可以发现，在金融发展从低级走向高级、从初始走向发达、从简单走向复杂、从单一走向多样的过程中，金融机构、金融市场、金融工具等也经历了由简单到复杂、由单一到多元的发展历程，逐渐形成了多元化的金融机构体系、多样化与多层次的金融市场体系和种类丰富的金融工具体系。

金融危机的产生与货币系统、银行系统、证券系统的过度性

作为金融系统的子系统，例如货币系统、银行系统、证券系统，由于金融系统中信托系统的产生、发展，使得金融系统朝着复杂性增长的方向发展，提高了金融系统的内部功能与行为的必要多样性，从而对抗了外部环境的各种干扰，适应了外部环境的变化和要求。但是，从另一个角度，也存在着货币系统、银行系统、证券系统向着复杂性方向发展，超越其自身的"本分"，突破它们自身的适应性自稳定性，从而造成了对金融系统的干扰或扰动，诱发了金融系统对抗干扰或扰动的行动，增加了金融系统结构和功能的复杂性。这种对抗提高了双方的功能和行为的复杂性。对于货币系统、银行系统、证券系统等子系统，一旦它的涌现多样性使它对金融系统的必要多样性大于金融系统为稳定其自身结构和功能的稳定性的多样性时，货币系统、银行系统、证券系统有可能已经不再是其自身，其涌现多样性使其复杂性远远超过其系统自身，而金融系统有可能崩溃。这可能就是金融危机的机制和结果。在生物界，这种情况就是艾滋病病毒的情况。也许，一个各就各位的金融系统、金融生态、金融平衡是消除金融危机最好的药方。就像在人的身体中，细胞、组织、器官等要各司其职，如果越俎代庖，那将如何是好。

食物链、食物网与生态平衡

一个复杂的食物网是使生态系统保持稳定的重要条件。一般认为，食物网越复杂，生态系统抵抗外力干扰的能力就越强；食物网越简单，生态系统就越容易发生波动和毁灭。假如在一个岛屿上只生活着草、鹿和狼。在这种情况下，鹿一旦消失，狼就会饿死。如果除了鹿以外还有其他的食草动物（如牛或羚羊），那么鹿一旦消失，对狼的影响就不会那么大。

反过来说，如果狼首先绝灭，鹿的数量就会因失去控制而急剧增加，草就会遭到过度啃食，结果鹿和草的数量都会大大下降，甚至会同归于尽。如果除了狼以外还有另一种肉食动物存在，那么狼一旦绝灭，这种肉食动物就会增加对鹿的捕食压力而不致使鹿群发展得太大，从而就有可能防止生态系统的崩溃。

在一个生态系统中，各种生物的数量和所占比例总是维持在相对稳定的状态下，这叫做生态平衡。在一个具有复杂食物网的生态系统中，一般也不会由于一种生物的消失而引起整个生态系统的失调，但是任何一种生物的绝灭都会在不同程度上使生态系统的稳定性有所下降。当一个生态系统的食物网变得非常简单的时候，任何外力（环境的改变）都可能引起这个生态系统发生剧烈的波动。

金融食物链、金融食物网与金融平衡

在金融这个复杂系统中，金融系统自身、各金融子系统自身，金融系统整体与各金融子系统之间、各金融子系统之间，金融系统与外部环境之间、各金融子系统与外部环境之间也存在着某种动态的平衡。

这是因为在一种复杂系统中，始终存在着集中控制和分散控制两种模式。它们之间在实际过程中，在不同的条件下，存在此消彼长的状态。主要是三种模式：一是集中控制占主导，这是一种下向因果关系；二是分散控制占主导，这是一种上向因果关系；三是两种控制方式基本对等、平衡，这还是下向因果关系和上向因果关系的平衡。

在金融系统中，货币（基础货币）、银行（信用货币）、证券、信托与期货、保险相互之间必须保持一种平衡——结构上的、数量上的、层级上的平衡，否则就会出现危机。

金融食物链的层级性和网络性

这使得金融系统具有向上的特性，这是金融系统的发展、进化问题。同时金融系统具有向下的特性，这是兼容性问题。有两个案例说明兼容性：其一是软件，高版本软件具有向下的兼容性；二是地球的生态系统，作为生物最高层级的人类，既可以吃植物又可以吃食肉性动物和食草性动物，而植物、食草性动物、食肉性动物之间基本上是不兼容，除非特殊情况。另外，也使得金融系统具有了相互性。这是网络特性问题，就是金融子系统之间是否可以相互作用、相互依靠、相互刺激。

2.7.3 金融子系统的"本分"

复杂系统的特性不支持混业经营

金融系统作为一个复杂系统，具有众多特性。复杂系统具有整体性、目的性、稳定性、非线性、多样性、多层性、涌现或突现性、不可逆性、自适应性、自组织临界性、混沌性、自相似性、开放性和动态性等特性。金融系统的多样

性、层次性等等特性都不支持金融系统的混业经营。你都把不同的层次、不同的多样性都混起来了，还有必要分层次、有那么多的多样性吗，金融系统搞一种模式、一个层次就可以了。就像生命的进化，高级动物分雌雄，低等级的植物不分雌雄。金融系统的混业经营实际上就是不分雌雄。就像一个笑话讲的，土豪非要把雪碧兑在干红中，人家酿酒的人说我好不容易把糖分从酒里边分离出来，你却要往里加糖（混业）。这应该是银行危机、金融危机乃至经济危机的根源。

不能荒了自己的地，种了别人的田

对于金融子系统，例如银行、证券、信托、期货、保险等，存在着一个重大的问题，就是从金融系统进化的阶梯、金融的逻辑等来看，都有自己的主营业务和活动范围，它们各自应该在一定的范围内进行活动。这是一个各就各位、协调、平衡发展的局面。如果有哪一个资产、亚资产层面目标、功能的显性表现形式，例如银行、证券、信托、期货、保险等出现了"越位"、不守"本分"的事情，甚至是有法律保障的业务，最终也会以货币危机、金融危机乃至以金融危机的方式爆发出来，以金融监管更加合理、遵循"道""理"的方式将其打回原形，因为这是自然和社会发展规律在起作用，这就是"道"和"理"。在金融系统功能划分的问题上不能感情用事，要有理性的思维和行为方式，从长远的角度考虑问题。

2008年美国的金融危机，从本质上讲不是资产证券化或资产衍生化的问题，而是人的问题，是由于在资产证券化的发起人、受托人的分离上产生了类似于会计和出纳、裁判员和运动员两个本应该职能分离的事情上将两者合为一体，最终在表面上导致降低了基础资产的标准、隐瞒了基础资产的风险，而又当经济系统出现风险时，风险呈现涌现式爆发。

"中国封建社会的超稳定结构""永远长不大的巴西"[①]与金融系统的进化

金观涛关于中国两千年封建社会的超稳定结构的研究，大胆地将系统整体研究方法运用到历史研究中，从中国封建社会延续两千余年与每两三百年爆发一次大动乱之间的关系入手分析，提出中国社会是一个超稳定系统的假说，并用这一套模式去解释中国社会、文化两千年来的宏观结构变迁及其基本特点。这也从某种程度上说明了，中国这个曾经的农业文明的大国，在人类社会发展过程中的农业社会达到了别的国家从来没有达到过的高度、辉煌。但是人类社会从农业社会到工业社会，再到信息社会，这是一次次元系统跃迁，是一次次"鲤鱼跳龙门"的过程。

---

① http://www.ftchinese.com/story/001052996：何帆，《永远长不大的巴西》，2013。

曾经写出了《人类的群星闪耀时》的旅居巴西的奥地利著名作家斯蒂芬·茨威格，于1941年写了一本热情洋溢的书，题目叫《巴西：未来之国》。茨威格像赞美自己的情人一样赞美巴西。他写道"如若有幸看到巴西无尽的繁茂，哪怕只是其中的一小部分，也将获得持续一生的美丽。"但是，巴西在过去一百多年一直都在青春期，一直都是新兴市场，永远长不大。

中国在农业社会这个人类社会进化的阶梯、轨道上长期地、稳定地行驶。如果不是外部环境促使其改变，中国可能会永远行驶下去，就像"永远长不大的巴西"一样，进入人类社会、国家进化的死胡同。

对于金融系统及其进化来讲，不能够单独强调某一个资产层级或亚层的重要性，否则会影响其他金融子系统的正常发展、进化，从而影响整个金融系统乃至经济系统。

2.8 经济金融化

2.8.1 经济金融化的概念

经济金融化的定义

自货币产生以来，经济体系便从纯粹的实体经济运行，逐步演变为实体经济和货币经济的交融运行，这个过程被经济学家们称为"经济货币化"。随着经济货币化程度的加深，信用的发展以及各种金融工具的出现，整个经济的金融性日益突出，这就是所谓的"经济金融化"。

经济金融化是最近三十多年来世界经济中带有普遍性的问题。具体来讲，所谓经济金融化，是指包括货币、银行、证券、信托、期货、保险等广义的金融业在一个经济体中的比重不断上升，并对该经济体经济、政治等产生深刻影响。

一般认为，经济金融化的进程，发端于20世纪70年代中后期，80年代得到发展，90年代发展加速，异军突起。

经济金融化的动因

第二次世界大战以来，西方主要资本主义国家经济持续高速增长，创造了巨大的国民财富，这是社会财富日益金融资产化的前提和坚实基础。经济增长和发展也使得社会分工加剧，储蓄和投资日益分离，产生了金融资产的供给和需求动因。经济金融化是商品经济、货币信用、银行制度、金融体制、经济发展水平、国民储蓄量、收入分配结构和方式不断变化发展的产物。

经济金融化的表现

经济系统与金融系统相互渗透融合，密不可分，逐渐成为一个整体。社会上的经济关系越来越表现为债权债务关系、股权股利关系和风险与保险关系等金融关系，社会资产也日益金融化。经济、金融化一般以金融相关率，即以金融资产总量/国民生产总值的比率来表示。[①]

经济金融化实际上是随着商品经济、技术、制度的不断发展，金融体系逐渐完善、复杂化，成为一个具有多样性——多形态、多层次、多功能的互联互通的、均衡的金融系统、金融结构或架构的过程。

所以，经济金融化还会不断发展。因为，从金融形态上讲，金融的信托形态、期货形态、保险形态发展、进化都还严重不足，而金融的货币形态、债股形态也还需要完善、优化、发展、进化。从融资方式、募集方式上讲，它们自身以及它们与金融形态的结合还有很大的生长、发展、进化的空间。

2.8.2 经济金融化的衡量

如果以复杂性科学的视角看待经济金融化，经济金融化可以从三个主要的方面来考虑，或者说这三个方面的综合就是经济金融化的程度：

金融密度

金融密度是指金融系统涉及的范围或程度，主要是指经济活动中以金融为媒介的交易份额逐步增大的过程。一是它可以用金融资产占GNP（或GDP）的比值来表示，二是它可以用金融总资产占整个社会总资产的比值来表示。

金融深度

金融深度是指金融在整个社会、人口中使用的程度、比重，可以用金融资产占人口的比值来表示。

金融层度

金融层度是指金融系统中，不同金融形态、不同募集方式、不同融资方式之下，不同金融工具、金融资产与金融总资产之间的比例关系或程度。金融层度实际上是指金融价值链、金融食物链中的不同环节，其规模与上下各环节的相对状况。

由金融层度的概念，可以延伸出金融亚层度。例如在金融的债股形态的分析中，就是在不同的资金募集方式下，债权资产与股权资产之间的比例关系，债权资产、股权资产与金融总资产之间的比例关系等。

金融系统有先有后但是又同步、并行地进化

在人类金融发展史上，金融系统中不同金融主体的出现，并非完全按照理论

---

① http://wiki.mbalib.com/wiki/MBA智库百科：经济金融化。

上进化的逻辑在进行。一般是间接金融发展在前直接金融发展在后，先有短期金融业务后有长期金融业务，而且在间接金融与短期金融之间、直接金融与长期金融之间，有一种大体的对应关系。这两组对应因素，不仅在产生发展的时间上明显地一个在前，一个在后，远不是平行的而且在总的业务量或市场占有率方面，也远不是均衡的，即在相当长的历史时期内，间接金融所占比重大大超过直接金融，即使是直接金融比较发达的国家也是如此。

金融系统中，不同金融形态、募集方式、融资方式的产生、发展、进化应该是有先有后的，但是一旦产生，又应该是同步进化的。就是说，当一种金融形态、金融融资方式出现以后，它会随着前期产生的金融形态、金融融资方式一同发展、进化。就像货币形态的发展从实物货币→纸币→票据→电子货币的发展一样。保险、期货、信托、债股等也会同步、并行发展。这与自然界中，细胞、组织、器官、人体是同步发展、进化的"道与理"相同。

中国金融系统的问题与发展

目前，我国金融系统需要做的工作主要是两大方面：一方面我国金融系统需要夯实货币层级、债股层级的各项事务，即金融系统监管的现代化、金融系统的市场化、利率市场化、人民币国际化、金融机构的国际化，证券市场的规范化、市场化、层级化、国际化等，即对现有金融体系进行完善、提高等。另一方面，需要向上冲，在信托、期货、保险等以及信托融资方式等方面进行史无前例的创新。

经济金融化度量的"稳态"

目前金融系统发展的问题，是金融体系不发达的结果。一个发达、健全、优化的金融系统的发展，应该在货币、债股、信托、期货、保险之间保持协调；在它们的亚层，即在基础货币与信用货币之间，在债权、股权和股债股权结合体之间，在信托资产和再信托资产之间，并且它们和期货、保险之间是均衡的、协调的，应该有一个适当的比例关系。

如果我们能够建立一套完整的金融密度、金融深度、金融层度的数据系统，并有可供参考的相对标准，那么，就可以像对人类进行体检一样，我们可以随时随刻对金融系统进行"体检"。而这个时刻的到来，也将是一个智能化金融系统到来的时刻。

笔者认为，达到智能化程度的金融系统，其经济金融化的度量将会是对金融系统中不同形态、层级、功能的金融资产乃至每一笔贷款等进行编码、数字化，在此基础上形成一个金融"物联网"，从而像北京航天测控中心对所有航天器的测控一样，做到对每一笔金融资产的测控。

第三章　第一次金融革命：货币形态的进化

第一次金融革命

农业社会发端于大约12000年以前。农业社会的出现导致了农业革命，产生了第一次金融革命，即货币革命，出现了金融的货币形态。

哈耶克说："货币是人类发明的最伟大的自由工具之一。"没有货币，经济不可能发展到今天，人类也不会像今天这样，享有种种自由[①]；农业社会、农业革命、货币革命的基础科学技术是以中国的四大发明为代表的科学技术。

农业社会和第一次金融革命时期的认识论、方法论、实践论是以中国的阴阳五行理论、阴阳八卦理论（约公元前3000年至公元前2500年）为基础和代表的整体论。

中国将农业社会的发展推到了鼎盛，达到了极致，以至于到1840年八国联军发动对中国的第一次鸦片战争时，八国的国内生产总值GDP之和也不及中国一个国家多。从进化的角度，当时的中国进入了农业社会的超稳定结构，进入了进化的死胡同，没有出现新的分叉增长或者叫涌现、突现。

从金融角度讲，大约在公元前2500年的古埃及开始使用金属货币。所以第一次金融革命发生在公元前2500年至17世纪左右，时间跨度约为5000年。

---

① 李国平：《解码金融：了解金融的逻辑》，40页，北京，北京大学出版社，2013。

3.1 货币形态

货币形态是指金融的货币形态。从金融系统进化的阶梯角度，金融的货币形态是金融系统五种形态之一，是金融系统的第一种价值形态。金融的货币形态包括基础货币、信用货币两种亚形态。

现实中，金融系统中的货币形态或者货币市场，是指基础货币、信用货币市场，所以货币的进化就是指基础货币、信用货币的进化。

货币化，在现实金融系统中，是基础货币、信用货币的发育状况、发育程度，是货币职能最完善的阶段。货币的国际化，或者说世界货币，是基础货币、信用货币集合起来执行货币职能的最完善、最高级阶段。

3.1.1 货币的概念

货币作为一个重要的范畴，可以从现象和本质两个角度来分析。[①]

马克思关于的货币定义

马克思在分析了货币的起源和本质以后，从本质的角度下了一个定义：货币是一个能够充当一般等价物的特殊商品。

第一，货币是一种商品，这是商品世界经过千百年进化选择的结果，与其他商品在形式上具有一般性，即具有价值和使用价值。第二，货币具有以自身的使用值形态表现商品价值的能力，即一般等价物。第三，交换领域之所以接受货币，首先因为货币是一种商品（注意：马克思的理论是建立在劳动价值论基础之上的，马克思的时代是金属本位制流通时期）。

马克思从货币的现象入手分析货币，从而得出货币的职能定义：货币是价值尺度和流通手段的统一。这一定义非常重要，这是因为，现实世界的各国主币都是纸币。从造币材料的角度看，货币不是一种商品。显然纠结在本质定义上很难得出一个同一的结论，因此使用货币的职能定义尤为重要。

西方货币银行学关于货币的定义

货币是任何一种被普遍接受为交易媒介、支付工具、价值储藏和计算单位的物品。货币就是货币行使的职能。

普遍接受是指能被社会大众普遍接受，其标准不是国家批准与否，而是大众是否接受、承认。因为在正常情况下，国家规定的货币的普遍接受性是毋庸置疑的。但是在特殊情况下，国家的规定可能是行不通的。相反，有一些信用工具，

---

① http://wiki.mbalib.com/wiki/MBA智库百科：货币。

如银行支票存款最初在法律上并没有地位，但是在经济中普遍被企业界承认和接受，类似的例子很多。

金融进化的阶梯中关于货币的定义

从金融系统进化的阶梯角度讲，货币是一种金融形态，一种金融层级或层次，一种金融功能，是商品价值运动的第一次元系统跃迁，是金融系统、金融形态的第一层级，是金融系统三种执行功能之一。

货币和金融的本质都是商品价值运动的表现形式，货币是商品价值运动的第一次跃迁，是金融形态的第一层级。具体来讲，货币是商品交换发展到一定阶段的产物，是从商品中分离出来，或跃迁、涌现、突现出来，固定地充当一般等价物的商品。

3.1.2 货币型金融工具、金融资产的形成方式

由货币这种金融形态、层级、功能与不同的融资方式——间接融资、直接融资、信托融资相结合，将会形成不同亚形态、亚层级、亚功能的货币型金融工具、货币型金融资产，从而形成一个完整金融学意义上的货币金融结构或架构、构型。

如果加入融资方式的时间概念，即中短期、中长期两种维度以及融资方式的空间概念，即公募、私募两种维度，由金融的货币形态、亚形态、季形态，金融的融资方式及其衍生方式所共同作用形成的货币型金融工具以及由货币型金融工具与相关金融要素，例如投资者、融资者、中介机构等，共同作用生成的货币型金融资产，其类型、种类将十分丰富。这实际上就是货币型金融工具、金融资产矩阵。

3.1.3 货币的职能、功能

货币的职能和货币的性能、功能之间还是有区别的。货币的职能应该是货币的名义性能、功能，而货币的性能、功能是货币的实际职能。例如，就当前而言，不是所有的货币都能够成为世界货币，只有建立在坚实、高度发达的商品经济基础，相当发达的金融系统、虚拟经济之上的国家的货币才能够成为世界货币。[①]

货币的职能、性能就是一般等价物，具有价值尺度、流通手段、支付手段、贮藏手段、世界货币的职能。

---

① http://baike.baidu.com/百度百科：货币。

货币是用做交易媒介、储藏价值和记账单位的一种工具，是专门在物资与服务交换中充当等价物的特殊商品。其既包括流通货币，尤其是合法的通货，也包括各种储蓄存款。在现代经济领域，货币领域只有很小的部分以实体通货方式显示，即实际应用的纸币或硬币，大部分交易都使用支票或电子货币。

货币区是指流通并使用某一种单一货币的国家或地区。不同的货币区之间在互相兑换货币时，需要引入汇率的概念。

历史上不同地区曾有过不同的商品充当过货币，后来货币商品逐渐过渡为金银等贵金属。随着商品生产的发展和交换的扩大，商品货币（金银）的供应越来越不能满足对货币日益增长的需求，又逐渐出现了代用货币、信用货币，以弥补流通手段的不足。进入20世纪，金银慢慢地退出货币舞台，不兑现纸币和银行支票成为各国主要的流通手段和支付手段。

由于货币属于商品，因此它同所有商品一样也具有使用价值和交换价值。当处在不同形式的价值运动中时，货币所表现出来的作用也不尽相同：价值尺度、流通手段、支付手段、贮藏手段和世界货币。其中，价值尺度和流通手段是货币的基本职能。另外三种职能则是在两者的基础上形成的派生职能。

价值尺度

价值尺度是货币作为社会劳动的直接体现。货币在衡量和表现其他一切商品和劳务的价值时执行价值尺度的职能。衡量商品的价值就是评价计算商品包含多少社会劳动，而要表现商品的价值就是把社会承认的劳动表现为一定数量同质的货币。

货币本身作为一种商品，可以以自己为标准与其他商品进行量的比较，而此时商品的价值形式就转化为价格形式，商品通过货币进行表达的价值形式即为价格。

当货币执行价值尺度这一职能时，货币只需要以想象中的或是观念上的形式存在就可以了，然而它的单位则必须依赖于现实中流通的货币。正由于货币的价值尺度功能，人们可以将不同形式的商品先转化为货币的价格形式，然后再与其他商品进行交换。

货币本身作为商品也存在不同货币之间量的差别，因此人们为货币也制定了一个量的标准，即规定价格标准（有时亦称价格标度）。

价值尺度的表现——价格：把商品的价值表现为一定数量的货币即价格是它们在质的方面相同、在量的方面相比。如果没有货币，有 n 种商品，它们相互交换需要标出 $n(n-1)/2$ 个交换价值。有了货币只需要 n 个价格。价格标准是货币执行价值尺度的技术规定，即计量单位为元、英镑等。

流通手段

流通手段也称做交易媒介，指货币在商品交换、交易中充当交易的媒介。货币执行了流通手段之后，使得商品之间更便捷、交易成本更低的交换有了可能。目前的商品流通是以货币为媒介的、便捷、高效的商品交换。

流通手段是货币价值尺度职能的衍生、发展、进化。货币的产生，使得商品之间的交换由直接的物物交换变成了以货币为媒介的交换、交易，即由商品—商品（W—W）变成了商品—货币—商品（W—G—W）。两者之间不仅存在形式上的区别，也存在着性质上的区别。

贮藏手段

货币的贮藏手段职能，是指货币退出流通领域作为社会财富的一般代表被保存起来的职能。贮藏的原因一是存储购买力，二是存储财富。

货币作为贮藏手段应该能够自发地调节流通中的货币量。当流通中需要的货币量减少时，多余的货币就退出流通；当流通中需要的货币量增加时，部分被贮存的货币就进入流通。充当贮藏手段的货币必须是实在的、足值的金银货币。只有金银铸币或金银条块才能发挥货币的贮藏手段职能。

纸币不具备贮藏手段的职能。只有当纸币币值长期保持稳定的条件下，人们才会储藏纸币。纸币具有作为储存手段的职能（在银行），但是不具备贮藏手段的职能。

凡是货币，不论是足值的金属货币还是不足值的纸币，都具有存储价值的职能。只是前者更多的是存储财富，后者是存储购买力。

支付手段

货币作为独立的价值形式单方面运动时执行支付手段的职能，例如支付债务、地租、利息、税款、工资等。实现支付功能时，需要现实的货币，因而随商品赊账买卖的产生而出现。

支付手段的产生源于商业信用，有两个作用：扩大商品流通，可以赊欠；节约现金流通，债权、债务可以抵冲。

支付手段的范围包括：大宗交易；财政收支，银行存贷；工资、佣金、房租、地租、水电费等。

支付手段的特点是可能先买后卖，而流通手段是只能先卖后买。

世界货币

当货币超出国界发挥职能时，这个货币就有了世界货币的地位。金属货币阶段，执行世界货币职能的是作为货币的金属块或条，而不是哪国铸币形式或单位。纸币不能充当世界货币，如现在的美元等只是充当国际支付手段和结算手段，还称不上世界货币。在世界市场上购买国外商品、支付国际收支差额。需要现实的货币，是作为社会财富的代表在国与国之间转移时产生的。

在信用货币制度下，部分国家的货币充当世界货币的职能。一般说来，除了军事（武力征服，强制推行）这个途径外，一国货币充当世界货币往往有这样几个条件：一国进出口贸易额占世界进出口贸易额的比率很高；一国货币价值比较稳定；该国货币是自由兑换货币。

由于历史的原因，并不要求满足所有这三个条件（但第三个条件应该看成是必要条件，从长期来看第二个条件也很必要）。

3.2 货币形态的整体性进化

货币形态的进化方式与系统分析

正如复杂系统的进化过程主要包括了三个方面——整体性进化、自组织进化和环境选择性进化，货币系统也主要是从这三个方面不断进化的。而对于一个复杂系统来讲，系统的形态、层次、功能所构成的系统结构是三个最重要的要素。

系统的结构，就是系统中诸要素之间的相互关系或关系网络，正是这种关系在特定的空间中将元素整合成相对稳定的系统，形成在某个时间段中重复出现的模式或构型。系统的功能，指的是系统在与外界环境相互关系中呈现的变化和所表现的行为，主要是一种"时间上的秩序"。系统的尺度，指的是在系统中，由于不同的尺度有不同的层次，所以也可以称之为层次的维度（层度）。[1]

对于货币系统及其结构或构架，其形态、层次、功能是不断发展和进化的，并且相互影响、相互作用、相互依赖。

对于金融系统中的子系统——货币系统，对应系统科学中在分析系统的时间、空间和层次的做法，货币系统的空间概念应该是货币的形态概念，货币系统的时间概念应该是货币的职能、功能概念，货币系统的层次概念应该是货币的自然等级。[2]

货币形态的整体性和自组织进化

货币是金融系统及其进化的基石、起点和原点。从金融系统和复杂性科学的角度看，人类经济的进步和发展，导致了货币的产生和发展、进化。这是人类经济系统中首次出现金融的概念和产生了金融系统。货币的产生，使金融系统产生了第一个子系统——货币系统，使金融系统出现了第一个层级，它是金融系统的

---

[1] 颜泽贤、范冬萍、张华夏：《系统科学导论：复杂性探索》，231页，北京，人民出版社，2006。
[2] 张杰：《银行制度改革与人民币国际化：历史、理论与政策》，14页，北京，中国人民大学出版社，2010。

第一次整体性进化，是金融系统的第一次涌现。所以，货币的出现是第一次金融变革。这就是说在商品经济充分发展的基础上，在社会经济技术发展的作用下，金融系统产生了涌现性，产生了金融系统这个新的系统。

随着货币形态的发展，除了货币作为金融系统最基础的子系统以外，货币系统自身还会在形态、层次和功能上进行深入细化、"微分层"，从而形成一个新的货币结构。

货币形态的环境性选择进化

货币形态的环境选择性进化应该包括两个方面：

其一是在金融系统内部，货币以外的其他金融子系统都是货币的外部环境，而其他金融子系统的不断产生、进化，导致货币运动方式多样化、高级化的发展、进化。

其二是由于金融系统以外的社会、经济、技术、政治、制度的进步，对金融系统提出了更高的要求，货币系统必须在现有基础上作出变化。

3.2.1 货币形态的产生

商品经济的发展导致货币出现。货币产生于便利商品交换的需要。在商品经济发展到一定程度之后，货币就从商品中分离出来，最后作为固定充当一般等价物的特殊商品。货币是用做交易媒介、储藏价值和记账单位的一种工具，是专门在物资与服务交换中充当等价物的特殊商品。

金融概念和金融系统的起点是货币的出现。金融范畴因货币的产生而形成，金融是货币的运动过程，是货币运动的总体框架或载体。在金融的货币形态或货币阶段，货币是金融的唯一标的。

货币是整个金融大厦的基石，货币的本质和职能决定着金融的运行和功能。[①] 货币作为金融系统一个重要要素，对金融系统及其发展产生着并将继续产生重大的影响。就像信息化的基础是数字化，就像人类进化生物学意义上的基础是产生了氨基酸和细胞，货币及货币化是金融系统银行化、证券化、信托化、期货化、保险化的基础、前提。

货币是金融系统的基石。货币是人类金融系统最基础元素，是人类财富和价值运动的第一个台阶。同时，货币的不断发展和进化，导致产生了银行，并在银行的基础上又不断发展和进化出证券、信托等金融高端价值运动的形式。

---

① 禹钟华：《金融功能的扩展与提升：功能观视角下的金融发展》，35页，北京，中国金融出版社，2005。

在现代金融体系产生以前，也就是说在没有银行、证券、信托、期货、保险等以前，货币的出现对于人类当时的经济系统是一次重大的进展，是人类经济的一种"元系统跃迁"。货币的出现导致人类社会产生了一个新的系统——金融系统，同时货币的出现也是人类金融系统的第一次跃迁。

自货币出现和发展以来，金融系统的雏形初显，标志着金融系统的诞生，货币是金融系统的基石。银行的出现和发展，使金融系统出现了新的层级、更加多样化、复杂化，使金融系统具备了仅有货币时所不具备的功能，满足了当时社会经济技术的发展和需求。

货币的不断发展和进化就是金融系统货币化的过程。随着人类经济社会的不断发展，货币系统也在不断地发展和进化，同时也是金融系统发展和进化的标志。货币的进化表现在其亚形态、层次和功能等结构要素的不断多样化、发展和进化等方面。

3.2.2 货币形态的分级与进化

货币一直在自我进化。货币自身也在不断地发展、进化。从货币产生到目前经济高度发达的过程中，货币一直都在发展和进化着，货币的形态、层次、功能的发展和进化与社会经济发展阶段是相吻合的。货币的自我进化过程与银行化、证券化、信托化的过程是一致的。

金融的货币形态具有可分性、层次性。金融的货币形态，首先可以分为基础货币、信用货币。其次，基础货币、信用货币还具有可分性，分为一级、二级基础货币，一级、二级信用货币。

货币形态的细分程度具有阶段性。金融的货币形态的可分性、层次性的细分程度要与商品经济的发展水平，与货币的上一个层次之间存在着协调、平衡、均衡关系，并不是细分程度越细越好。当然，在其外部条件不具备时，其过细的细分程度也没有实际意义。

货币的自我进化过程是形态、功能不断完善、发展和进化的过程。作为金融系统的一个子系统，货币体系或货币系统的自我进化过程从更加稳定的考察角度来看，是货币形态、层级、功能等结构要素不断复杂、不断进化的过程。

货币一直在协同进化。货币、货币化的发展、进化与银行化、证券化和信托化的发展、进化是密不可分的，是并行存在的，它们之间不是替代关系，而是层级关系。就像一个生命体，大分子组分、细胞、组织器官、生命体本身都同时存在、相互影响、互为基础和条件，并且缓慢地变化着、适应着、进化着。

货币的产生和进化是人类社会和经济发展的必然结果。人类社会系统、经济系统作为一个更大的复杂适应系统在不断进化和发展。作为其中一个子系统的一部分，也在自我进化，且随着人类社会、经济、金融、技术的发展不断发展、复杂、进化。

货币的进化是不会停止的。货币的产生、货币化的进展初期是与人类前工业社会相对应的。自从货币诞生到目前，无论是货币的自我进化，还是随其环境的变化；无论是货币形态、层次、功能等结构要素，都是一个从简单到复杂、从低级到高级、从无序到有序的过程，并且这个过程还将会随着人类社会、经济、金融、技术等的发展而不断地进化、发展。

货币的发展和进化导致银行的出现。银行的出现，即金融的债权形态，是由于货币发展到一定阶段之后，金融系统必然出现的产物，称为金融系统的一种涌现、突现。对于金融系统而言，银行之于货币之所以称为涌现，是因为银行所具有的属性、特征、行为、功能等是货币所不具有的。这就是金融系统的自相似性。银行是相对于货币现象的涌现，银行的出现和发展是金融系统的涌现现象，是金融系统层次的增加。银行的出现是金融系统的复杂化、多样化，是金融系统适应经济社会发展的必然结果，是金融系统新的发展阶段，即所谓"适应性产生复杂性"。

3.3 货币形态的自组织进化

货币作为一种复杂系统，其自组织进化主要包括多样性变异和遗传性保存，分别遵循必要多样性定律、必要层级原理、盲目变异原理和稳定者生存原理。货币的多样性变异和遗传性保存是货币自组织进化的方式，是货币作为一个复杂系统主动适应环境变化的方式，是货币适应性进化的方式。

本部分主要论述货币的多样性。货币的遗传性保存、变异和不同要素之间的相互作用增强在总论部分有论述。对于货币而言，多样性可以从形态、层级、功能三个维度进行考察、分析。

3.3.1 货币形态的多样性

根据系统思想关于适应性进化的基本原理，进化是通过多样性的产生、结构变异、相互作用增强和适应性的选择等方式实现的。

货币系统在进化过程中，货币结构（形态）就是通过多样性的产生、结构变异、适应性的选择和相互作用增强等方式在结构方面促进了货币系统的进化，适应了经济、社会、金融、技术系统的发展、进化要求。[1]

---

[1] 颜泽贤、范冬萍、张华夏：《系统科学导论：复杂性探索》，231～233页，北京，人民出版社，2006。

货币形态的多样性，可以从发行者、材质等维度考察

以发行者来分类，货币形态可分为公钱（法定货币）、私营货币和区域货币（社区货币）。公钱一般说来由政府发行，当它存在的时候，一般占主导地位。私钱和区域货币则由非政府机构发行。

按材质来分类，不同的历史时期，人们使用不同的物品作为货币，可分为贝壳、珠子、棍子、金属货币、纸币以及数字货币。

就性质来分类，可分为实物货币和虚拟货币。实物货币本身有价值（货币价值≠商品价值），使用时间：古代，缺点：过程费时、不易达成交易、无保障、不易携带。虚拟货币，例如电子货币等。

从发行者的法律地位分类，包括法定货币（强制货币）——以法令强制规定（任何人皆不得拒绝）其价值（货币价值>商品价值）；非法定货币，例如当前非常流行的比特币。

货币还可分为债务货币与非债务货币两大类

债务货币

债务货币就是当今主要发达国家所通行的法定通货（Fiat Money）系统，它的主要部分由政府、公司以及私人的"货币化"的债务所构成。

美元就是其中最典型的例子。美元在债务产生的同时被创造出来，在债务偿还的同时被销毁。流通中的每一美元，都是一张债务欠条，每一张欠条在每一天里都在产生债务利息，而且是利滚利地增加着。这些天文数字的利息收入归谁呢？归创造出美元的银行系统。债务美元的利息是原有货币总量之外的部分，必然要求在现有货币总量之外再创造出新的债务美元。换句话说，人民借钱越多，就必须借更多的钱。债务与货币死锁在一起，其逻辑的必然结果就是：债务永远增加，直到其债务货币遭人彻底抛弃或其利息重负压垮自身经济发展，导致整个体系的最终崩溃。债务的货币化乃是现代经济最严重的潜在不稳定因素之一，它是通过透支未来的资源来满足当时的需要。中国有句老话寅吃卯粮说的正是这个意思。

非债务货币

非债务货币，以金银货币为典型代表。这种货币不依赖于任何人的许诺，不是任何人的债务，它代表的是人类已经完成的劳动成果，是人类数千年社会实践中自然进化而来的。它不需要任何政府力量的强制，它可以跨越时代与国界，它是货币中的最终支付手段。

"如果所有银行的贷款都被偿还，银行存款将不复存在，整个货币流通将会枯竭。这是一个令人惊愕的想法。我们（美联储）完全依赖商业银行。我们货币流通中的每一美元，无论是现钞还是信用，都必须有人来借才能产生出来。如果商业银行（通过发放信贷）制造出足够的货币，我们的经济就会繁荣；否则，我们就会陷入衰退。我们绝对没有一种永久性的货币系统。当人们抓住了整个问题的关键之处，我们（货币系统）可悲的荒谬之处以及（美联储）令人难以置信的无助，就会变得如此明显。货币是人们最应该调查和思考的问题，它的重要性在于，除非人民广泛地理解这个（货币）系统并立刻采取措施修正它，否则我们现在的文明将会崩溃。"——罗伯特·汉姆费尔（美联储亚特兰大银行）。

在所有货币中，金银货币意味着"实际拥有"，而法定通货则代表"欠条＋许诺"。二者的价值"含金量"有着本质区别。中国的人民币则介于二者之间。尽管人民币目前也存在着"债务化货币"的成分，但就其主体而言，仍然是体现过去已经完成的产品与服务的度量。人民币的发行并非像美元一样必须以国债作抵押，由私有中央银行发行货币。从这个角度来讲，人民币的属性更接近金银货币。同时，由于人民币没有金银作为支撑，它又有法币的基本属性，必须依靠政府的强制力才能保证货币价值。

货币形态的发展历程：多样化的货币形态

从货币形态发展的具体情况来讲，货币的形态发展历程经历了从原始的实物货币发展到金属货币、信用货币、电子货币，由低级到高级不断发展、演变、进化的过程。[1]

实物货币

随着生产力的提高，出现了物物交换，人们相互交换各自生产出来的商品和劳务。这样，实物货币出现了。货币引入物物交换经济后，促进了经济的发展。在马克思看来，货币的出现提高了商品交换的效率，从而促进了社会与经济的发展。他将货币称为物物交换之外的第三种商品，"这第三种商品由于成为其他各种商品的等价物，就直接取得了一般的或社会的等价形式。"

人类使用货币的历史产生于物物交换的时代。在原始社会，人们使用以物易物的方式，交换自己所需要的物资，比如一头羊换一把石斧。但是有时候受到用于交换的物资种类的限制，不得不寻找一种能够为交换双方都能够接受的物品。这种物品就是最原始的货币。牲畜、盐、稀有的贝壳、珍稀鸟类羽毛、宝石、沙金、石头等不容易大量获取的物品都曾经作为货币使用过。

实物货币是指作为非货币用途的价值和作为货币用途的价值相等的实物商品。能充当实物货币的商品具有以下特征：普遍接受性；价值稳定；价值均值可

---

[1] http://baike.baidu.com/百度百科：货币。

分性；轻便和易携带性。

很显然，一般金属都具备这些特征，因此，在实物货币的类型中，金属货币最具代表性。

实物货币是最早的货币，是由普通商品充当的，基本保持原有形态，且在交易过程中不固定地充当交易媒介的货币。中国最早的货币是贝，古代欧洲以牛为货币，其他地区以盐、烟草等为货币。

金属货币

经过长年的自然淘汰，在绝大多数社会里，作为货币使用的物品逐渐被金属所取代。使用金属货币的好处是它的制造需要人工，无法从自然界大量获取，同时还易储存。数量稀少的金、银和冶炼困难的铜逐渐成为主要的货币金属。某些国家和地区使用过铁质货币。

奴隶制经济时期，各主要奴隶制国家均出现并开始使用金属货币。埃及古王国时期（公元前2686年至公元前2181年），埃及海外贸易已经远达爱琴海，交换所使用的等价物已经出现了铜块。比较实物货币，金属货币的出现大大地方便了商品流通，促进了商业和经济发展。[①]

早期的金属货币是块状的，使用时需要先用试金石测试其成色，同时还要秤量重量。随着人类文明的发展，逐渐建立了更加复杂而先进的货币制度。古代希腊、罗马和波斯的人们铸造重量、成色统一的硬币。这样，在使用货币的时候，既不需要秤量重量，也不需要测试成色，无疑方便得多。这些硬币上面带有国王或皇帝的头像、复杂的纹章和印玺图案，以免伪造。

中国最早的金属货币是商朝的铜贝。商代在我国历史上也称青铜器时代，当时相当发达的青铜冶炼业促进了生产的发展和交易活动的增加。于是，在当时最广泛流通的贝币由于来源的不稳定而使交易不便，人们便寻找更适宜的货币材料，自然而然集中到青铜上，青铜币应运而生。但这种用青铜制作的金属货币在制作上很粗糙，设计简单，形状不固定，没有使用单位，在市场上也未达到广泛使用的程度。由于其外形很像作为货币的贝币，因此人们大都将其称为铜贝。

据考古材料分析，铜贝产生以后，是与贝币同时流通的，铜贝发展到春秋中期，又出现了新的货币形式，即包金铜贝，它是在普通铜币的外表包一层薄金，既华贵又耐磨。铜贝不仅是我国最早的金属货币，也是世界上最早的金属货币。

西方国家的主币为金币和银币，辅币以铜、铜合金制造。随着欧洲社会经济的发展，商品交易量逐渐增大，到15世纪时，经济发达的佛兰德斯和意大利北部

---

① 禹钟华：《金融功能的扩展与提升：功能观视角下的金融发展》，86～88页，北京，中国金融出版社，2005。

各邦国出现了通货紧缩的恐慌。从16世纪开始，大量来自美洲的黄金和白银通过西班牙流入欧洲，挽救了欧洲的货币制度，并为其后欧洲的资本主义经济发展创造了起步的条件。

实物货币与金属货币统称为商品货币，因为它们既可以作为货币使用，也可以作为商品使用。

纸币

随着经济的进一步发展，金属货币同样显示出使用上的不便，在大额交易中需要使用大量的金属硬币，其重量和体积都令人感到烦恼。金属货币使用中还会出现磨损的问题。据不完全的统计，自从人类使用黄金作为货币以来，已经有超过两万吨的黄金在铸币厂里或者在人们的手中、钱袋中和衣物口袋中磨损掉。

于是作为金属货币的象征符号的纸币出现了。作为债权债务关系的一种信用凭证，一种新的货币——纸币被创造出来，以取代金属货币。如世界上最先在市场上流通的纸币出现在中国的北宋年间（大约10世纪末），当时称为"交子"，实际上是朝廷承认四川十六富商连保联合发行的可兑换纸币，这意味着"交子"有了货币职能。到了1024年，官府在益州发行了官"交子"，为世界货币史上最早由政府发行的可兑换纸币。

纸币的出现是世界金融史上一个重要的里程碑，它对于促进商品流通和社会生产起到了巨大的推动作用。

纸币作为现行的货币，执行价值尺度、流通手段、支付手段、世界货币等职能。在现行货币制度即纸币本位制下，纸币的这些职能，是从它取代黄金的流通手段职能开始，然后逐步发展起来的。

票据

随着交易的不断扩张，对于更加大额的交易而言，纸币也变得越来越不方便了，票据成为银行转账系统建立之前的一种非现金结算的主要方式。如12世纪的意大利，商业和航海业都非常发达，威尼斯、热那亚、比萨等地的商人大量经营境外贸易。为了运输和携带方便，他们创造了历史上最早的支票。商人可以持票到票面所指定的异地商号对付现款，也可以用它代替现金流通。历史上的支票雏形逐渐演变为现代的支票。而汇票则是"13世纪意大利人的一个作用很大的创新"。与汇票同时出现于贸易之中的还有本票。票据的使用极大地便利了商品和劳务的交换。

电子货币

科技进步降低了通过支票转移资金的必要性。现在，资金可以通过电报、电话或者计算机系统进行转移。货币的定义扩展到电子货币。从电子货币的具体类型看，电子货币并非是脱离现金或存款的新型货币，而是信息技术应用在金融领域不断深化的过程中出现的现金或存款的对应物。

按照巴塞尔委员会的定义，电子货币是指在零售支付机制中，通过销售终端、不同的电子设备之间以及在公开网络（如Internet）上转型支付的"储值"和预付机制（Basle，1998）。

电子货币通常是指利用电脑或贮值卡所进行的金融活动。持有这种贮值卡就像持有现金一样，每次消费可以从卡片的存款金额中扣除。电子货币在方便的同时也存在一些问题，如如何防范电子货币被盗如何对个人资信情况进行保密等。因此，电子货币的全面应用尚需一段科技进步和其他保障措施完善的过程。

马克思对货币的定义是随着研究逐渐深入而不断深化的。马克思在研究货币产生时指出，货币是固定地充当一般等价物的商品。在研究了货币的两个最基本的职能以后，马克思认为货币是价值尺度与流通手段的统一。他说："作为价值尺度并因而以自身或通过代表作为流通手段来执行职能的商品，是货币。"这里的货币"指的是一个国家内一切现有的流通的银行券和包括贵金属条块在内的一切硬币的总和"，即金币或银币以及可兑换的银行券。

但是当马克思研究了信用之后，引用了富拉顿的话："几乎每种信用形式都不时地执行货币的职能，不管这种形式是银行券，是汇票，还是支票，过程本质上都是一样的，结果本质上也是一样的。"这里，马克思把货币定义为从金属货币（货币商品）扩展到信用货币——汇票和支票。值得指出的是，支票只是出票人向银行发出的付款通知，本身并不是货币，而支票提取的活期存款才是真正的货币。支票要成为货币，必须在票据法的保障下，在到期前能够多次流通。

在支票得到广泛应用后，货币的定义扩展为不仅包括硬币和纸币，还包括活期存款。纸币和硬币合称现金，又称通货。其中的硬币与金属货币时代的铸币不同，通常采用合金制造，不足值，主要作为小额或零星交易的支付手段。从20世纪70年代开始，一些带息账户，如NOW（可转让支付命令）和MMD（货币市场存款）账户也可以签发支票，货币的定义进一步扩展到所有存款机构的可签支票账户的存款。汇票和本票也被纳入更宽口径的货币定义中。[①]

网络货币

网络货币是以公用信息网（Internet）为基础，以计算机技术和通信技术为手段，以电子数据（二进制数据）形式存储在计算机系统中，并通过网络系统以电子信息传送形式实现流通和支付功能的货币。具体而言，网络货币就是采用一

---

① 谢清河：《金融结构与金融效率》，48～50页，北京，经济管理出版社，2008。

系列经过加密的数字，在全球网络上传输的可以脱离银行实体而进行的数字化交易媒介物。现今主要形式为电子钱包、数字钱包、电子支票、电子信用卡、智能卡、在线货币、数字货币等。

网络货币使得货币的各层次之间的界限正逐渐减弱。客户通过电子指令，可以实现储蓄在定期与活期之间相互转化。变现的快捷意味着货币存在的方式（现金或储蓄等）具有高度的不稳定性。现金流动的本质已成为从一个银行的存款账户转到另一个账户，或是银行间账户的转换，现金很少流出结算或清算系统。可见货币各层次之间流动性的差别正日益缩小，界限正逐渐淡化。

与传统货币相比，网络货币存在着发行机构多元化、风险加大、地域限制被打破、交易成本低廉等特点，同时对货币的供应、货币的需求、基础货币、货币乘数等将产生重大影响。[①]

货币性质的发展历程

代用货币

代用货币一般是指纸制的、凭以换取实物的金属货币或金属条块，其本身价值就是所替代货币的价值。代用货币较实物货币的优越性主要有：印刷纸币的成本较之铸造金属币要低；避免了金属货币在流通中的磨损甚至有意的磨削，可以节约贵金属货币；降低了运送货币的成本与风险。

当然代用货币也有一些缺点，比如易损坏、易伪造等。代用货币是金属货币的代表物，它通常是由政府或银行发行代替金属货币流通使用的纸币。这种代用货币事实上是一种可流通的实质货币收据，如早期的银行券。可兑现的银行券是由银行发行的，它以金、银为发行保证，可以随时兑换为金银。

信用货币

信用货币产生于20世纪30年代。由于世界性的经济危机，许多国家被迫脱离金本位和银本位，所发行的纸币不再能兑换金属货币，信用货币应运而生。信用货币作为一般的交换媒介需要有两个条件：一是人们对此货币的信心，二是货币发行的立法保障。二者缺一不可。目前信用货币又可分为以下几种形态：

辅币。其功能是担任小额或零星交易中的媒介手段，多以贱金属制造。

现金或纸币。主要功能也是担任人们日常生活用品的购买手段，一般为具有流通手段的纸币，其发行权为政府或者金融机构专有。

银行存款，又称债务货币。存款人可借助支票或其他支付指示，将本人存款交付他人，作为商品交换媒介。

---

① http://baike.baidu.com/百度百科：网络货币。

信用货币是代用货币的进一步发展物，只作为信用关系的产物，不再作为金属货币的代表物，不能与金属货币相兑换，是纯粹的货币价值符号，因而它是一种债务型货币。

民法货币

货币是作为一般等价物的特殊商品，属于民法上的种类物。货币作为社会一般财富的代表，其本身的价值并不为人们所重视，人们看重的是其所代表的社会财富的多少，即表现为一定数量票面金额的多少。只要其所代表的社会财富相等，这几张货币与那几张货币，或者此种货币与彼种货币，就在质上相等。因此，作为种类物，货币具有很高的替代性。

货币在民事法律关系中的作用：

担当物权的客体。自然人、法人及其他非法人组织除对一般实物享有物权外，还可对货币行使占有、适用、收益和处分权。

充当债券的标的物，例如货币可作为买卖之债中的价款、劳务之债中的酬金。

货币作为民法上特殊的种类物，其特殊之处：

货币所有权的归属。货币占有权与所有权合二为一，货币的占有人视为货币所有人。

货币所有权的转移。货币所有权的转移以交付为要件，即使在借款合同中，转移的也是货币所有权，而非货币的使用权。无行为能力人交付的货币也发生所有权的转移。

货币不发生返还请求权与占有回复诉权问题，仅能基于合同关系、不当得利或者侵权行为提出相应的请求。其特殊之处是由货币的流通手段决定的。

存款货币是指可以随时提取的商业银行的活期存款，也称为需求存款。由于活期存款可以随时转换成现金，所以银行的活期存款和通货没有区别，它也是一种货币。存款货币（可签发支票的存款）和电子货币由现代银行签发，可用于转账结算，与银行券同时发挥着货币的作用。

定期存款和储蓄存款是在一定时间以后才能提取的可以获得利息的存款。这些存款虽然不能以开支票的方式使用，但通常预先通知银行可以把它转换成现金。

另外，20世纪70年代以来出现的可转让提款单（NOW）以及自动转移服务（ATS）缩小了定期存款和活期存款的差别。这种差别缩小的结果使得定期存款和储蓄存款也成为一种货币。

准货币（Near-money）是指能够执行价值储藏职能并且易于转换成交换媒

介，但本身还不是交换媒介的资产。

货币替代物（Money Substitutes）是指能够暂时执行交换媒介职能，但不能执行价值储藏职能的东西。

货币制度[1]

货币制度是国家以法律确定的货币体系和货币流通的组织形式。货币制度的构成要素：

货币种类：通货一般包括本位币与辅币。本位币是一国的基本通货，是法定的计价、结算货币，即主币。辅币则是本位币以下的小额通货，主要用于辅助本位币完成小额零星交易以及找零使用。辅币是一种不足值货币。

货币材料：确定货币材料就是规定用何种商品充当本位币的材料。虽然这是由国家通过法律机制确定的，但是这种选择受客观经济需要的制约。

货币单位：规定货币单位的名称与确定货币单位所包含的货币金属量。

货币发行与流通：在商品货币制度下。在信用货币流通阶段。

货币支付能力：无限法偿。有限法偿。

金准备：又称黄金储备，指家所拥有的金块和金币的总额。

货币制度的演变

某种或某几种商品一旦被规定为币材，即称该货币制度为这种或这几种商品的本位制。从历史发展过程来看，各国先后曾采用过以下几种货币本位制：银本位制、金银复本位制、金本位制和信用本位制。

两种市场价格不同而法定价格相同的货币同时流通时，市场价格偏高的货币（良币）就会被市场价格偏低的货币（劣币）所排斥。在价值规律的作用下，良币退出流通进入贮藏，而劣币充斥市场，这种"劣币驱逐良币"的规律又称为"格雷欣法则"。

货币政策

中央银行的货币政策对证券市场的影响，包括：

利率。中央银行调整基准利率，对证券价格产生影响。一般来说，利率下降，股票价格上升；而利率上升，股票价格就下降。利率上升，投资者评估股票价值所用的折现率也会上升，股票价值因此会下降，从而股票价格相应下降；反之则股价上升。利率的变动同时也受到其他货币政策因素的影响。如果货币供应量增加、中央银行贴现率降低、中央银行所要求的银行存款准备金比率下降，利率将呈下降趋势；反之，则表示利率总的趋势在上升。

---

[1] http://baike.baidu.com/百度百科：货币制度。

中央银行的公开市场业务对证券价格的影响。当政府倾向于实施较为宽松的货币政策时，中央银行就会大量购进有价证券，从而使市场上货币供给量增加。这会推动利率下调，资金成本降低，从而企业和个人的投资和消费热情高涨，生产扩张，利润增加，这又会推动证券价格上涨；反之，证券价格将下跌。

调节货币供应量对证券市场的影响。中央银行可以通过法定存款准备金率和再贴现政策，调节货币供应量，从而影响货币市场和资本市场的资金供求，进而影响证券市场。

选择性货币政策工具对证券市场的影响。当直接信用控制或间接信用指导降低贷款限额、压缩信贷规模时，从紧的货币政策使证券市场行情呈下跌走势。总的来说，贷款流向反映当时的产业政策与区域政策，并引起证券市场价格的比价关系作出结构性的调整。

货币流通规律

货币流通规律是指决定商品的流通过程中货币需要量的规律。

商品在流通过程中所需要的货币量取决于三因素：参加流通的商品的数量；商品的价格水平；货币流通速度。

货币流通规律可用下列公式表示：一定时期内流通中所需要货币量＝商品价格总额/同一单位货币的流通速度（次数）。

货币支付手段职能出现后，一定时期内流通中所需要的货币量就要发生变化。这时，上述一定时期内流通中所需要的货币量的公式应调整为：

一定时期内流通中所需要的货币量＝销售商品价格总额－延期支付总额＋到期支付总额－互相抵消的支付总额/同一单位货币的流通速度（次数）。

货币发行者的多元化

以发行者来分类，货币的形态又可分为公钱（法定货币）、私营货币和区域货币（社区货币）。公钱一般说来由政府发行，当它存在的时候，一般说来占主导地位。私钱和区域货币则由非政府机构发行。[①]

关于货币的发行，哈耶克在其著作《货币的非国家化》中所表述的核心观点是，只有废除各国政府对货币制造的垄断才能实现价格水平的稳定。既然在一般商品、服务市场上自由竞争最有效率，那为什么不能在货币领域引入自由竞争？他提出了一个革命性建议：废除中央银行制度，允许私人发行货币并自由竞争，这个竞争过程将会发现最好的货币。但是在当今世界中，如果要讨论货币竞争的理念，就会被讥笑为"政治上不可能"。[②]

---

① http://baike.baidu.com/百度百科：货币。
② [英]哈耶克：《货币的非国家化》，第三版序言，北京，新星出版社，2007。

3.3.2 货币形态层级的多样性

货币发展的两个阶段

如果简化货币形态的发展历程，可以粗略地划分为两个阶段。

首先是货币的实物商品本位阶段，简称商品货币阶段。这一阶段以实物商品充当货币，例如羊、布、贝、白银，最终黄金以其天然的优越性成为最适宜充当货币的实物商品。布雷顿森林体系的解体、黄金与美元的脱钩、黄金的非货币化标志着此阶段的彻底结束。

其次是货币的信用本位阶段，或称为虚本位阶段，简称信用货币阶段或管理货币阶段。期间，货币与实物商品完全脱离关系，货币价值及货币发行量均取决于一国金融当局的政策。

货币的信用本位阶段也划分为两个阶段：

其一是纸币阶段。纸币阶段以不可兑现的纸币形态为货币的存在方式，目前世界各国均处于纸币阶段。

其二是无形货币或称电子货币阶段，即个人、企业及一切经济单位将通过磁卡或网络等高科技介质进行所有的经济、金融活动。

人们已经不需要通过持有纸币来表示对货币的拥有，纸币形式渐渐失去了存在的必要。电子货币阶段在欧美发达国家已初露端倪，并随着网络、通讯技术的提高呈现蓬勃发展之势。纸币阶段和无形货币阶段的区别在于货币的表现形式，而其本质上都属于信用货币阶段。[①]

货币的自然等级、基础货币与信用货币

梅林（Mehrling，2000）指出，在整个历史上，货币制度的最核心特点，就是所谓的"货币的自然等级"。所谓货币的自然等级，就是货币扩张和收缩的等级或次序。例如，银行体系创造的信用货币是在基础货币的基础上创造出来的。换言之，信用货币是由基础货币扩张而来。

因此，在货币制度中，银行信用的等级低于基础货币。因此，一旦发生负向的实际冲击或货币冲击，使得经济收缩，那么信用货币就会向基础货币收缩（见图3-1）。

以货币的自然等级为解读的工具，可以将货币搜寻模型中暗含的货币制度、迭代模型中暗含的制度、法玛（Fama，1980）所构建的银行体系按照演化的高低顺序排列起来。货币搜寻模型为我们从货币的交易媒介职能角度理解货币的出现

---

① 禹钟华：《金融功能的扩展与提升：功能观视角下的金融发展》，35～36页，北京，中国金融出版社，2005。

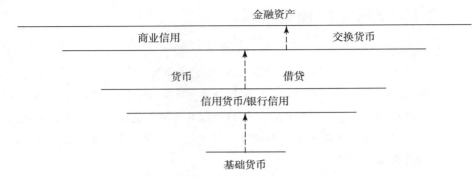

图3-1 货币的自然层次与现代货币制度

提供了很好的视角，但其缺陷是：由于强调货币的内生性，它忽略了制度，其隐含的制度背景是原始社会的实物交易，初民将自产的商品顶在头上，走街串巷，"搜寻"交易者。

假设经济中没有现金交易，所有的交易都通过银行转账进行，那么，储蓄就有两种渠道：存储于银行，再由银行贷给公司，是为间接融资；或者购买公司债券、股票，在银行账户中转给公司账户。

货币当局（中央银行）对银行有存款准备金要求，并可通过对银行贷款或者公开市场操作调节基础货币量。

现代货币体系

现代货币体系的核心特点：所有交易以法定货币以及法定货币在银行体系中派生出来的信用货币为交易媒介；没有现金交易，一切交易在银行转账；货币当局可以通过存款准备金要求和公开市场操作调节基础货币量；银行体系是完全竞争的。

所谓现代货币体系，并非说我们身处现代社会，即可得现代货币体系之便，而是说，它概括了我们现在所处的货币体系的核心特点以及发展方向，是为理论研究作的简化和推理。比如其中的第二个特点完全可以理解为，主要的交易通过银行转账进行。

梅林的"货币的自然等级"应该是货币制度的核心特点，它还可以看做是对现代货币制度的描述。在现代货币制度中，货币有两个层次：基础货币和信用货币。

基础货币处于整个货币制度的最底层，信用货币（银行信用）由银行体系创造出来，而整个经济中流通的货币等于基础货币加上信用货币。信用在货币之上，且也有两个层次：一是银行信用，二是商业信用。银行信用由银行体系通过不断的借贷创造出来。由于银行体系还是整个经济的支付体系，因此银行信用还是信用货币。对所有货币的借贷，构成了商业信用。这包括各种私人借贷、证券等。大致上，银行信用可以看做是间接融资的产物，而商业信用可以看做是直接融资的产物。金融资产则是对信用产品的交易，即将信用产品（如债券、股票或者已经证券化的银行信用）交换成货币。对于不能交换成货币而只能在到期时收回的信用，由于流动性差，可以看做是购买有形资产。

图3-1中，直线的长度代表数量关系，带箭头的虚线表明等级延伸关系。基础货币在银行中的借贷形成了信用货币，即银行信用，它们共同构成了一个经济体中的货币总量（即货币=基础货币＋信用货币）。在货币的借贷中，形成了商业信用（主要是指通过资本市场的直接融资）。商业信用的结构与银行信用的结构共同构成整个经济的信用结构，这一结构的改变需要通过对信用本身进行交易，由此形成金融资产。[①]

货币在本质上是价值的抽象载体。无论是在商品货币阶段还是在信用货币阶段，信用因素是货币之所以为货币的主要前提。

自货币的产生开始，信用因素就是货币成立和运行的一项重要前提，而且随着货币形态和货币制度的发展，信用因素愈加重要，甚至达到了"无信用则无货币"的程度。[②]

货币分层，也称为货币层次

货币分层是指各国中央银行在确定货币供给的统计口径时，以金融资产流动性的大小作为标准，并根据自身政策目的特点和需要划分货币层次。货币层次的划分有利于中央银行进行宏观经济运行监测和货币政策操作。

关于货币层次划分，各国有各自的划分标准，而且就是同一国家在不同时期的货币层次划分方法也可能有差别。基本思路是按照货币流动性来划分的。根据对货币层次的归纳，货币一般情况下可分为以下几个层次：

M_1=现金+活期存款。

M_2=M_1+在银行的储蓄存款+在银行的定期存款。

M_3=M_2+各种非银行金融机构的存款。

M_4=M_3+金融机构以外的所有短期金融工具。

美国对货币层次的划分。 目前，美国对货币层次的划分大致如下：

M_1=通货+活期存款+其他支票存款。

M_2=M_1+小额定期存款+储蓄存款+货币市场存款账户+货币市场基金份额（非机构所有）+隔日回购协议+隔日欧洲美元+合并调整。

---

① 张杰：《银行制度改革与人民币国际化：历史、理论与政策》，14～18页，北京，中国人民大学出版社，2010。
② 禹钟华：《金融功能的扩展与提升：功能观视角下的金融发展》，69～71页，北京，中国金融出版社，2005。

M_3=M_2+大面额定期存款+货币市场基金份额（机构所有）+定期回购协议定期欧洲美元+合并调整。

L=M_3+短期财政部证券+商业票据+储蓄债券+银行承兑票据。

中国对货币层次的划分。中国人民银行于1994年第三季度开始，正式确定并按季公布货币供应量指标，并根据当时的实际情况，将货币层次划分如下：

M_0=流通中的现金。

M_1=M_0+企业活期存款+机关、团体、部队存款+农村存款+个人持有的信用卡存款。

M_2=M_1+城乡居民储蓄存款+企业存款中具有定期性质的存款+信托类存款+其他存款。

M_3=M_2+金融债券+商业票据+大额可转让定期存单等。

在我国，M_1是通常所说的狭义货币供应量，M_2是广义货币供应量，M_3是为金融创新而增设的。

同样的M_2、M_1、M_0水准，美国的M体系有大量的具有实际经济学意义的货币，而中国则是严重货币短缺。此外，我国把流通中的现金单独列为一个层次的原因是：与西方国家相比，我国的信用制度还不够发达，现金在狭义货币供应量M_1中占30%以上，流通中现金的数量对我国消费品市场和零售物价的影响很大，现金的过度发行会造成物价上涨。如果中国金融改革仅仅改变这个M系统，则中国实际有经济学意义的货币就将增加十万亿元以上（储蓄转成支票，支票可自由兑换现钞），而货币总量却不需要任何改变。[1]

货币的国际化

系统中诸元素之间、系统与系统之间的相互作用增强、多样性的增加等功能、结构的复杂化导致进化过程中系统规模、尺度复杂性的增长。生态系统是许多物种群体之间共生适应而形成的，这种结构新层次的形成是系统的尺度上即层次结构和垂直结构上复杂性增加的表现。

如图3-2所示，国际货币（包括黄金储备以及已经成为国际货币的法定货币，如美元、欧元等）居于最高层，是最高层次的货币。基础货币是在国际货币储备的基础上由中央银行作为做市商发行的。国际货币与国内基础货币之间的价格即汇率。根据不可能三角定律，中央银行必须在固定汇率、货币政策独立性、资本自由流动中选择其二、放弃其一作为自己的目标。

---

[1] http://baike.baidu.com/百度百科：货币分层。

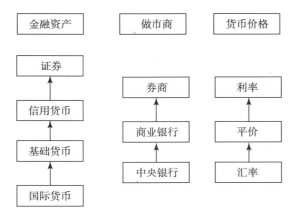

图3-2 货币自然等级与做市商

中央银行发行的基础货币经过银行体系的信用货币创造，则成为信用货币，对应的价格则与基础货币相等；信用货币创造本身既是一个经济金融中介化的过程，同时也是货币的使用和货币交易量日益增加及经济货币化的过程。在基础货币和信用货币的基础上进行的各种借贷，形成债券，对应的价格就是利率。[①]

信用货币还具有可分性

在间接融资模式下，票据、信用卡、信用证等都属于二级信用货币，它们是在银行存款或银行信用的基础上生成的。

票据。票据是证明持有人对不在其实际占有情况下的商品或货币的所有权的债务凭证，一般包括汇票、本票和支票三种。

商业票据。商业票据是商业信用的融资工具，它是在信用买卖时证明债权债务关系的书面凭证。商业票据有商业汇票和商业本票两种。

商业汇票这种融资方式是由债权人发给债务人，命令他在一定时期内向指定的收款人或持票人支付一定款项的支付命令书。它一般有三个当事人：一是出票人（即债权人），二是付款人（债务人），三是持票人或收款人（债权人或债权人的债权人）。商业汇票必须经过付款人承兑才能生效。承兑是指汇票的付款人在汇票上签名，用以表示到期付款的意愿的行为。凡是由商业企业承兑的称为商业汇票，凡是由银行承兑的称为银行承兑汇票。

商业本票又称商业期票，是由债务人向债权人发出的，承诺在一定时期内支付一定款项的债务凭证。它有两个当事人，一是出票人（即债务人），二是收款人（即债权人）。

---

① 张杰：《银行制度改革与人民币国际化：历史、理论与政策》，22页，北京，中国人民大学出版社，2010。

银行票据。银行票据是在银行信用基础上产生的由银行承担付款义务的信用流通工具。银行汇票是指由银行签发的汇款凭证，它由银行发出，交由汇款人自带或由银行寄给异地收款人，凭此向指定银行兑取款项。银行本票是由银行签发，也由银行付款的票据，可以代替现金流通。

支票。支票是指在金融机构有活期存款的存户，委托其存款银行于见票时无条件按票面金额支付给收款人或持票人的支付凭证。支票可以是记名支票也可以是不记名支票；可以是现金支票也可以是转账支票，还可以是银行保付支票。支票有多种形式。支票是在银行信用基础上产生的，它的付款人是银行，比商业票据有更大的信用保证，因而它的流通范围比较广泛。支票的流通产生了非现金结算，减少了现金流通量，节约了流通费用。

3.3.3 货币形态功能的多样性

系统的功能是在系统与环境的相互关系中表现出来的系统总体的行为、特性、能力和作用的总称。系统总体的活动正是通过它与环境之间的输入（外界环境对系统的作用）、输出（系统对外界环境的作用），特别是输入和输出的相互关系而表现出来的。控制论认为，功能就是系统将一定的物质、能量、信息输入变换为一定的输出的能力。[1]

对于货币系统来讲，按照系统科学的思想，系统的功能是系统与环境相互作用中表现出来的行为、特性、能力和作用的总称，那么，货币系统为了适应银行、证券、信托以及金融系统，一般情况下，货币形态在功能方面主要通过货币功能多样性及潜在多样性的增加、货币功能层次的增加等方式来补偿其环境的多样性、复杂性。这些方式促使货币系统功能的复杂性进化，同时，也促进了货币系统的进化。

货币的本质和职能、功能

经济学家总是以其理解的货币的根本职能来为货币定义，由此表现出他们对货币职能理解的侧重与差异。早在古希腊时代，伟大的思想家亚里士多德就已经为货币总结了三项职能：价值尺度、流通手段和贮藏手段。马克思把货币职能归纳为五项：价值尺度、流通手段、支付手段、贮藏手段和世界货币。西方经济学家，包括马歇尔、金德尔伯格、米什金、乔治·考夫曼、斯蒂格利茨等，对货币职能的认识也基本在这个框架内。[2]

---

① 颜泽贤、范冬萍、张华夏：《系统科学导论：复杂性探索》，81～82页，北京，人民出版社，2006。
② 禹钟华：《金融功能的扩展与提升：功能观视角下的金融发展》，36～39页，北京，中国金融出版社，2005。

目前，一般认为货币主要有三个主要或基本职能：交易媒介、价值储藏和计价单位。[①]支付结算等功能是在货币充当货币主要职能的基础上发展而来的。

对于某一种货币的货币职能来讲，也应该有一个发展、进化的过程。例如某一种货币是否能够成为一种大规模采用的贮藏手段，或者成为世界货币，应该是在其作为交易媒介、价值储藏和计价单位的基础上，再经历了成为世界货币的发展过程，就像当今的美元，最终就会成为"硬货币"。

货币的本质问题就是货币的根本职能问题。商品货币拥有商品本身的内在价值，纸币、电子货币拥有法律赋予的外在价值。商品货币、纸币、电子货币的共同特征是它们都是价值体，而且是不同时期价值体中最优的，因而是独立的、纯粹的价值体现者。

货币在本质上同商品一样，是价值载体，以其特有的抽象形式承载价值，从而使其具有价值表现职能。能够充分地表现其所承载的价值是货币的本质特征。价值表现是货币其他职能逻辑上的前提条件，是货币不可或缺、不可逾越的一项职能。货币是价值形式不断发展的产物，是价值形式的抽象形态。货币是价值独立的、抽象的表现形式。[②]

金融是货币形式的价值运动，那么金融要素就是有关这种价值运动的载体、目的、渠道、方式以及环境等方面的内容。货币是金融活动的唯一客体，金融范畴因货币的产生而产生，因货币的存在而存在，所以货币是金融最主要的要素。金融工具是金融活动的手段，是货币运动的载体，它们的意义在于保证和促进货币的运动。

货币一经产生，便以其抽象价值表现及单纯价值载体的特征成为高效的价值运动方式，体现出远远高于商品形式价值体的价值运动效率优势，带动了整个经济价值运动效率的提高，促进了经济发展。在金融从无到有、从小到大的发展过程中，不同程度的发展阶段货币产生的影响、发挥的作用不同。促进价值运动效率成为金融的宿命，也就是金融的根本使命和功能。

金融促进价值运动的机理取决于货币的支付职能。作为抽象的价值表现和单纯价值载体的货币的转移，就是价值的单方面运动，就是支付过程。金融活动是以货币的支付行为为基础的，任何金融活动都最终可以分解为支付行为，或者说，任何金融活动都需要支付行为来完成。区别在于支付行为的背景，有以贸易为背景的支付，有以借贷为背景的支付，有以单方面转移为背景的支付等。

① 张杰：《银行制度改革与人民币国际化：历史、理论与政策》，13页，北京，中国人民大学出版社，2010。
② 禹钟华：《金融功能的扩展与提升：功能观视角下的金融发展》，39～56页，北京，中国金融出版社，2005。

支付的效率体现在时效和质量两个方面。

时效指支付在时间和空间上的效率；质量是指支付的方向性、安全性和支付链条的完整性、连贯性。

由支付行为所支撑的金融过程也是一个可扩大的无限循环的价值运动过程，这一过程由无数的支付行为连接、构成。一个支付行为是以另一个支付行为为前提条件的，或一些支付行为是以另一些支付行为为前提条件的。可能现实中这种一一对应的关系并不是十分紧密，然而，从宏观的角度，支付行为应是连贯的、完整的，否则，将影响到整个金融效率或使金融失效。

货币形态是金融形式价值载体的具体形式，从实物商品货币到纸币、再到无形货币或网络货币，货币形态的变化体现出了便利支付的变化趋势。显而易见，每一次货币形态的变化都带来了支付效率的大幅提升。

货币制度是不同的历史条件下，货币形式及其使用的人为保证，从而也就是一定的经济、金融条件下，支付效率的人为保证。从历史发展来看，货币制度的发展也是从粗陋到不断完善的演进过程，因金融效率的提升，具有一致性和同步性，相辅相成、互为因果。[①]

货币所具有的职能、功能是金融系统的基础功能

货币的五大职能：价值尺度、流通手段、支付手段、贮藏手段和世界货币。货币一经形成就承担着经济过程价值运动的三大使命：交易、单方面转移和借贷，以货币形式代替商品形式完成这三项使命具有明显的效率优势。承担三大使命的任务形成了金融最初的功能，即金融服务与金融中介功能。

金融服务功能主要包括三方面的内容：

一是提供货币。

二是完成支付及解决相关问题。货币一经产生，便首先承担完成支付的使命，货币转移所带来的技术问题也随之产生，例如汇兑、清算、保管、兑换、鉴别等，这是金融体系得以建立的一个动因。银行券、汇票、支票的出现以及清算制度、票据市场的建立，使支付方式更加便利，支付范围扩大。

三是随着社会经济及金融的发展，金融服务也被赋予了一些新的内容，如咨询等一些信息服务。

金融中介的内容主要是通过货币借贷方式调剂货币资金盈余与短缺，即主要是以借贷为背景的货币运动。至今，实物借贷并未被货币借贷彻底代替，仍然具有其存在的空间。

---

① 禹钟华：《金融功能的扩展与提升：功能观视角下的金融发展》，57~59页，北京，中国金融出版社，2005。

金融范畴形成的同时金融就具备了其基础功能，金融基础功能的形成与发展的时间基本是经济发展的农业经济时期，[1]也称为前工业时期。

货币功能多样性及潜在多样性的增加，货币功能层次的增加

这是必要的层次定律和信息世界的极限定律在货币功能领域的应用。一国货币的国际化并能够被广泛的接受成为贮藏手段应该是货币功能层次增加的一个实例。实际上，这是货币功能的先后顺序问题。从货币的五大职能——价值尺度、流通手段、支付手段、贮藏手段和世界货币，前三大职能乃至前四大职能都可以首先在一国内部形成，但是成为世界货币或者说一国货币的国际化是需要条件的。

一国货币走向国际化是一国货币制度完善、货币功能向外延伸的必然结果。在信用货币制度下，雄厚的经济基础、高度开放的经济金融体系、发达和完善的银行体系以及其保障的充分的货币清偿能力、相对平稳的宏观经济政策以及强大的综合国力是一国货币被其他国家广泛接受的基本条件。[2]

货币的五种职能，并不是各自孤立的，它们具有内在联系，每一个职能都是货币作为一般等价物的反映。

价值尺度和流通手段是两个基本职能，其他职能是在这两个职能的基础上产生的。所有商品首先要借助货币的价值尺度来表现其价格，然后才通过流通手段实现商品价值。正因为货币具有流通手段职能，随时可购买商品，货币才能执行贮藏手段的职能。

支付手段职能是以贮藏手段职能的存在为前提的。

世界货币职能则是其他各个职能在国际市场上的延伸和发展。从历史和逻辑上讲，货币的各个职能都是按顺序随着商品流通及其内在矛盾的发展而逐渐形成的，从而反映了商品生产和商品流通的历史发展过程。[3]

货币与中央银行、商业银行

在金融系统的实际运行过程中，货币的五项职能或功能被分割为两部分，分别由中央银行和商业银行执行，但是支付（结算）功能是由商业银行执行的重要功能。

3.4 货币化

货币化是金融概念的起始点，是一个历史、阶段性概念，又是一个不断进化的概念。货币化是随着经济、金融系统的发展、进化到一定程度时，逐步发展和

① 禹钟华：《金融功能的扩展与提升：功能观视角下的金融发展》，78~93页，北京，中国金融出版社，2005。
② 张杰：《银行制度改革与人民币国际化：历史、理论与政策》，130页，北京，中国人民大学出版社，2010。
③ 胡庆康：《现代货币银行学教程（第三版）》，10页，上海，复旦大学出版社，2006。

进化的。货币化是社会的货币化、经济的货币化和金融的货币化。

货币系统作为金融系统的一个子系统，其自身一直都在不断地进化，有着相对的稳定性和动态的变化性。这种稳定和变化又是金融系统、经济系统变化的结果。货币化会随着社会、经济、技术、金融的发展变化而发展变化。随着经济全球化、贸易全球化、技术信息化等的扩展，货币化是一个不断扩展、最优化、国际化的过程。

3.4.1 货币化的概念

货币化达到一定程度后便会相对稳定在一个水平上，同时货币化程度的提高不是无限度的；货币化进程不是匀速的，速度逐渐提高，在不同的经济发展阶段存在差异。

货币化程度主要受到商品经济发展程度和金融作用程度两个方面的影响。用商品化衡量的商品经济发展程度是货币化的基础。商品经济越发达，商品交换、价值分配和价值管理就越复杂，货币的作用力也就越大。商品经济的发展程度决定了货币化程度，而货币化程度的提高又反过来对商品经济的发展具有重大的推动作用。

金融作用程度主要表现在货币信用关系的覆盖面与影响力、金融业的发展程度，特别是银行业的发展程度上。张杰在其著作《银行制度改革与人民币国际化：历史、理论与政策》中指出：特别值得关注的是，张宇燕和高程（2004，2005）从货币角度对西方经济的兴起和中国经济停滞过程的考察让人耳目一新。作者提出了一些重要的命题，比如西方经济由于得到货币制度"内生转型"（也就是"银行转型"）的支持而减少了对通货（铸币）的依赖，从而使得西方国家能够腾出这些通货用于国际贸易；而中国则长期依赖于通货，因此不时陷入货币困境（以明清以来尤甚）。①

所以，对于货币的研究，对于货币自身进化的研究，特别是在当今的金融系统已经拥有银行、证券、信托的高度发展的情况下，货币会与银行、证券、信托发生相互作用，这种作用的机理、机制等对于金融系统、经济和社会系统发展的影响，是需要深刻和充分的研究的。

3.4.2 货币化的衡量

货币化是经济、金融发展深化、规模化的表现

货币化是经济、金融发展到一定阶段时货币形态、层次、功能的扩展，表现

---

① 张杰：《银行制度改革与人民币国际化：历史、理论与政策》，北京，中国人民大学出版社，2010。

为货币密度，它与社会、经济体系中货币的适用范围有关；货币化是经济、金融深化到一定深度时，货币空间、结构的扩展或深化，表现为货币深度，它与货币的金融中介化的程度有关；货币化是经济、金融发展到一定规模时，货币型金融工具和货币型金融资产的规模、尺度、层次上的扩展和复杂，表现为货币层度，它与货币自身的规模、尺度、层度大小、多少有关。

货币化实际上是经济的货币化。传统意义上的经济货币化的含义主要指：相对于自给自足的物物交换而言，货币的使用正在日益增加，也就是指交易过程中可以用货币来衡量的部分的比重越来越大。

国内外学者都把经济货币化作为研究重点，戈德·史密斯、高斯、弗里德曼和施瓦茨等经济学家就20世纪60年代主要国家经济货币化的比重进行了分析，得出一个结论：经济货币化比率的差别基本上反映了不同国家的经济发展水平，货币化比率与一国的经济发达程度呈现明显的正相关关系。[①]

如果把货币看做金融系统中的一个子系统，以金融进化的阶梯视角看，货币化可以从三个方面来考虑，或者说它们的综合就是货币化的程度：

货币密度

货币密度是指货币使用的范围或程度，主要是指经济活动中以货币为媒介的交易份额逐步增大的过程。一是可以用广义货币M_2占GNP（或GDP）的比值（M_2/GNP或M_2/GDP）来表示，二是可以用广义货币M_2占社会总资产的比值来表示。

货币深度

货币深度是指货币在整个社会、人口中使用的程度、比重，可以用货币资产占人口的比值来表示。

货币层度

货币层度是指货币型金融资产与债股型金融资产、信托型金融资产、期货型金融资产、保险型金融资产之间以及其与金融总资产之间的比重、数量关系。另外，也应该包括基础货币型金融资产和信用货币型金融资产之间的比例关系或程度。

货币的密度、深度、层度还可以细分为基础货币、信用货币的密度、深度、层度。

基础货币发行渠道主要有四条：在二级市场购买国债；向金融机构发放再贷款，包括向金融机构再贴现和向货币市场拆入资金；购买黄金，增加黄金储备；购买外汇，增加外汇储备。1994年我国外汇体制改革以前，人民银行再贷款一直是基础货币发行的主渠道。2009年外汇占款量占人民银行基础货币的增量比例达

---

① http://baike.baidu.com/百度百科：货币化、经济货币化；http://wiki.mbalib.com/wiki/MBA智库百科：货币化。

到了134%，成为货币创造的主渠道。另外，随着我国国债发行市场的发展，在二级市场上购买国债，正在成为人民银行今后投放基础货币的重要渠道。美联储主要就是通过吞吐国债实现基础货币的投放的。

货币的产生和初步发展，是在农业社会以前完成的。但是，农业社会、工业社会、信息化社会的产生和发展，促进了货币的深度发展和进化。

第四章　第二次金融革命：债股形态、间接/直接融资方式的进化

第二次金融革命

工业社会发端于英国，约在16世纪。工业社会的出现导致了工业革命，产生了第二次金融革命，即产生了第一种、第二种融资方式：间接融资和直接融资，出现了金融系统的第二种形态：债股形态，同时产生了期货、保险两种重要的金融主体；工业社会、工业革命、间接融资和直接融资革命的基础科学技术是以牛顿的经典力学、瓦特的蒸汽机技术、电气化技术等为代表的科学技术。

工业社会和第二次金融革命时期的认识论、方法论、实践论是以牛顿的经典力学、爱因斯坦的"上帝之砖"等为基础的还原论。

从金融角度讲，商业银行大致首先产生于13世纪的意大利，但是荷兰出现了现代金融学意义的商业银行；现代金融学意义的中央银行首先产生于17世纪的英国；世界上第一家股票交易所首先发端于荷兰，而美国纽约的股票交易所是到目前为止最庞大的股票交易所。

所以，近现代是第二次金融革命发生的时间段，期间在13世纪至20世纪末期，时间跨度为700年左右，期间产生了荷兰、英国、美国三个近现代世界性大国。到目前为止，美国无论在经济、金融、技术、军事等各个方面都还是世界唯一的超级大国。

另外，在金融中具有重要意义的期货、保险，虽然它们发端于欧洲，但是均发展、壮大于美国。

4.1 债股形态

债股形态是指金融的债股形态。从金融系统进化的阶梯角度，金融的债股形态是金融系统五种形态之一，是金融系统的第二种金融形态。

债股形态具有可分性。金融的债股形态包括债权、股权两种亚形态。债权形态、股权形态还可以继续细分，仍然具有可分性或层次性。

4.1.1 债股形态的本质

金融的债股形态和金融的本质是债股形态和金融都是商品价值运动的表现形式，是货币这种商品价值运动的第一次跃迁产生金融形态的第一层级之后，在货币形态的基础上形成的。

债股形态也是商品价值运动的一种表现形式，是由货币形态产生的高一级金融形态。从金融系统——金融系统进化的阶梯的角度看，债股形态是商品价值运动的第二次元系统跃迁，是金融形态的第二层级。

4.1.2 债股形态的功能

金融的债权、股权形态。从某种意义上讲，金融的债权、股权形态之间的区别在于清偿顺序的不同。当债权、股权形态与不同的融资方式相配伍，就形成了不同的债权型、股权型金融工具或金融资产。

积聚资源、资源配置、分割股份、管理风险功能。在金融进化的阶梯中，债股形态是金融的一种形态、层级，具有自己特定的功能。金融的债权形态、股权形态是通过与间接融资方式、直接融资方式相结合，按照清偿顺序的不同，集聚投资者的货币型资产以分割融资者权利（债权、股份）、分散配置资源的一种方式。金融的债股形态能够降低投资者货币型资产的风险，同时满足融资者的资金需求，形成一组不同形态、不同层次、不同功能的间接性质、直接性质的债股型金融工具、债股型金融资产。

管理风险是金融的债股型金融工具、债股型金融资产自身所具有的一种性质、性能、功能。

债权、股权型金融工具、金融资产的形成主要由中介承担。中介既可以是比较透明的共同基金，也可以是不太透明的银行。对于投资者，通过中介进行投资可以在成本较低的情况下获得三大好处：资产可以充分分散、流动性有保障，获得融资者的信息和监督融资者。融资者通过中介金融融资可以降低融资成本、进行大规模融资，同时对融资者的项目股权也可以通过中介进行分割，将无法分割的大型投资项目划分为小额股份，以便中小投资者能够参与这些大型项目的投资。但是，中介特别是银行本身也存在资产、负债的流动性匹配问题，解决这个问题的方法就是信托化、再信托化（资产证券化、资产衍生化）。

金融的债权形态、股权形态、金融工具、金融资产具有可分性。当然，这是在与不同的融资方式相组合时才会出现的情况。例如，直接融资模式下的股权有一级资本、二级资本或者称为普通股、优先股等，直接融资下的债权有可转债、公司债或企业债等。

4.1.3 债股资产的形成：当债股形态遇上间接、直接融资方式

债股金融工具、金融资产的形成，可以通过两种渠道或方式——间接融资、直接融资方式形成。两种融资方式仍然具有可分性。

当金融的债股形态遇上间接融资方式，就形成了间接债权融资金融工具，形成了间接债权资产。金融学意义上，不允许使用间接股权融资工具。间接债权融资工具具有可分性。

当金融的债股形态遇上直接融资方式，就产生了直接债权融资金融工具、股权融资金融工具等直接债股金融工具，形成了直接债权资产、股权资产。

由于债股资产具有可分性，直接融资形成的金融资产——债股资产也具有可分性。例如，债权方面，细分为公司债、企业债与可转债，股权方面细分为优先股与普通股或称一级资本与二级资本等。

4.1.4 商业银行、证券公司的区别与联系

商业银行

在理论上，根据金融进化的阶梯，商业银行是信用货币的制造者、做市商，同时占据了债权资产的位置，至少是一部分。

现实中，与不同的融资方式结合，银行基本上承担了信用货币（货币的支付、结算功能/基本账户）、间接债权融资的市场。另外，在直接融资范式下，进入了债券、可转债市场。同时，还利用自身掌握着个人和机构基本账户的便利，以私人银行等模式进入信托债权、股权融资市场。另外，像账户石油、纸黄金业务的开展，标志着商业银行已经进入基础货币市场、期货市场等。

所以目前商业银行的进化，已经不是单纯的信用货币（货币的支付功能/基本账户）、间接债权融资方式的进化。它早就已经混业经营了。

银行化，现实经济生活中的实质是信用货币（货币的支付功能/基本账户）、间接债权融资的发育状况、发育程度。

证券公司

理论上，根据金融进化的阶梯，证券公司应该是股权、债权资产层面的做市商。

现实中，证券公司的业务除了直接债权、股权以外，已经跨入了信托资产领域。资产证券化，是证券公司进入的领域。另外，证券公司利用直接债权、股权资产与信托融资方式相结合，也进入了信托债权、股权融资市场。所以，目前的证券公司也已经混业化了。

为了写作上的方便，本文中所指商业银行的业务仅为间接债权融资工具，证券公司的业务仅为直接债权融资、股权融资工具。

4.2 银行：间接债权融资的整体性进化

银行一词源于意大利语Banca，意思是板凳，早期的银行家在市场上进行交易时使用。英语转化为bank，意思为存放钱的柜子，早期的银行家被称为"坐长板凳的人"。

本部分关于银行内容中的银行是指商业银行，商业银行或称经营性银行，包括商业银行、政策性银行等。

从金融系统和复杂性科学的角度看，金融系统发展到银行阶段，是金融系统在货币产生、进化的基础上，产生了一个新的子系统：银行，它超越了货币层级，使金融系统出现了一个新的层级。它是金融系统自货币产生以来的第二次整体性进化，是金融系统的第二次涌现。

这就是说在货币充分发展的基础上，在社会经济技术发展的作用下，金融系统产生了涌现性，产生了银行这个金融系统中新的层级。

4.2.1 银行：间接债权融资的产生

间接融资的概念

间接融资是直接融资的对称，亦称"间接金融"，是通过金融中介机构进行资金融通的方式。在这种融资方式下，在一定时期里，资金盈余单位将资金存入金融机构或购买金融机构发行的各种证券，然后再由这些金融机构将集中起来的资金有偿地提供给资金需求单位使用。资金的供求双方不直接见面，他们之间不发生直接的债权债务关系，而是由金融机构以债权人和债务人的身份介入其中，实现资金余缺的调剂。间接融资同直接融资比较，其突出特点是比较灵活，分散的小额资金通过银行等中介机构的集中可以办大事。同时这些中介机构拥有较多的信息和专门人才，对保障资金安全和提高资金使用效益有独特的优势，这对投融资双方都有利。

按照现行金融法规的规定，银行是通过间接融资方式产生间接债权资产的金融中介机构。当然，由间接融资与债权资产相结合形成的金融工具——间接债权融资，仍然具有可分性。例如，按照时间维度可以划分为银行的中短期贷款、中长期贷款等。

货币的发展导致银行的涌现

银行是货币发展到一定阶段后金融系统必然的产物，称为金融系统的一种涌现。对于金融系统而言，银行之于货币之所以称为涌现，是因为银行所具有的属性、特征、行为、功能等是货币所不具有的。这就是金融系统的自相似性。银行是相对于货币现象的涌现，银行的出现和发展是金融系统的涌现现象，是金融系统层次的增加。银行的出现是金融系统复杂化、多样化的表现，是金融系统适应经济社会发展的必然结果，是金融系统新的发展阶段，所谓"适应性产生复杂性"。

银行的出现又促进了货币的进化和发展

银行是商品货币经济发展到一定阶段的产物。在货币的形态、层级、功能发展到一定阶段后，产生了有组织的银行家群体及其法律形态上的组织，这也就导致了银行的出现。而银行的出现和发展，特别是银行的发展、中央银行的出现，使得货币分化出了基础货币（中央银行）和信用货币（经营性银行），即银行的出现和发展加速了货币的发展。

对于金融系统，出现由单一货币组成的金融系统向由货币和银行共同组成的新金融系统的变化，称为金融系统的元系统跃迁。而由于银行的出现、发展，导致货币快速发展，出现基础货币和信用货币的现象，称为金融系统的倒数第二层分叉增长规律（现象）。

如果将各金融子系统对应的一般价值形态或资产称为"菜"，则货币的"菜"是商品，银行的"菜"是由商品产生的一般等价物：货币，证券的"菜"是由基础货币、信用货币并产生的金融资产，信托的"菜"是对金融资产的衍生化。如果再对已经衍生化的金融资产——信托进行"再求导"，就目前来看有这种雏形的应该是再信托产品。

4.2.2 银行：间接债权融资的发展与进化

货币的发展导致银行的出现

著名金融历史学家德卢佛认为，现代银行业务脱胎于钱币兑换业务。威尼斯钱币兑换商向转账银行的转变进程发生于1300年前后，在这个时期当地的钱币兑换商逐步成为存款银行家或转账银行家。由于他们都在威尼斯的利亚托广场经营，所以通常被称为利亚托银行。他们发展出了银行货币这种简单的信用货币，可以根据口头指令进行转账而无须实际动用铸币。

随着意大利商业活动的扩展，在意大利的内陆城市尤其是佛罗伦萨，一些商人家族开始从事银行和金融活动，商人银行家或汇兑银行家群体兴起。其业务主要有两项，一是通过汇票进行汇兑业务；二是所谓的高端金融，即向王室发放贷款。[①]

银行是商品货币经济发展到一定阶段的产物。首先，出现了货币兑换业和兑换商；其次，增加了货币保管和收付业务即由货币兑换业演变成货币经营业；最后，兼营货币保管、收付、结算、放贷等业务，这时货币兑换业便顺势发展成为银行业。当银行具备了大规模贷款的功能，并出现了中央银行以后，就在中央银行发行基础货币的基础上产生了信用货币。

银行的产生、发展促进了货币的进化和发展

在现代货币制度中，货币有两个层次：基础货币和信用货币。基础货币处于整个货币制度的底层，信用货币基本上由银行体系（银行信用）创造出来，整个经济中流通的货币等于基础货币加上信用货币。

如果银行仅仅承担价值尺度、流通手段、支付手段等货币的基本职能，而不具有借贷功能，也就是没有信用货币的产生，货币的结构、层次和功能将是单一的，将不会产生贮藏手段和世界货币等货币的延伸职能。信用货币的产生、进化发展，加大了对基础货币的需求，使基础货币的规模不断扩大。

银行的发展

银行最初的形态是商业银行，它是服务于商业活动的银行。随着货币、商业银行的不断发展，需要一个高于商业银行的、服务于商业银行并干预商业银行的银行的出现，于是中央银行及其制度便产生了。与此同时及随后，在社会经济技术制度等作用下，银行形态多样化发展，出现了各种功能性银行，例如储蓄银行、社会银行以及不同于商业银行的政策性银行，它们服务于国家基础设施、进出口业务、农业等。而技术的发展和进步，特别是计算机、互联网的出现，导致了网络银行的出现和发展。

银行的进化

银行作为金融系统的一个子系统，同样适用于对复杂系统的认识。所以，对于银行系统，也主要从两个方面考察：

---

① 王志军：《欧美金融发展史》，8～14页，天津，南开大学出版社，2013。

其一是三种复杂系统的机制对银行复杂系统的产生、进化发展的影响和作用，这就是整体进化机制、自组织进化机制和适应性进化机制。

其二是对于银行复杂系统的分析，主要包括了三个维度，即银行的形态、层级、功能。

银行复杂系统的进化机制之间、三个维度之间以及进化机制与维度之间都是相互影响、相互作用、相互刺激、相互限制、相互制约的。对于银行体系而言，由于中央银行的产生和发展，导致了经营性银行的快速发展，也是银行系统的元系统跃迁和银行系统的倒数第二层分叉增长规律（现象）。

银行的发展导致证券的涌现

银行系统的进化和发展，导致了证券的涌现。证券的出现也是整个金融系统的涌现现象，证券的涌现导致了金融系统层次的增加，使金融系统的属性、特征、行为、结构、层次、功能等更加复杂化，是金融系统进化发展的新阶段。

银行的进化是不会停止的

自从银行诞生到目前，无论是银行的自我进化，还是随其环境的变化；无论是银行结构、功能、层次，都是一个从简单到复杂、从低级到高级、从无序到有序的过程，并且这个过程还将会随着人类社会、经济、金融、技术等的发展而不断地进化、发展。例如网络银行的出现，是由于技术的进步导致银行形态的发展和不断进化。

银行化是货币和银行不断发展的产物，银行化导致证券的出现，同时证券化和信托化也加速了银行化的发展、深化。这是上向因果关系和下向因果关系共同作用的现象。银行化可以用银行密度、银行深度和银行层度加以度量。银行的产生和初期的发展是人类社会从农业社会向工业社会的转变，并伴随着商业革命的过程。目前，银行的变化在于实际上银行已经开始了多元化经营，已经跨出了传统银行业的经营模式、经营范围等，实现了向证券化、信托化方向的转型。

随着银行系统的不断发展和进化，除了银行作为金融系统最基础的子系统之一以外，银行系统自身还会在结构、层次和功能上进行深入细化、"微分层"。

银行的环境选择性进化应该包括两个方面：

其一是在金融系统内部，银行以外的其他金融子系统都是银行的外部环境，而其他金融子系统的不断产生、进化，导致货币运动的方式、价值运动的方式出现了多样化、高级化的新渠道，银行的现金流、业务流被分流了。

其二是由于金融系统以外的社会、经济、技术、政治、制度的进步，对金融系统提出了更高的要求，金融系统必须在现有基础上作出变化。

银行的盲目多样性与监管

银行承担着货币的部分职能——支付、结算功能，同时又肩负着间接融资、直接债权融资的功能。从管理的角度，上述两个功能有些类似于出纳和会计的功能，就是说目前的银行是将金融系统的出纳和会计的功能（虽然不是全部）集于自身。所以，对于银行的监管是一件非常重要的事情。这种状况非常有可能造成银行的盲目多样性。

目前，银行又在向着利用信托关系做信托型债权、股权业务乃至金融的信托形态、信托融资方式等方面的业务。这是一个值得十分关注、十分值得大家注意的现象。2008年美国的金融危机很大程度上与银行的这种混业业务模式有重大的关联。例如，最近摩根大通认罚130亿美元以了结其在2008年金融危机中的错误行为。关键是通过罚款是否可以既治标又治本。

4.3 银行：间接债权融资的自组织进化

银行作为一种复杂系统，其自组织进化主要包括多样性变异和遗传性保存，分别遵循必要多样性定律、必要层级原理、盲目变异原理和稳定者生存原理。

银行的多样性变异和遗传性保存是银行的自组织的方式，是银行作为一个复杂系统主动适应环境变化的方式，是银行适应性进化的方式。

本部分主要论述银行的多样性。银行的遗传性保存、变异和不同要素之间的相互作用增强在总论部分有论述。对于银行而言，多样性可以从其形态、层级、功能三个维度进行考察、分析。

4.3.1 银行：间接债权融资的多样性

银行的多样性表现为银行的发展出现了不同形态的银行。现代银行类型，按照不同的分类标准，主要有商业银行、政策性银行等。按职能可划分为商业银行、储蓄银行和其他专业信用机构。它们构成以商业银行为主体、各类银行并存的现代银行体系。20世纪以来，随着国际贸易和国际金融的迅速发展，在世界各地陆续建立起一批世界性的或地区性的银行组织，如1945年成立的国际复兴开发银行（即世界银行）、1956年成立的国际金融公司、1964年成立的非洲开发银行、1966年成立的亚洲开发银行等，银行在跨越国界和更广泛的领域里发挥作用。

银行的多样性还可以从银行经营业务、产品范围的不同加以描述。早期银行以办理工商企业存款、短期抵押贷款和贴现等为主要业务，目前银行业务已扩展到证券投资、黄金买卖、中长期贷款、租赁、信托、保险、期货等方面。

银行的多样性还可以从银行支持和服务范围的不断扩大加以描述。银行的发展和不断进化，需要一个不断扩大的咨询、信息以及计算机服务等庞大的支持和服务体系。

在间接债权融资工具或资产下，可以分为银行一级信贷资产或称为银行的公司债、银行二级信贷资产或称为银行的可转债。

间接债权融资主要包括如下种类：

银行信用。银行信用以及其他金融机构以货币形式向客户提供的信用，它是以银行为中介金融机构进行资金融通的形式。

消费信用。主要指的是银行向消费者个人提供用于购买住房或者耐用消费品的贷款。

间接债权融资的基本特点是资金融通过金融中介机构进行，它由金融机构筹集资金和运用资金两个环节构成。

4.3.2 银行：间接债权融资层级的多样性

银行层级的多样化更多是从银行作为一个系统的整体性来讲的，其"微分层""微分级"现象更多的是从其形态、功能的角度来描述的。

就像倒入一个容器内的、由不同组分组成的液体，例如鸡尾酒，刚开始是不分层的，随着时间推移，鸡尾酒就会分出层次来。

银行系统最大的层级多样性、复杂化包括：

一是以货币层次为基础，产生了以基础货币为对象的中央银行和以信用货币为对象的商业银行层次上的分级。

二是以融资方式为基础，产生了间接债权和直接债权融资方式。

三是以基础技术、规模或尺度、货币或银行功能等综合因素为基础，特别是计算机、互联网技术的出现，出现了传统银行、互联网银行。

当然，从技术的角度看，传统银行、互联网银行的发展、进化和相互关系，目前仅仅是开始，不排除走向二合一的方向。就目前而言，传统银行正在从技术上向互联网银行靠拢，而互联网银行也正在从功能、规模等方面向传统银行靠拢。

银行形态的层级化导致出现了中央银行和经营性银行

早期银行主要的放款对象是政府，并带有高利贷性质，因而不能适应工商业发展的要求。最早出现的股份银行是1694年成立的英格兰银行。到18世纪末19世纪初，规模巨大的股份银行纷纷建立，成为银行的主要形式。随着信用经济的进一步发展和国家对社会经济生活干预的不断加强，又产生了建立中央银行的客观要求。1844年改组后的英格兰银行可视为中央银行的鼻祖。到19世纪后半期，西方各国都相继设立了中央银行。

银行基础技术、尺度、控制方式上的分层、分级，产生了网络银行

网络银行（Internetbank or E-bank），包含两层含义，一个是机构概念，指通过信息网络开办业务的银行；另一个是业务概念，指银行通过信息网络提供的金融服务，包括传统银行业务和因信息技术应用带来的新兴业务。

在日常生活和工作中，我们提及网上银行，更多是第二层次的概念，即网上银行服务的概念。网上银行业务不仅仅是传统银行产品简单从网上的转移，其他服务方式和内涵发生了一定的变化，而且由于信息技术的应用，又产生了全新的业务品种。网络银行目前主要提供小微金融服务，业务范围涉及支付结算、存款、贷款、汇款等业务。[①]

网络银行与传统银行

网络银行和传统银行是银行系统内部必要多样性定律、必要层级原理的体现。网络银行与传统银行之间不是替代关系，而是并行关系，是银行系统内部规模、尺度上分层的体现，从经济学意义上讲，分别遵循长尾理论和二八原则。它们分别遵循不同的"道"。

由于技术进步，使得人们一度设想用传统银行解决小微企业的融资难问题。从复杂性科学的角度看，这应该是一种很困难的事情。而小微企业贷款难的"终结者"将会是网络银行，传统银行的模式决定了用其解决小微企业贷款难的问题，无疑是"大炮打蚊子——不对路子"。

传统银行是一种规模化的金融企业，是一种大尺度、大规模的经营方式，与之对应的只能是大尺度、大规模的企业，它们遵循社会的二八原则；而网络银行，不是传统银行的网络化，是一种小尺度的、小规模的经营方式，与之对应的只能是小尺度的、小规模的企业，它遵循长尾理论。

从复杂性科学的角度，这是系统的层次概念，前者在现实世界中遵循牛顿的经典力学规律，后者遵循量子力学的规律。这是两种互不相容的机制，并行而行。这种现象有点像在银行系统中的中央银行（批发商）和商业银行（零售商）的逻辑。而商业银行作为零售商有可能继续分层，产生针对大尺度实体的零售商和针对小尺度的零售商。这种小不是简单的规模上的大小，是尺度上的大小，同时必须有技术的支持。它实际上是产生了一个新的系统。中央银行的出现是下向因果关系的逻辑。这其中也隐含着"分形理论"的逻辑。

从控制方式上讲，在金融系统中，存在着两种控制方式：集中控制与自组织控制方式。网络银行是一种自组织控制方式，就像自媒体，是一种自金融方式，遵循长尾理论；传统的银行是一种中央控制方式的银行组织，遵循二八原则，但是这不意味着传统的银行不利用网络技术，例如网银系统。

---

① http://baike.baidu.com/百度百科：银行、商业银行、网上银行。

银行资产的分级、分层，导致资产管理公司的出现

银行产生的是信用货币，所形成的是信贷资产。如果对银行形成的信贷资产进行分层，以偿还能力、期限等作为衡量标准，至少出现了优良信贷资产和不良信贷资产的分层和分级。

银行把不良资产剥离出银行体系，成立新的公司——资产管理公司来运营。从这个角度来讲，资产管理公司是银行不良资产的管理者。从大的范围讲，资产管理公司应该是银行的一部分，是银行这个系统的一个小系统，只不过从组织、控制的角度看不是一种紧密型的联系，是松散型的控制方式，是一种分布式控制方式。

4.3.3 银行：间接债权融资功能的多样性

在银行这个层面的功能产生、发展起来以后，也就是在货币功能产生、发展以后出现了金融的债权形态这种金融系统的债股形态的核心功能之一。之后银行功能的发展将会出现微分层现象。例如，金融的债权形态的微分层现象是出现了一级间接债权和二级间接债权形态。这是一种"还原论"的原理和现象。

间接债权功能的进化

信用货币使用后，对其技术性服务需求主要表现在以下几个方面：对各国铸币或金属块鉴定成色。对纸币和金属货币进行互兑。将其他国家、地区的货币兑换成本地区的货币。为各地往来商人和货币持有者提供一个保管钱财的地方。

在这些技术性需求的推动下，产生了专门从事货币服务的商人和机构。它们就是最早的银行，时间为13世纪，地点位于佛罗伦萨、卢卡、威尼斯、热那亚等地。1407年，第一个国家存款银行——圣乔治银行在热那亚成立。15世纪的西班牙、16世纪的西西里巴勒莫也成立了存款银行。1609年，阿姆斯特丹汇兑银行成立。

银行的早期业务主要有兑换、汇兑、存款、贵重物品的保管等，银行的利润来源于为客户提供这些技术性服务的费用收入，没有创造货币的功能，与现代银行的经营存在本质上的差别。

后来，随着经济发展要求的提高，银行业陆续开办了收款付款、清算账户、贷款等业务，以银行为中心的支付清算系统逐步形成和完善。以银行为中心的支付清算系统的建立，无疑对支付清算的效率有很大的改善。

1774年6月8日，伦敦出现了世界上第一家清算所，由苏格兰银行进行最后的票据交换。每天的结算最终通过各银行在英格兰银行开立的存款账户进行转账。这便是世界上最早的相对规范的支付清算体系。它遵循"轧差"原理，实际收付的净额远远小于资金流动的总规模，节约了支付结算环节中的时间和费用。

随着通信和计算机技术的飞速发展，票据的重要性逐渐降低，银行逐渐告别了票据交换——"纸交换"（Paper Clearing），走向电子化的信息交换——"电交换"（Wire Clearing）。出现了银行同业间的全额实时结算系统，即所有的支付都逐笔在参与者的账户上进行结算，借记指令发出行的账户，贷记指令接收行的账户。

例如，美国的大额转账系统有两套：一是1918年就建立起来的联储电子转账系统FEDWIRE，属于联邦储备协会所有的全额实时结算系统，服务于美国除纽约之外的美元收付。二是1970年开始运转的清算所同业支付系统CHIPS，是由纽约清算体系拥有的私营的多边净额清算系统，服务于纽约境内的美元收付。瑞士跨行清算系统（SIC）1987年成立，是瑞士唯一的以电子方式执行银行间支付的全额结算系统。

结算方式的创新

结算方式的创新主要体现在国际贸易领域。以一定的条件实现货币收付的方式称为结算方式。在国际结算中，汇款方式（Remittance）是产生最早和最简单的结算方式，也是在一定程度上弥补汇款方式的不足托收（Collection）的结算方式。为了提高交易的安全性，人们在不断寻找可以保障买卖双方利益的结算方式，如信用证、银行保函和国际保理业务的结算方式。国际贸易不仅跨越国界，而且涉及商品货币的对流，在操作上比单纯的资金流动更为复杂。银行部门和进出口商在长期实践中，创造了多种结算方式辅助国际贸易的顺利完成。

各种国际贸易结算方式的产生和发展均显示出银行在国际结算中的中心地位，并且反映了经济个体对结算方式的需求不再局限于单纯的结算，还顺延到融资、担保、账务管理、信息咨询等领域。而结算方式的创新与发展，较好地满足了经济个体的需求，有力地推动了国际间商品和资金的流动。

综合货币定义的扩展、以银行为中心的支付清算系统的建立和日益丰富的结算方式三个方面，无一不显示银行部门对于支付结算的主导地位，这是证券市场所无法替代的。所以说，金融体系的支付结算功能主要由银行部门提供。[1]

其他金融服务业务日益丰富

在商品经济发展的低级阶段，只有简单的金融需求，金融机构的经营范围狭窄，金融服务局限于简单的投融资和支付结算。伴随着商品经济逐步发展到高级阶段，许多复杂的金融新需求也相应产生，金融业通过机构创新、业务创新、市场创新、工具创新、技术创新等多种途径向社会提供各种金融产品与服务，所以

---

[1] 谢清河：《金融结构与金融效率》，50～51页，北京，经济管理出版社，2008。

金融业能否提供各种代理（代收代付、代客买卖）、信托、现金管理、保管箱、信息、咨询、理财、代理融通、银行卡等业务满足社会各种金融需求，能否提高经济生活的质量并增加社会总福利，也成为判断金融结构合理性的一个标准。

间接债权的多样化

银行的产生和发展，金融的债权形态与间接融资方式的共同作用，标志着第一种债股型金融工具或金融资产的产生和功能的多样化。银行的出现，应该是在金融的基础功能——货币的功能，包括金融服务和金融中介功能不断扩展、进化、完善的基础上诞生的。

同时，银行的出现是一种跳跃性的变化。主要表现在：银行是一种有组织的金融行为，并且随着经济、技术、社会的不断发展，有组织的金融体系也在不断进化、复杂化，由简单到复杂、由低级向高级、由单一向多元风险进化。

伴随银行组织的产生、金融功能的扩展，资源配置的功能在不断完善和发展，产生了金融的债权形态与间接融资方式的结合，出现了间接债权型金融工具或金融资产，并且在不断进化。这是金融首次出现组织行为，是金融的巨大发展。

间接债权型金融工具或金融资产是由于货币数量规模的发展导致的并在不断进化，其载体是银行。银行最初的功能是货币兑换、支付、结算、清算等。当货币的数量规模发展到一定程度后，与间接融资方式结合，出现了信用贷款这种间接债权型金融工具或金融资产，标志着银行功能的多样化。

银行不仅仅具有兑换、支付、清算、结算、保管等中介功能和服务功能，而且还具有间接债权贷款这种资源配置的功能，使金融系统在基础功能的基础上，具备了核心功能。[①]

间接债权型金融工具或金融资产其实质是财富权利按照时间顺序的分层，与间接融资方式的结合体，并称之为银行。从金融学意义、法律意义上，货币、银行、证券、信托的本质都是人类财富这种物质、能量和信息等价值运动的载体，只不过它们分别处于这个价值运动链条不同的环节或发展阶段。从法律上讲，货币是一种社会财富的权利。而银行的出现从权利的角度讲，是对财产权利的分层处理，按照清偿顺序，靠前的称为债权，其中间接债权由银行来执行，债权也在其适应性自稳定的基础上进化和发展。按照清偿顺序，靠后的称为股权，由证券来执行，股权也在其适应性自稳定的基础上进化和发展。

银行的本质功能是资源配置

服务和中介功能是货币的功能，同时也是银行的职能，是银行的包容性职

---

① 禹钟华：《金融功能的扩展与提升：功能观视角下的金融发展》，序1～27页，北京，中国金融出版社，2005。

能。这是一种向下兼容的方式、一种下向因果关系。用软件的逻辑讲，就是银行向下兼容货币的功能。银行的功能和货币的功能不是互相排斥的，而是互相兼容的。所以，银行同时具备金融服务功能、金融中介功能和资源配置功能。

4.4 银行化：间接债权融资化

银行化是经济、金融发展、深化、规模化的表现。银行化包括三个方面：其一是间接债权融资的使用范围、程度，其二是间接债权融资在整个金融体系中的比重、程度，其三是间接债权融资在"金融食物链""金融价值链"中的状况。

银行化是金融系统的再出发，但也是一个历史概念。银行化是随着经济、金融系统的发展、进化到一定程度时，逐步发展和进化的。银行化是社会的货币化、经济的货币化和经济金融化的一种表现。

银行化又是一个阶段性、不断进化的概念。银行系统是金融系统的一个子系统，其自身一直都在不断地进化，有着相对的稳定性和动态的变化性。这种稳定和变化又是金融系统、经济系统变化的结果。银行化会随着社会、经济、技术、金融的发展变化而发展变化。银行的产生和初步发展，是在农业社会前夕完成的。但是，农业化社会的发展，工业化社会、信息化社会的产生和发展，促进了银行的深度发展和进化。

银行系统的最优化、国际化。随着经济全球化、贸易全球化、技术信息化等的扩展，间接债权融资方式的密度、深度和层度也在不断扩展。

同进退、共荣辱。银行的产生、发展又对货币的发展起到了巨大的促进作用。银行是创造货币（信用货币）的主要金融组织。银行的发展与货币形态（结构）、性能与功能、货币层级的发展相同步，同时互为条件、相互制约、相互促进。银行的进化、发展也促进了证券、信托的发展。反过来，证券、信托的发展也会促进银行的发展。它们之间互为基础、互为条件、相互作用、相互刺激、相互制约、共同发展。

对于银行系统而言，利率（货币的价格）市场化、货币国际化、银行的市场化、贷款保险制度/再保险制度等因素将在很大程度上制约货币化的程度。

银行的出现和发展重构了金融体系。金融体系发展到银行阶段，意味着金融体系和金融市场的高级化，银行实质上是重构了货币体系。银行的出现和发展，使货币多样化和复杂化；使金融功能、金融结构、金融层级多样化和复杂化；使货币的价值运动多样化和复杂化，产生了基础货币和信用货币；使金融食物链延长了，出现了高等级的信用、货币形态；也使整个金融系统的效率提高、成本下降，在风险转移、提高流动性、信用创造等方面的功能不断提升，为金融系统更深刻的变革奠定了基础。

4.4.1 银行化：间接债权融资化的概念

银行的产生、进化、发展有其自身的规律，作为金融系统中一个重要成员的银行，也会有自身的发展周期，像生物一样有自己的生命周期。但是，应该可以肯定的一点是，作为不同时期的不同形态的银行，应该是一个有生有灭的问题。作为金融系统一种重要的功能、结构和层级，银行应该是不会消失的，只是银行形态的变化。

这就像人体中的细胞、组织、器官一样，会随着个体的兴亡而兴亡。但是只要人类这种生物存在，无论今后它进化到什么水平，细胞、组织、器官还会存在。就像地球生态系统中植物、食草动物、食肉动物和人类的状态，在我们可见的时间里，这些物种和它们之间的食物链关系都会存在。只要金融系统存在，无论金融系统进化到什么层级和高度，银行都会是金融系统中重要的一个组分，一个重要的层级。

但是，随着金融系统的演化、进化，由于金融系统具有像软件一样的向下兼容的功能，这就导致了出现金融脱媒、非银行化、去银行化、技术脱媒等现象，银行在金融系统中的比重下降了。

一个由银行主导的债券市场，在推动利率市场化方面有所贡献，但对实质性改善社会融资结构作用实在有限。

中国的银行体系需要不断完善和发展，同时，不断完善和发展的中国的银行体系，将会对中国证券市场、证券化，信托市场、信托化的发展，也会为中国货币市场、货币化的发展带来机遇。金融系统监管的现代化、金融市场的市场化、利率市场化、人民币国际化，银行业的市场化、国际化、现代化等这些方面，说明目前中国的银行业还需要不断改进、完善和发展。

银行的进化历程和发展的阶段性：

（1）承担货币支付功能的银行的出现。

（2）产生了借贷业务，即承担间接债权融资的银行的出现。

（3）银行的发展导致中央银行的出现，这时货币出现了分化、分级——基础货币和信用货币，于是直接债权融资、股权融资出现并不断发展。

（4）货币的国际化导致银行经营范围扩大，导致出现了国际货币、基础货币和信用货币。

（5）银行形态多样化，并伴随经济发展与之前产生的货币，之后产生的证券、信托、期货、保险并行进化。

4.4.2 银行化：间接债权融资化的度量

银行化是经济、金融发展到一定阶段时，间接债权融资的形态、功能、层级的扩展，表现为银行密度，它主要与社会、经济体系中银行的应用范围有关。

银行化是经济、金融深化到一定深度时，间接债权融资空间、结构的扩展或深化，表现为银行深度，它与银行作为金融中介的介入程度有关。

银行化是经济、金融发展到一定规模时，间接债权融资方式规模、尺度、层次上的扩展和复杂，表现为银行层度，它与银行自身在金融食物链中的规模、尺度、层度大小、多少有关。

银行化实际上是经济的银行化

传统意义上银行化的含义主要指：在其他非银行机构不太发达的情况下，银行的作用在日益增加，也就是指交易过程中银行的比重越来越大。但是，随着经济的发展，特别是信息技术、互联网的快速发展，银行的作用在下降，出现了金融脱媒、技术脱媒、非银行化、去银行化等现象，这实际上是间接债权融资方式退化的现象。银行化的程度（按照金融工具的功能角度）差别基本上反映了不同国家的经济发展水平，银行化程度与一国的经济发达程度呈现负相关关系。

如果把银行看做金融系统中的一个子系统，以复杂性科学的视角看待银行化，银行化即间接债权融资方式可以从三个方面来考虑：

银行密度

银行密度是指银行使用的范围或程度，主要是指经济活动中以银行为媒介的交易份额逐步增大的过程。一是可以用间接债权融资资产占GNP（或GDP）的比值来表示。二是可以用间接债权融资资产占整个金融资产的比值来表示。

银行深度

银行深度是指间接债权融资资产在社会、人口中适应的比重、程度。它可以用间接债权融资资产占整个人口数量的比值来表示。

银行层度

银行层度是指间接债权融资资产和金融资产之间的比例关系或程度。银行层度实际上是指银行真实特性的标识，是指银行作为金融价值链、金融食物链中的一个环节，其规模与上一个环节的相对状况。

基础货币发行渠道主要有四条：在二级市场购买国债，这是发行基础货币最常用的渠道；向金融机构发放再贷款，包括向金融机构再贴现和向货币市场拆入资金；购买黄金，增加黄金储备；购买外汇，增加外汇储备。

1994年外汇体制改革以前，人民银行再贷款一直是基础货币发行的主渠道。

2009年外汇占款量占人民银行基础货币的增量比例达到了134%，成为货币创造的主渠道。另外，随着我国国债发行市场的发展，在二级市场上购买国债，正在成为人民银行今后投放基础货币的重要渠道。美联储主要就是通过吞吐国债实现基础货币的投放的。

如果在基础货币的投放渠道上、在投资方向的方式上，特别是在基础货币的投放渠道上有创新，银行化程度会继续下降。这是金融体系内部多样化的现象。

4.5 证券：直接债股融资的整体性进化

理论上讲，也就是从"金融进化的阶梯"的角度讲，由直接融资方式与金融的债权形态、股权形态共同作用，将生成直接型债股金融工具，并产生相应的直接型债股金融资产。这是传统意义上的证券公司的"菜"。它们与银行的间接型债权金融工具或金融资产，共同构成了在间接融资、直接融资下的债股金融工具或金融资产和相应的金融行为方式。

现实中，银行也介入了直接融资型债权金融工具或金融资产的领域。

现实中，证券公司的主营业务或者证券市场，是指资本市场，即直接债权、直接股权金融工具、金融资产市场，也就是债券市场、股票市场，所以证券的进化就是指债券、股票，即直接债权融资和直接股权融资的进化。

证券化，非指资产证券化或资产衍生化。证券化现实经济生活中的实质是指直接融资型债权资产、直接融资型股权资产的发育状况、发育程度。

由于金融的债股形态、直接融资方式具有可分性，所以证券也在形态、层次和功能上不断深入细化和"微分层"，其结构或构型在不断多样化、复杂化。

4.5.1 证券：直接债股融资的概念

证券，从融资方式的角度讲，即直接融资，是间接融资的对称，亦称"直接金融"，是指没有金融中介机构介入的资金融通方式。在这种融资方式下，在一定时期内，资金盈余单位通过直接与资金需求单位协议，或在金融市场上购买资金需求单位所发行的有价证券，将货币资金提供给需求单位使用。

商业信用、企业发行股票和债券以及企业之间、个人之间的直接借贷，均属于直接融资。直接融资是资金直供方式，与间接金融相比，投融资双方都有较多的选择自由。而且，对投资者来说收益较高，对筹资者来说成本却又比较低。但由于筹资人资信程度很不一样，造成了债权人承担的风险程度很不相同，且部分直接金融资金具有不可逆性。

证券，从金融进化的阶梯的角度讲，即金融的债股形态。

所以，证券的"菜"就是在金融的债股形态与直接融资方式共同作用下，生成的直接债股型金融工具或金融资产。

4.5.2 证券：直接债股融资的产生、发展与进化

证券的产生

17世纪，荷兰是世界上第一个进行具有现代金融学意义的金融革命的国家，在资本流转、银行信用、期票结算等领域实现了当时具有开创意义的诸多变革，并将银行、证券交易所、信用以及有限责任公司有机地统一成一个相互贯通的金融和商业体系，由此带来了爆炸式的财富增长，使荷兰迅速成长为世界大国。

荷兰的金融革命主要表现在三个方面：通过大规模发行股票筹集资金；证券交易所的建立和成功运行；近代银行的建立和成功运行。

证券的发展：债券

在工业革命发生前，在模仿荷兰基础上，英国经历了一场金融革命。

英国的金融革命主要表现在以下三个方面：建立了现代公债制度；建立了新式的股份制商业银行和现代金融意义上的中央银行；建立了现代税收制度。

资本市场的发展对于英国的意义太过重大，以致当时英国的皮特政府在下院宣布："这个民族的生机乃至独立是建立在国债的基础上。"英格兰银行甚至被认为是英国宪政的一部分。当时人们认为以英国自身之弱小，若无强大资本市场之保障，决无可能称雄世界。

根据英国的经验，著名学者乔治·W.爱德华兹在其《金融资本主义的演变》一书中重新界定了资本主义，提出了"个人资本主义"与"证券资本主义"的区分，并将英国的制度创新称为开证券资本主义（更具体地说，应该是债券资本主义）之先河。证券资本主义的重大作用是通过公债的发行以及初级市场和次级市场的形成，将资本从个人关系转到证券关系上来，从而形成全新的社会关系。这是一个公众普遍参与的新的金融社会关系。

在这种关系之下，法律对于市场中的债券交易施加保护，政府则维持偿债的公信立场以便促进市场的流动性。旨在保护一般投资大众的制度和组织得以启始和完善，并对信息上的弱势者提供帮助。新型专业机构如投资银行等得以为大众投资活动给予专业上的服务和咨询，英国金融社会的雏形由此渐露端倪。

英国工业社会来临之前，已逐渐形成这样一个精巧复杂的金融市场体制。工业的发展不过是金融社会体制纵深发展的必然结果。英国在发展国债市场之后，进一步发展了股票市场、企业债券市场等，伦敦证券交易所成为真正推动英国征服世界的"火车头"。1853年，英国经济发展所需资本的25%强依赖于伦敦证券

交易所筹集，到1913年这一比例增长到30%强。

证券的进化：股票

与英国债券资本主义不同，美国在借鉴英国经验的基础上，形成了公司资本主义，或称股票资本主义。200年后的美国霸权形成历史也存在着类似的规律，即金融领域优先于工业领域发展，依靠以华尔街为代表的资本市场的强劲支持，才可能在20世纪领先他国完成了第二次、第三次产业革命，一跃成为世界头号强权。金融革命同样是美国新经济增长的推动力。新经济不仅仅是信息技术革命的产物，也是金融革命的产物。

在2006年之前的十年中，美国的风险资本投资从每年约50亿美元暴增至1000亿美元，使得很多种子公司短期内被孵化成为产业巨头。德国和日本等国家所拥有的技术在许多领域与美国旗鼓相当，但它们却不能像美国那样从技术革命中获得超额利益，其根本原因就在于这些国家金融风险资本市场的发展远远落后于美国。[1][2]

商品经济的不断壮大以及货币、间接融资方式的发展和进化，促使金融的债股形态、直接融资方式的产生、发展和进化。而金融的债股形态、直接融资的不断发展和进化，倒数第二层分叉增长规律仍然在发生着作用，促进了金融的货币形态、间接融资方式更加发展和规模化。而且它们又共同促进了金融的债股形态、直接融资方式的分化、升级、分层为直接债权融资、直接股权融资以及更为细化的公司债、可转债，优先股、普通股的产生和发展、进化。

公平、效率与公募、私募

为了表现和提升直接债股融资阶段的公平、效率以及它们的程度，在直接债股融资中，在金融系统中，它们分别以公募、私募的方式执行着公平和效率的目标。于是，产生了公募型、私募型的直接债权融资工具或资产、股权融资工具或资产和两者结合型的融合融资方式，例如可转债、优先股等。

实际上，股权融资模式在美国得到了更大的发展，表现在股权融资形式以技术成熟程度为标度，产生了天使投资基金、风险投资基金、共同基金、证券基金等，它们在不同的时间阶段进入企业或项目，极大地促进了技术进步和企业的发展。美国的证券市场和风险投资，在第三次金融变革的过程中，孕育了信息社会的雏形，促成了工业社会向信息社会的转变，并伴随着商业革命。

[1] 姜海川：《从世界强国崛起看金融革命对经济的引领作用》，载《中国金融》，2006（9）。
[2] 周文平、周素彦：《大国崛起中金融作用的发挥对我国的启示》，载《河南金融管理干部学院学报》，2007（6）。

4.6 证券：直接债股融资的自组织进化

证券作为一种复杂系统，其自组织进化主要包括多样性变异和遗传性保存，分别遵循必要多样性定律、必要层级原理、盲目变异原理和稳定者生存原理。

证券的多样性变异和遗传性保存是证券的自组织方式，是证券作为一个复杂系统主动适应环境变化的方式，是证券适应性进化的方式。

本部分主要论述证券的多样性。证券的遗传性保存、变异和不同要素之间的相互作用增强在总论部分有论述。对于证券而言，多样性可以从形态、层级、功能三个维度进行考察、分析。

4.6.1 证券：直接债股融资形态的多样性

证券形态的多样化，是指直接债股融资形态的多样性。按照融资工具分类，直接融资的多样化主要有债券、股票。

债券

债券是由债务人按照法定程序发行的融资工具，是证明债权人有按约定的条件取得利息和收回本金的权利凭证。债券可以流通，是现代经济中一种十分重要的融资工具。按发行主体的不同债券可分为政府债券、企业债券和金融债券。

政府债券。政府债券发行主体是政府，可分为中央政府债券和地方政府债券。中央政府发行的债券称为国债。一般将一年以内的中央政府债券称为国库券，是政府为解决财政收支季节性和临时性的资金需要，调节国库收支而发行的短期融资工具。国库券是流动性很强、安全性很高的信用工具，可以作为中央银行实施货币政策的有效工具。一年期以上的中央政府债券称为公债券，是国家为弥补财政赤字和筹集公共设施或建设项目资金而发行的。

地方政府债券。地方政府债券是地方政府为地方性建设项目筹集资金而发行的债券，一般为中长期债券。

企业债券。企业债券发行主体是企业，是企业为筹集经营所需的资金而向社会发行的借款凭证。企业债券以中长期居多。由于企业债券的发行主要靠企业的信誉和实力，所以企业债券的风险相对较大，而且有不同的信用等级。

金融债券。金融债券是银行和其他非银行金融机构为了筹集资金而发行的债券。银行和非银行金融机构可以通过发行金融债券来改变资产负债结构，增加资金来源，相对于存款来说是一种主动负债。金融债券以中长期为主，风险比一般企业债券的风险小，这是因为金融机构具有较高的信用。

从发行者角度看证券形态的多样化。如国债、公司债、中小企业债、住房抵押债、银行附属资本债等。对于公司类债，中国又进一步细分，如上市公司债、企业债、中期票据、短期融资券等。在多数成熟市场，公司债（Corporate Bond）从清偿的维度来看也是分的，包括有担保高级债（Secured Senior Bond）、有担保低级债（Secured Junior Bond）和无担保高级债（Unsecured Senior Bond）、无担保低级债（Unsecured Junior Bond）。此外，还有多种不同条件的可转换债（Convertible Bond），等等，这些产品之间还可有各种组合。

从信用评级角度看证券形态的多样化。这既涉及债券本身的信用评级，也涉及发行主体的信用评级，同一公司发行的债券其信用评级也会不同。目前市场上比较常见的各种的信用评级级别在分层（Notch）结构上大体是大同小异，如从AAA到AA、A，到BBB、BB、B，还有CCC、CC、C，以及带上"+"和"−"的相应级别，形成各种不同的组合，看起来在一定程度上逼近连续性函数。可见，不同分布的信用评级也使得公司债体现出各种层次变化，从而具有多样性。这些情况表明，对于有些人认为是单一的债券类产品，如果去深入考察，就会发现它们也都是分层次的甚至还有很多逼近连续的层次。

另外，可以从投资者、发行机制等方面对直接债权融资方式进行微分层。[1]

可转换债券。可转换债券是债券的一种，它可以转换为债券发行公司的股票，通常具有较低的票面利率。从本质上讲，可转换债券是在发行公司债券基础上，附加一份期权，并允许购买人在规定时间范围内将其购买的债券转换成指定公司股票。

股票

股票是股份公司发给股东的、证明其所拥有的股权并取得股息收入的凭证。股票的发行主体是股份有限公司，股票持有者是股份公司的股东。股票是股份公司通过资本市场筹集资金的信用工具。股票一经购买就不能退还本金，而且股息和红利也会随企业经营状况而变动，这一点是股票同其他融资工具的主要区别。由于股票可以在证券市场上转让流通，因此流动性很强。

股票的收益包括两个方面：一是股息收入，取决于公司的利润；二是资本利得，即投资者通过股票市场的买卖获得差价的收入。由于公司的经营受多方面因素影响，股票的市场价格也受多方面因素影响，所以对投资者来说股票是一种高风险、高收益的金融工具。

按股东权益的不同，可将股票分为普通股和优先股两种。普通股是最普遍和最主要的股票类型，持有者享有对公司经营的参与权、盈余分配权和资产分配

---

① 周小川：《需要建立一个更丰富的多层次资本市场》，中国人民银行网站，2013-09-09。

权、优先认股权等等，其收益在发行时不限定，而是按公司经营业绩确定。

优先股是指股东拥有优先于普通股股东进行分红和资产清偿的权利，其股息一般是事先固定的，但对公司没有经营参与权和投票权。

间接股权融资

公募型证券投资基金，是一种公募形式的、间接融资方式下的股权形态的金融工具或金融资产。

目前，公开发行的证券投资基金采用的是一种间接融资方式。证券投资基金是由基金发起人向社会公开发行的表示持有人按其所持份额享有资产所有权、收益分配权和剩余资产分配权的凭证。中小投资者可以通过购入投资基金证券，将资金交给专业的基金管理人，按照法律、法规、基金契约规定的投资原则和投资组合的原理进行规模化投资。

投资基金证券的核心词是三个：公募、间接融资和股权（也有可能是债权）。其间接融资的特征是投资者和融资者之间，投资人的资产与融资人的资产之间的信息是被阻断的，不是一一对应的关系。

4.6.2 证券：直接债股融资层级的可分性

由于直接融资方式、金融的债股形态都具有可分性，所以，它们共同作用下形成的直接债股型金融工具或金融资产也具有可分性，即层级、层次的多样性。

债券与股票

直接融资方式与金融的债股形态相结合，按照清偿顺序，进行了分级、分层，生成、产生了直接债权融资（债券）、股权融资（股票）两个层级。

债券又可以细分为公司债、可转债两个层次。

股票可以细分为优先股、普通股两个层级。

公司债的层次还可以按其信用评级来分层，这既涉及债券本身的信用评级，也涉及发行主体的信用评级，同一公司发行的债券其信用评级也会不同。

股权融资按照清偿顺序可以分为普通股、优先股。另外有一种金融危机后出现的一个与可转债有点像但达到触发条件时必须转换为普通股的产品，称做应急可转债（Contingent Convertible Bond，CoCos）。它在一定条件下强制转换为金融机构的普通股，从而被称为应急资本，成为在应急条件下增加金融机构股本、增强吸收损失能力的稳定机制。可见，股权产品的分层也是随着市场发展的需要不断发展细化的。市场没有发展到一定阶段时，很难认识并设计某种类型的产品。

另外，2012年6月6日新一版商业银行资本要求分了很多层，包括过去的一级资本、二级资本，具体如普通股、附属资本债等概念。

按照发行方式，股权融资，公募、私募也可以分级

例如按照企业规模进行股权融资分类，对应不同规模的股权市场。

另外，按照募集股权资金的融资渠道的不同，又可以分为私募、公募。在私募和公募之间还可以有"次公募"或"小公募""众募"等。其实对于私募，按照募集范围的大小和公开程度的不同，也可以进行分级、分层。

按照投资者的不同、交易的不同等，直接债权融资（债券）、股债结合融资、股权融资三种直接融资方式也能够分层

例如，按照规模、是否营利可以分为个人、机构，营利、非营利，正式组织、非正式组织等层级；按照交易机制、交易方式、交易市场的不同分为场内交易、场外交易（OTC），高频、中频、低频，卖空、买空以及主板、创业板、新三板，国际、全国、区域等。

实际上，对于直接融资方式的分级、分层，可以从资产、投资方、融资方、第三方、交易、监管等角度展开。

4.6.3 证券：直接融资功能的多样性

证券功能，即直接融资，包括直接债权、股债结合、股权融资的功能。作为金融系统中的一部分，证券功能的多样性可以从投资方、融资方、金融系统本身等角度加以描述。

积聚资源、分割股份、资源配置功能

积聚资源、分割股份、配置资源的功能是由中介承担的。中介既可以是比较透明的共同基金，也可以是不太透明的银行。对于投资者，通过中介进行投资可以在成本较低的情况下获得三大好处：资产可以充分分散、流动性有保障，获得融资者的信息和监督融资者。融资者通过中介金融融资可以降低融资成本、进行大规模融资，同时对融资者的项目股权也可以通过中介进行分割。将无法分割的大型投资项目划分为小额股份，以便中小投资者能够参与这些大型项目进行的投资。但是，中介特别是银行本身也存在资产、负债的流动性匹配问题。解决这些问题的方法就是资产证券化。

在时间和空间中配置资产进行风险管理

风险管理的手段无非就三种：资产分散、对冲风险和保险。对于金融系统来讲，证券就是通过对不同融资者、不同项目和在金融系统中不同的资产层面配置资源，就可以在空间和时间中将资产分散。对冲风险可以通过期货实现。另外就是可以通过保险的金融手段对风险进行管理。

公平与效率

以公募、私募的方式，执行和彰显金融系统和直接债股融资的公平与效率。在直接融资中，无论是直接债权、股债结合、股权融资这三种哪一种融资方式，都有以公开募集的方式进行融资。这种公开募集的方式，可以让公众享受到经济发展、金融发展、技术发展带来的成果和和收益，至少从客观上彰显和保障了金融民主、金融公平、金融普惠在这个层面和阶段的实现。另外，无论是直接债权、股债结合、股权融资这三种哪一种融资方式，都有以私募的方式进行融资。这种私募的方式，在很大程度上保障了金融系统、本资产层次的效率，降低了经济系统、金融系统的交易成本。

4.7 证券化：直接融资化

证券的产生和初步发展，是在工业化社会前夕完成的。但是工业化社会的发展、信息化社会的产生和发展，促进了证券的深度发展和进化。

证券化，非指资产证券化或资产衍生化。证券化在现实经济生活中的含义、实质是直接债权融资、股债结合融资、股权融资的状况、发育程度。所以，证券化是和目前提出的建设多层次的资本市场有直接关系的。

4.7.1 证券化：直接债股融资化的概念

直接债股融资化，即证券化的概念与多形态、多层次、多功能的资本市场息息相关，应该包括：

债券市场

债券市场是指企业中长期债券市场，不应包括国债市场。这里所说的国债市场是指期限在一年以上、以国家信用为保证的国库券、国家重点建设债券、财政债券、基本建设债券、保值公债、特种国债的发行与交易市场。

股票市场

股票市场包括股票的发行市场和股票交易市场。

一级市场，也称为发行市场，它是指公司直接或通过中介机构向投资者出售新发行的股票和债券等。所谓新发行的股票包括初次发行和增发的股票，前者是公司第一次向投资者出售的原始股，后者是在原始股的基础上增加新的份额。一级市场并不为公众所熟知，因为将证券销售给最初购买者的过程并不是公开进行的。

二级市场。股票二级市场也称股票交易市场，是投资者之间买卖已发行股票的场所。这一市场为股票创造流动性，即能够即时变现。股票的二级市场通常可分为有组织的证券交易所和场外交易市场，但也出现了具有混合特性的三级市场和四级市场。

三级市场。三级市场是指原来在证交所上市的股票移到场外进行交易而形成的市场，换言之，三级市场交易是既在证交所上市又在场外市场交易的股票，以区别于一般含义的柜台交易。

四级市场。四级市场指大机构（和富有的个人）绕开通常的经纪人，彼此之间利用电子通信网络直接进行的大额证券交易。

场外交易。场外交易是相对于证券交易所交易而言的，凡是在证券交易所之外的股票交易活动都可称做场外交易。由于这种交易起先主要是在各证券商的柜台上进行的，因而也称为柜台交易。场外交易市场与证交所相比，没有固定的集中的场所，而是分散于各地，规模有大有小由自营商来组织交易；场外交易市场无法实行公开竞价，其价格是通过商议达成的；场外交易比证交所上市所受的管制少，灵活方便。

成熟的多层次资本市场，应当能够同时为大、中、小型企业提供融资平台和股份交易服务，在市场规模上，则体现为金字塔结构。

根据国外成熟市场的经验，结合我国的实际情况，未来的多层次证券市场可能有四个层次：证券交易所市场、场外交易市场（即OTC市场）、产权交易市场和代办股份转让市场。我国的资本市场从1990年沪、深两市开办至今，已经形成了主板、中小板、创业板、三板（含新三板）市场、产权交易市场、股权交易市场等多种股份交易平台，具备了发展多层次资本市场的雏形。

4.7.2 证券化：直接债股融资化的度量

目前，大家用证券化率来表达证券市场化程度。证券化率是指是一国各类证券总市值与该国国内生产总值的比率（股市总市值与GDP总量的比值），实际计算中证券总市值通常用股票总市值代表。证券化率越高，意味着证券市场在国民经济中的地位越重要，因此它是衡量一国证券市场发展程度的重要指标。一国或地区的证券化率越高，意味着证券市场在该国或地区的经济体系中越重要。发达国家由于市场机制高度完善，证券市场历史较长、发展充分，证券化率整体上要高于发展中国家。

证券化实际上是经济的直接债股融资化，即公司债券、股票化（不应包括国债）。证券作为金融系统中的一个子系统，以复杂性科学的视角看待，可以从三个方面来考虑，或者说这三个方面的综合就是证券化的程度：

证券密度

证券密度是指证券（公司债券、股票）使用的范围或程度，主要是指经济活动中以证券（公司债券、股票）为媒介的交易份额逐步增大的过程。它可以用证券（公司债券、股票）资产占GNP（或GDP）的比值和用证券（公司债券、股票）资产占社会资产的比值来表示。

证券深度

证券深度是指证券（公司债券、股票）资产在整个社会人口中的比重、程度。它可以用证券（公司债券、股票）资产占整个社会人口的比值来表示。

证券层度

证券层度是指证券（公司债券、股票）资产和金融资产、金融子资产之间的比例关系或程度。证券层度实际上是指证券的真实特性的标识，是指证券作为金融价值链、金融食物链中一个环节，其规模与上一个环节的相对状况。

虽然证券是一种很强的金融工具，在它发展的三百多年中，培育了历史学家所认为的三个世界性大国，但是它也无法代替、取代其他金融工具的作用、功能、地位，它们之间是一种相互作用、相互依赖、相互制约的关系。

第五章　第三次金融革命：信托形态、信托融资方式的进化

第三次金融革命

第三次金融革命产生于20世纪末期，经历时间不超过50年。信息、知识社会的出现导致了信息、知识革命，促进、产生了第三次金融革命，即第三种融资方式——信托融资方式以及金融形态的第三种形态——信托形态的革命。信托制度、信托关系最早出现在17世纪的英国，信息社会发端于20世纪末期的美国，但是具有现代金融学意义的衍生资产首先在美国得到大规模应用。

信息、知识社会和第三次金融革命的认识论、方法论、实践论应该是以整体论、还原论为基础，但将它们进行有效整合，涌现出来了以复杂性科学、系统科学为基础的系统论。产生于中国的阴阳五行学说、阴阳八卦学说将是一种能够很好地理解复杂性科学、系统科学的工具、方法、理念。这可能也是中国能够在信息、知识社会有更大作为的思想基础。因为整体论比还原论更接近于以复杂性科学、系统科学为基础的系统论。信息革命、知识革命、信托融资、信托形态革命的基础科学技术是以复杂性科学、互联网为代表的科学技术。

第三次金融革命中最主要的亮点将会有三个：

一是金融的信托形态的出现并规模化

由于商品经济、金融系统的发展、进化导致出现了现代金融学意义上第三层级、层次的金融形态，即信托形态。之所以叫信托形态是因为金融体系中第三层

金融形态的产生方式是基于信托制度、信托关系而出现的、新的金融形态种类、层级，并由此产生了新的金融功能。由于规模化信托资产的出现，丰富了金融系统的多样性：多形态、多层次、多功能，使金融系统更加富有弹性，能够更好地满足实体经济的需要，同时降低金融系统的风险和运行成本，展示出了更高的公平和效率程度。

二是信托融资，即第三种融资方式的产生并大规模应用

信托融资是不同于间接融资、直接融资的第三种融资方式。信托融资不仅吸收了间接融资、直接融资的优点，同时也克服了间接融资由于信息传递断裂造成的金融机构的旁观者效应和内部代理人现象的缺点，也克服了直接融资中由于金融机构的代理人角色产生的旁观者现象或旁观者效应现象，即在法律关系上通过双重所有权的开创性创新、设置，保证了信息传递的一一对应关系，同时避免了金融机构的旁观者效应现象，从而形成了一种全新的融资方式。之所以称为信托融资，是因为它是在信托制度、信托关系的基础上产生出来的融资方式。

三是大而化之期货和保险

在第二次工业革命、第二次金融革命中产生和发展的、具有重要意义的金融的期货、保险形态，将会在第三次工业革命、第三次金融革命中大而化之，发扬光大，并发挥其前所未有的作用、功能。信托、期货、保险等金融形态的发展、进化以及信托融资这一第三种融资方式的发展、进化，将共同作用，进一步地促进金融复杂系统更加完善、优化，并促使金融复杂系统智能化。

5.1 信托形态

信托是一种融资方式——第三种融资方式。信托融资是一种不同于间接融资、直接融资的第三种融资方式。信托与间接融资、直接融资方式在信息传递、责任机制、法律关系、经济关系、行为主体、风险承担、清算方式等方面都有本质的区别。

信托又是金融系统进化中的一个形态、层次、功能：信托形态、层次、功能。信托丰富了金融系统的结构或架构，使金融系统更加复杂化，适应性更强。

上述两个方面就是信托的"菜"，也是信托之美、之媚、之魅之所在。

5.1.1 信托的本质和功能

信托是一种一般的、具有普遍性的财产管理制度和法律行为，同时又是一种金融制度，信托与银行、保险、证券、期货、货币等一起构成了现代金融体系。

信托的法律含义

《信托法》第二条规定："本法所称信托，是指委托人基于对受托人的信任，将其财产权委托给受托人，由受托人按委托人的意愿以自己的名义，为受益人的利益或者特定目的，进行管理或者处分的行为。"

信托是一种以信用为基础的法律行为，一般涉及三方面当事人，即投入信用的委托人、受信于人的受托人以及受益于人的受益人。

信托的重要特征的基础或特征之一是信托财产具有双重所有权：受托人持有法律上的所有权，受益人具有衡平法上的所有权。大陆法系把这种法律上的所有权叫做名义上的所有权，而把衡平法上的所有权叫做实质上的所有权或受益权。信托的这种双重所有权是其独有的特点。如果没有这种所有权分割的情况，信托本身的许多功能就无法发挥。[①]

信托的金融含义

从金融学意义上，从金融系统进化的阶梯角度讲，信托是一种金融的形态，是金融系统的第三种形态，是人类社会金融系统进化的高级阶段。人类的金融系统进化到信托阶段，人类的金融系统已经达到了新的高度。信托阶段，是跨越了货币阶段、债股阶段之后的金融系统的第三个阶段。无论从金融系统的结构、层级还是功能来看，信托都更加复杂、高级。

同时，信托又是一种融资方式，是间接融资、直接融资之外的第三种融资方式（内容详见本书"2.2融资方式的进化"）。

5.1.2 资产证券化、资产衍生化的本质

资产证券化、资产衍生化的本质

资产证券化、资产衍生化的本质是信托理念、信托关系、信托制度在金融系统进化阶梯中的体现和表现形式。

资产证券化、资产衍生化的内容

资产证券化是以特定资产组合或特定现金流为支持发行可交易证券的一种融资形式。传统的证券发行是以企业为基础，而资产证券化则是以特定的资产池为基础发行证券。特定资产组合或特定的资产池或特定现金流，是指投资者持有的一组资产或一组资产中的某一种、某几种的组合，包含股票、债券、货币市场资产、现金以及实物资产如黄金、土地、企业等。

在传统的概念中，在资产证券化或资产衍生化过程中的基础资产的法律定性

---

① 高凌云：《被误读的信托》，27～28页，上海，复旦大学出版社，2010。

应该仅包括债权、知识产权、物权、股权等，而不包括债权的收益权、知识产权的收益权、股权的分红权等。因为这些收益权与原生权利在外观上和实体上是一体的。

信托型金融形态、融资方式、金融工具和金融资产

信托作为金融的第三种形态——金融的信托形态，与第三种融资方式——信托融资方式共同作用成为一种信托型金融工具、信托型金融资产。

信托融资方式与金融的不同形态相遇，将会形成包括信托型货币金融工具、信托型债股金融工具、信托型信托金融工具在内的一组金融工具、金融资产，是一组效率与公平并行的信托型金融工具、信托型金融资产。

作为人类财富管理的一种一般模式，货币、债股、期货、保险都是信托一般原理在金融系统不同金融形态上的反映。这一点，可以从复杂适应系统理论中7个基本点中三个机制中之一的标识机制中得以验证。

如果说对于工商企业来讲，信托，即资产证券化、资产衍生化是对其资产负债表的一种调节，那么，将信托应用于农用土地流转、国有企业改革等，将是对国家资产负债表的一种调节。这些是信托政治价值、经济价值和社会价值的具体体现。

5.1.3 信托即资产衍生化、资产证券化

信托关系、信托原理完全契合了资产证券化的需求

正如所罗门兄弟公司的资产证券化专家马克·麦里奥所言，"证券化的发展只受想象力的限制"，即只要未来能够产生稳定现金流量的资产都可以资产证券化。[1]而美国信托业权威斯考特曾经说过："信托的应用范围可与人类的想象力相媲美。"信托关系，或者说信托制度所具有的功能所表现出来的特性导致信托关系、信托制度与资产证券化有着一一对应的关系。

将资产证券化、资产衍生化的本质和信托的本质放在一起考虑，信托可以通过双重所有权的设置，使所谓的原生权利和受益权相分离，为资产证券化、衍生化扫清了法理上的障碍，同时以衡平法系的案例、实践，使我们有理由相信，信托的金融本质就是资产衍生化，包括资产证券化。

也只有将基础资产权利进行分割，才能使资产证券化、资产衍生化概念存在。至少信托是对基础资产实施资产衍生化、资产证券化的主要手段。信托的过程是一个增强流动性、降低融资成本的优化改进过程。就信托即资产衍生化，包括资产证券化的三种特殊目的公司（SPV）来讲，即特殊目的信托、特殊目的公

---

① 刘向东：《资产证券化的信托模式研究》，24页，北京，中国财政经济出版社，2007。

司、有限合伙制，实际上，它们要么就是信托，要么就是由利用信托关系演变而来的一般公司、有限合伙制公司等形式。

从逻辑、金融进化的角度讲，基础资产中如果有实物资产，也必须经过货币化、债权化或股权化的过程。从基础资产的组合中也可以看出信托，即资产证券化、资产衍生化是具有向下兼容特性的。

5.2 信托的整体性进化

随着基础资产的不断发展和进化，除了信托作为金融系统最基础的子系统之一，执行着金融的信托形态的功能——对经济系统进行调节等职能以外，信托系统自身还会在形态、层次和功能上进行深入细化、"微分层"。理论上分为信托和再信托两个阶段，实际上是人们通常所讲的资产证券化和资产衍生化。

5.2.1 信托的产生与发展

信托发展的三个阶段

信托的发展实际上经历了个人信托、法人信托和现代信托三个阶段。

广义的信托公司或信托业务。经过国家相关金融管理机构批准的，使用信托关系、信托机制、信托制度，第三种融资方式进行信托融资的，名称为信托公司的金融机构。

狭义的信托公司或信托业务。使用信托关系、信托机制、信托制度，第三种融资方式进行信托融资的金融机构。例如，私人银行、银行理财、证券公司资产管理计划等。

信托制度、信托关系溯源。信托制度、信托关系最早出现在17世纪的英国，但是具有现代金融学意义的信托形态，与不同的融资方式——间接融资、直接融资、信托融资共同作用所产生的信托资产、再信托资产，首先在美国得到大规模应用。

金融的信托形态，是对金融基础资产的流动性作出一种设计。在实际的发展过程中是有一个进化路径的，即先个人，后法人；首先进行了资产初级衍生化，即目前的通用说法——资产证券化，然后进行第二次资产的衍生化。

这实际上是在信托系统内部的一次次元系统跃迁，而按照倒数第二层分叉增长规律，第二次资产衍生化将促进第一次资产衍生化：资产证券化的发展和进化。

信托的产生：个人信托的产生

原始的信托行为发源于数千年前古埃及的遗嘱托孤。信托最早的文字记载是公元前2548年古埃及人写的遗嘱，其中指定其妻继承财产，其子为受益人，并为其子指定了监护人。

从法律的角度讲，信托源于《罗马法》信托遗赠制度。《罗马法》中规定：在按遗嘱划分财产时，可以把遗嘱直接授予继承人。若继承人无力或无权承受时，可以按信托遗赠制度，把财产委托或转让给第三者处理。古罗马的信托遗赠已形成了一个比较完整的信托概念，并且首次以法律的形式加以确定。

个人信托是指以个人（自然人）为委托人而设立的信托。个人只要符合信托委托人的资格条件就可以设立信托。个人信托的开展与个人财产的持有状况及传统习惯有很大的关系。个人有生命期的限制，由此个人信托又可以分为两种：一是生前信托，二是身后信托。

从操作的层面上说，现代信托起源于英国的尤斯制。英国在封建时代，人们普遍信奉宗教，按照当时的基督教义，信徒"活着要多捐献，死后才可以升入天堂"。这使得教会的土地不断增多。根据英国当时的法律教会的土地是免征役税的。教会土地激增，意味着国家役税收入逐渐减少。这无疑影响到了国王和封建贵族的利益。于是，13世纪初英王亨利三世颁布了一个《没收条例》，规定凡把土地赠与教会团体的，要得到国王的许可；凡擅自出让或赠与者，要没收其土地。

当时英国的法官多数为教徒，为帮助教会摆脱不利的处境，他们通过"衡平法院"，参照《罗马法》的信托遗赠制度，创造了（尤斯）制度。尤斯制度的具体内容是：凡要以土地贡献给教会者，不作直接的让渡，而是先赠送给第三者，并表明其赠送目的是为了维护教会的利益，第三者必须将从土地上所取得的收益转交给教会。

随着封建制度的彻底崩溃和资本主义市场经济的确立，契约关系的成熟，商业信用和货币信用的发展以及分工的日益精细繁复，尤斯制度逐渐演变为现代信托。

信托的发展：法人信托的产生

法人信托。法人信托是指由具有法人资格的企业、公司、社团等作为委托人而设立的信托。法人信托大多与法人的经营活动有关。例如企业发行债券、销售设备等。法人信托中的财产价值巨大，个人作为受托人难以承担这样巨大的责任，因此法人信托中的受托人也都是法人，如信托公司、银行等金融机构。从信托发展的历史过程看，信托发展早期主要是个人信托。后来，随着各种企业公司等法人机构的出现，法人信托业务也逐渐发展起来，成为信托公司的重要业务。法人设定信托的目的都与法人自身的经营有紧密关系，但具体形式各异，主要包括附担保公司债信托、动产信托、雇员受益信托、商务管理信托等。

现代信托制度

19世纪初传入美国后，信托得到快速的发展。美国是信托制度最为健全，信托产品最为丰富、发展总量最大的国家。最初，与英国一样，也是由个人承办执行遗嘱、管理财产等民事信托业务。为促使资本集中，以盈利为目的的金融信托公司应运而生。美国最早完成了个人信托向法人信托和民事信托向商事信托的转移。

美国于1822年成立的纽约农业火险放款公司，后更名为农民放款信托投资公司，是世界上第一家信托投资公司。可以说现代信托公司源于保险，公司制的信托理财产品最早是通过保险业务员向大众销售，最后又从保险业分离出来。

美国是信托业最为发达的国家。无论是信托资产的规模，还是信托产品的丰富，抑或是监管体系的完善，美国信托业都处于遥遥领先的地位。美国是当今世界信托业最富创新性的国家。在美国的金融体系中，信托机构与商业银行享有同等地位。

从资产拥有情况来看，美国的信托资产、银行资产和保险资产三分天下。

5.2.2 信托的分级与进化

信托的进化

信托自产生，经历了个人信托、法人信托到现代信托的发展过程。从理论上讲，是基础资产的首级衍生化和再衍生化。

个人信托包括生前信托和身后信托，个人信托的实质是个人财产的资产证券化。法人信托大多与法人的经营活动有关，法人信托的实质是法人财产的资产证券化。

现代信托包括具有现代意义上的资产证券化和资产衍生化。现代信托的实质是资产衍生化，资产证券化是资产衍生化的初级阶段，是资产的首级衍生化，资产衍生化是资产的后续衍生化。

信托的客体即信托财产，是指通过信托行为，依据信托关系，从委托人手中转移到受托者手里的财产。信托财产既包括有形财产，如股票、债券、物品、土地、房屋、银行存款等债权资产、股权资产、实物资产、基础资产，还包括无形财产，如保险单、专利权商标、信誉等，甚至包括一些或然权益（如人死前立下的遗嘱为受益人创造了一种或然权益）。

信托的进化：资产衍生化，包括资产证券化的产生

信托的思想、观念和做法由来已久，但是具有现代金融学意义的、工业化意义的、大规模的信托却不超过50年。自1970年美国的政府国民抵押协会首次发行以抵押贷款组合为基础资产的抵押支持证券—房贷转付证券，完成首笔资产证券化交易以来，资产证券化逐渐成为一种被广泛采用的金融创新工具而得到了迅猛发展。在此基础上，现在又衍生出如风险证券化产品。目前美国一半以上的住房

抵押贷款、四分之三以上的汽车贷款是靠发行资产证券提供的。[①]

所以，现代信托有三个方面或层次：其一是个人信托；其二是法人信托；其三是明确意义上的、现代意义上的信托：资产证券化或资产衍生化。

信托产生、进化的原因

信托，或者说资产证券化、资产衍生化的产生是由于商品经济的发展，导致银行、证券的高度发展，银行、证券的高度发展产生了更多的基础资产。这时，如果没有一个新的、更高级的、控制这些资产的新的金融层级——金融生态位产生和出现，必然导致"金融堰塞湖"的出现，致使资产流动性降低。"不通则痛"，所以，信托即资产证券化、资产衍生化的产生是金融发展的必然，是金融系统的第三次变革，第三次金融元系统跃迁。

基于倒数第二层分叉增长规律，金融的信托形态，即资产证券化、资产衍生化的产生和发展，必然促进银行、证券等金融的债股形态的进化，也包括与间接融资、直接融资共同作用形成的间接型、直接型债股金融工具、金融资产的进一步发展。

信托的产生，实际上也是必要的层级理论、必要的多样化理论和稳定者生存原理在金融系统进化过程中的表现。

利率是货币的价格，把货币作为一种商品，从货币供应的角度，目前市场上缺5%～15%利率的货币商品。这是信托融资模式的市场空间。

5.3 信托的自组织进化

信托作为一种复杂系统，其自组织进化主要包括多样性变异和遗传性保存，分别遵循必要多样性定律、必要层级原理、盲目变异原理和稳定者生存原理。

信托的多样性变异和遗传性保存是信托自组织的方式，是信托作为一个复杂系统主动适应环境变化的方式，是信托适应性进化的方式。

本部分主要论述信托的多样性。信托的遗传性保存、信托的变异和不同要素之间的相互作用增强在总论部分有论述。对于信托而言，多样性可以从形态、层级、功能三个维度进行考察、分析。

5.3.1 信托形态的多样化

信托形态的多样化

信托形态的多样化是指金融的信托形态的多样化，即资产衍生化，包括资产

[①] http://baike.baidu.com/百度百科：信托；http://wiki.mbalib.com/wiki/MBA智库百科：信托。

证券化形态的多样性。这里所指的资产，即信托化的标的物是指由金融的货币形态、债股形态与间接融资、直接融资方式共同作用形成的直接性、间接性的货币型资产、债股型资产。

同时，也应该包括由金融的货币形态、债股形态与第三种融资方式——信托融资方式形成的信托性的信托型资产，例如信托货币资产、信托债权资产、信托股权资产等。

表5-1　　　　　　　　　目前已经资产证券化过的主要资产类型[①]

资产和收入类型	资产和收入形式
贷款	住房抵押贷款，私人资产抵押贷款、汽车销售贷款、其他各种个人消费贷款，商业房地产抵押贷款、各类工商企业贷款等
应收账款	信用卡应收款、贸易和服务应收款
公共事业和基础设施收入	电力、供水、水处理、天然气处理、高速公路、铁路、机场、港口等
租赁收入	办公楼租赁、计算机租赁、汽车租赁、办公设备租赁、飞机租赁等设备和交通工具租赁费
保险费收入	人寿、健康保险单、灾害保险等
自然资源储备	石油、天然气储备、金属和非金属矿藏、林地资源等
其他	高收入债券、公园门票收入、俱乐部会费收入、专利、版权、商标使用权收入等

基础资产来源的多样化。由于通过扩大资产池规模可以减少单位资金成本，实现规模效应，提高资产池的效率，资产证券化的基础资产池的种类、规模在不断扩大。

SPV的多样化。从国际经验看，以SPV的形式为标准，资产证券化可以设计多样化的操作模式，如特定目的信托（Special Purpose Trust，SPT）模式、特殊目的公司（Special Purpose Company，SPC）模式。另外，还有有限合伙、不动产抵押贷款投资载体（REMIC）、房地产投资信托（REITS）、金融资产证券化投资信托（FASIT）的SPV模式。

资产证券化交易结构的多样化。经过三十多年的发展，资产证券化的交易结构随着融资方和投资方需求的变化以及资产证券化对象的多样化，根据基础资产规模的大小、期限长短、原始权益人的所有权结构等因素在不断多样化。从资产证券化交易结构的发展看，有单宗交易结构和多宗交易结构、单层交易结构与双层交易结构、单一借款人资产证券化结构以及循环型交易结构等。

[①] 刘向东：《资产证券化的信托模式研究》，25页，北京，中国财政经济出版社，2007。

资产证券化参与机构的多样化。资产证券化是一项专业分工细致、非常复杂的过程，涉及诸多参与机构，包括发起人、特定目的载体（SPV）、受托人、资金和资产保管机构、信用增级机构、信用评级机构、中介服务机构等，不同的参与机构在资产证券化过程中的职能不同。

资产证券化按地域分类的多样化。根据资产证券化发起人、发行人和投资者所属地域不同，可将资产证券化分为境内资产证券化和离岸资产证券化。国内融资方通过在国外的特殊目的机构（Special Purpose Vehicles，SPV）或结构化投资机构（Structured Investment Vehicles，SIVs）在国际市场上以资产证券化的方式向国外投资者融资称为离岸资产证券化，融资方通过境内SPV在境内市场融资则称为境内资产证券化。

资产证券化产品分类的多样化。根据证券化产品的金融属性不同，可以分为股权型证券化、债券型证券化和混合型证券化。根据基础资产种类的不同，投资者对期限、风险、收益率的不同偏好，通过对现金流的分割和组合，对基础资产本息的任意组合甚至可以将不同种类的证券组合在一起，形成合成衍生证券。

根据基础资产是否为抵押资产可以分为资产担保证券（Asset-Backed Securities，ABS），抵押担保证券（Mortgage-Backed Securities，MBS）。资产担保证券种类较为单一，结构比较相同，而抵押担保证券则结构日益复杂，种类较多。根据证券偿付结构的不同，可以分为过手证券（Pass-through）与转付证券（Pay-through）。[①]

尽管资产证券化的历史不长，但相关产品的种类层出不穷，名称也千变万化。最早的证券化产品以商业银行房地产按揭贷款为支持，故称为按揭支持证券（MBS）。随着可供证券化操作的基础资产越来越多，出现了资产支持证券（ABS）的称谓。再后来，由于混合型证券（具有股权和债权性质）越来越多，干脆用CDOs（Collateralized Debt Obligations)概念代指资产证券化产品，并细分为CLOs、COMs、CBOs等产品。最近几年，还采用金融工程方法，利用信用衍生产品构造出合成CDOs。

5.3.2 信托层级的多样化

伴随着资产证券化形态、结构的多样化以及功能的需要，资产证券化也将产生其"微分层"现象。

---

① 刘向东：《资产证券化的信托模式研究》，25～28页，北京，中国财政经济出版社，2007。

基础资产进行资产证券化方式的分级、分层

首次发起的资产衍生化成为资产证券化，是资产衍生化的第一个亚层；后续的亚层成为资产衍生化。

资产证券化、资产衍生化募集资金渠道的分层和分级。可以通过社会化募集即公募的方式，也可以通过商业化的募集方式即私募的方式募集资金。

资产证券化或资产衍生化的双向性。从金融系统中信托所处的金融形态或层级中的横向关系考虑，有对消费者、投资者的资产（实物资产、货币资产）的证券化、衍生化和对生产者、融资者的资产的证券化、衍生化。从金融系统中信托所处的资产层级中的纵向关系考虑，下对实物资产、货币资产、基础资产的证券化、衍生化，上对保险资产、期货资产的证券化、衍生化。

证券化、衍生化资产的层级

资产证券化是指某一资产或资产组合采取证券资产这一价值形态的资产运营方式，它包括以下六类，这六类资产在金融系统的资产中是有层级的：

实体资产证券化。实体资产证券化即实体资产向证券资产的转换，是以实物资产和无形资产为基础发行证券并上市的过程。

货币资产证券化。货币资产证券化是指现金的持有者通过资产证券化这种投资方式将现金转化成证券化、衍生化资产的过程。

信贷资产证券化。信贷资产证券化就是将一组流动性较差信贷资产，如银行的贷款、企业的应收账款，经过重组形成资产池，使这组资产所产生的现金流收益比较稳定并且预计今后仍将稳定，再配以相应的信用担保，在此基础上把这组资产所产生的未来现金流的收益权转变为可以在金融市场上流动、信用等级较高的债券型证券进行发行的过程。

证券资产证券化。证券资产证券化即证券资产的再证券化过程，就是将证券或证券组合作为基础资产，再以其产生的现金流或与现金流相关的变量为基础发行证券。

期货资产证券化。期货资产证券化即通过资产证券化、资产衍生化的方式对公募、私募的期货资产进行再融资。

保险资产证券化。保险资产证券化即通过资产证券化、资产衍生化的方式对社会保险、商业保险或公募、私募的保险资产进行再融资。

资产证券化发起人通常有两个层次

发起贷款的机构和基础资产的卖方；交易发起人，即利用自己或购买的基础资产，通过SPV发行证券的机构。严格界定的发起人是指贷款发起人而不是交易发起人。

资产证券化产品结构分级、分层。在资产证券化交易信用增级手段中的内部信用增级手段中，通过优先/次级结构或者更多层级的结构，来实现风险的分层和分级。

资产证券化产品收益的分级、分层。土地流转信托，作为土地资产的拥有者，如果通过信托方式对土地资产进行资产证券化，第一层收入即地租租金，可能还有工资收入（第二层收入）和股权分红（第三层收入）。

5.3.3 信托功能的多样化

信托功能，即金融的信托形态的功能，也就是资产证券化、资产衍生化的功能。其主要的功能是调节债股的比例关系。信托功能具有可分性。

信托资产层级功能的多样化

资产证券化就是通过资产重组、破产隔离、信用增级，以提升金融系统的效率、降低融资的交易成本、提高金融系统资产的流动性，从而降低金融系统的风险。这样也提高了社会资源的配置效率，实际上就是对经济系统进行了调节。在资产证券化的过程中，通过SPV实现破产隔离的功能，这正是资产证券化或资产衍生化的关键和本质要素之所在。

信托产品层级功能多样化

目前资产证券化有许多不同形式、种类和结构及其派生出来的衍生品，而且它们都随着交易的不断深化而不断演化，每一种形式和产品都有其特定的功能。多样化的资产证券化的结构和品种有利于匹配资金成本收益和期限，降低交易成本和费用，推动资产证券化市场的不断发展。[1]

信托资产融资渠道功能多样化

通过社会化，即公募方式融资渠道募集资产证券化、资产衍生化所需要的资金，是为了实现该资产层级的公平目标；通过商业化，即私募方式融资渠道募集资产证券化、资产衍生化所需要的资金，是为了实现该资产层级的效率目标。

资产证券化对发起人功能的多样化

从对发起人来讲，资产证券化的功能、目标主要表现在：

利用金融资产证券化可提高金融机构资本充足率。

增加资产流动性，改善银行资产与负债结构失衡状况。

利用金融资产证券化降低银行固定利率资产的利率风险。

银行可利用金融资产证券化降低筹资成本。

---

① 刘向东：《资产证券化的信托模式研究》，28页，北京，中国财政经济出版社，2007。

银行利用金融资产证券化可使贷款人资金成本下降。

金融资产证券化的产品收益良好且稳定。

资产证券化应该注意的三个最重要的问题

必须有一定的资产支撑来发行证券，且其未来的收入流可预期。

资产的所有者必须将资产出售给SPV，通过建立一种风险隔离机制，在该资产与发行人之间筑起一道"防火墙"，即使其破产，也不影响支持债券的资产，即实现破产隔离。

必须建立一种风险隔离机制，将该资产与SPV的资产隔离开来，以避免该资产受到SPV破产的威胁。

后两个方面的问题正是资产证券化的关键之所在。其目的在于减少资产的风险，提高该资产支撑证券的信用等级，减低融资成本，同时有力地保护投资者的利益。[①]

5.4 信托化和第三种融资方式化

信托的产生和初步发展，是在工业社会完成的。但是，信息化社会的产生和发展，将会极大地促进信托的深度发展和进化。

信托化，或者说第三次金融变革，是人类全面走向信息社会的过程，是人类社会从以追求效率为主向以追求效率和公平兼顾的方向发展的起点，是人类社会财富积累到相当高度的产物，是人类社会向人自身不断靠近的过程。

信托化是金融系统的再出发，但也是一个历史概念

信托化是随着经济、金融系统的发展、进化到一定程度时，逐步发展和进化的。信托化是社会的货币化、经济的货币化和经济金融化的一种表现形式。

信托化又是一个阶段性、不断进化的概念。信托系统是金融系统的一个子系统，其自身一直都在不断地进化，有着相对的稳定性和动态的变化性。这种稳定和变化又是金融系统、经济系统变化的结果。信托化会随着社会、经济、技术、金融的发展变化而发展变化。信托的产生和初步发展，是在农业社会前夕完成的。但是，农业化社会的发展，工业化社会、信息化社会的产生和发展，促进了资产证券化的深度发展和进化。

信托系统最优化、国际化。随着经济全球化、贸易全球化、技术信息化等的扩展，信托的密度、深度和层度在不断地扩展，会朝着离岸的方向发展。

---

① http://baike. baidu. com/百度百科：证券化、资产证券化、金融证券化、贷款证券化、证券化率；http://wiki. mbalib. com/wiki/MBA智库百科：资产证券化。

信托与其他金融子系统同进退、共荣辱。信托产生、发展又对金融系统发展起到了巨大促进作用。信托是创造真正金融学意义上的、第三种融资方式的主要金融组织。信托的发展与其形态（结构）、性能与功能、层级的发展相同步，同时互为条件、相互制约、相互促进。信托的进化、发展也促进了货币、银行、证券、期货、保险的发展。反过来，其他金融子系统的发展也会促进信托的发展。它们之间互为基础、互为条件、相互作用、相互刺激、相互制约、共同发展。

信托的出现和发展重构了金融体系。金融体系发展到信托阶段，意味着金融体系和金融市场的高级化，信托实质上是重构了金融体系。信托的出现和发展，使金融系统更加多样化和复杂化；使金融功能、金融结构、金融层级多样化和复杂化；使商品的价值运动更加多样化和复杂化；使金融食物链延长了，出现了更高等级的信用形态，也使整个金融系统的效率提高、成本下降，在风险转移、提高流动性、信用创造等方面的功能不断提升，为金融系统更深刻的变革奠定了基础。

5.4.1 信托化的概念

信托化之星星之火可以燎原

目前中国的信托发展还处于低级阶段，这是因为中国的社会经济的发展水平和阶段所造成的。中国目前是"脚踏三只船"：农业社会、工业社会和信息化社会。目前中国的社会形态包括了三种社会形态，中国的农业化还处于不高的水平，中国的工业化还没有完成。在此基础上，中国的信息化社会阶段的水平受前两种社会形态发展水平的制约、限制，导致目前中国的社会财富总额和人均社会财富的水平都不高，金融系统发展的水平、深度、广度也不高。这是直接制约中国信托这种金融形态、第三种融资方式发展的最重要的因素，也直接导致中国的信托化还处于较低的水平。

信托化主要表现在两个方面：

其一是信托融资方式的深化程度。由信托融资方式与金融系统中不同的金融形态，包括金融的货币、债股、信托、期货、保险形态共同作用形成的信托型资产。

其二是利用信托原理、制度对基础资产进行衍生，形成信托、再信托型资产的深化程度。

5.4.2 信托化的度量

信托化实际上是经济的信托化

信托的发展是随着经济的发展而发展起来的，信托的深化与经济发展有直接的、密切的关系，所以信托化实际上就是经济的信托化。

信托作为金融系统中的一个子系统，以复杂性科学的视角看待，信托化的度量可以从三个方面来考虑，或者说这三个方面的综合就是信托化的程度。

信托密度

信托密度是指信托使用的范围或程度，主要是反映经济活动中以信托为媒介的交易份额逐步增大的过程。它可以用信托资产占GNP（或GDP）的比值来表示，也可以用信托资产在整个社会总资产中的比重、程度来表示。

信托深度

信托深度是指信托资产占人口的比值。

信托层度

信托层度是指信托资产和金融总资产、货币型资产、债股型资产、期货型资产、保险型资产之间的比例关系或程度。信托层度实际上是指信托的真实特性的标识，是指信托作为金融价值链、金融食物链中的一个环节，其规模与上一个环节的相对状况。

虽然信托是一种综合性金融工具，但是它也无法代替、取代银行、证券的作用、功能、地位，它们之间是一种相互作用、相互依赖、相互制约的关系。

在自然界中，作为一个系统，是分业的；在个体中，又是综合的、一体的。但在一体中，不同的组织、器官是有界限的、有分工的。对于金融业务，一体化的个体，应当综合运营、分业实施；专业化的个体，就是专业化运营、专业化实施。在金融监管上，应当是有综合监管，同时也有分业监管，相互补充，但必须有一种机制将它们有机地联系起来。

附 录 与 附 表

附录1：元系统跃迁、生命进化的阶梯与倒数第二层分叉增长规律[①]

复杂系统的进化研究具有明显的跨学科性和方法的整合性。科学家和系统哲学家，都试图在不同的进化系统之间寻找共性，建立复杂系统进化的一般理论和思维范式。V.图琴的元系统跃迁理论作为一种新的突现进化论，为我们理解复杂系统进化过程中的突现现象提供了一条崭新的进路。

美籍苏俄科学家图琴（V. Turchin）1977年流亡美国，同年在哥伦比亚大学出版了《科学的现象》一书，提出了元系统跃迁理论。1999年又在控制论原理研究计划网站出版《关于元系统跃迁的对话》一书的电子版。

图琴的元系统跃迁理论以元系统跃迁范式解释了几乎所有进化的层次，从生命的起源直到科学的出现和科学认识的现象，把它作为一个普适性的原理。例如诸多单细胞生物通过元系统跃迁成为多细胞，再进一步通过多次元系统跃迁而专门化，成为组织、器官、有机体。它们是通过体液与神经系统加以控制的。人类大脑的突现、个人组成社会、军队的出现等等都是元系统跃迁的结果。

图琴的元系统跃迁理论综合了结构和功能两个方面的进化机理，在解决层级

---

① 颜泽贤、范冬萍、张华夏：《系统科学导论：复杂性探索》，292～307页，北京，人民出版社，2006。

突现或层级跃迁的机理问题上有所突破，成为进化系统哲学领域一个倍受瞩目的新范式。①

元系统跃迁理论将工程控制论和理论生物学重新结合，强调复杂系统的目的性和层级进化，将一切复杂系统、一切生命有机体及其组成的系统——从最原始的机体和社会文化现象，都看做是层级地组织起来的信念——愿望控制系统，并控制着环境的某些变量。

元系统跃迁理论创立了一些新的概念来强调和解释复杂系统的目的性。由于比维纳的控制论更精确地解释了控制过程，建立了控制关系的新图式，特别是在于其解释了生命系统以及其他复杂系统的层次突现进化，因此海里津称之为新控制理论或进化的控制理论。

1. 控制系统

图琴和海里津提出控制系统的最为一般的定义，要了解元系统跃迁（The Metasystem transition，MST），必须先了解控制系统的一般原理。附录图1-1为控制系统最一般的图式。

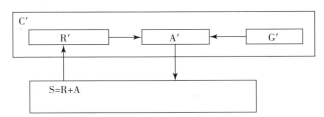

附录图1-1　控制系统图

1.1 控制系统的组成

控制系统由控制者系统C′与被控系统S组成，这里，被控系统划分为两个部分：

A—Agent，表示行动者、主体，体现了系统中的活动与作用方向，起主动的作用。

R—Representation，表示表现，代表着多少带有某种被动性的客体或现象，它是行动者作用的表现好结果。

控制者系统，也是由行动者与表现组成，附加了第三个子系统G—Goal，代表控制者系统的目标。这里R′的意思更加明显，它是一种模型，表现了或感知了

---

① 马步广、颜泽贤：《突现进化论的新范式，科学技术与辩证法》，2005（22-1）。

S的一种被观察的变量。

在控制系统图中有一些关系范畴用箭头→表示，可以理解为因果关系，即箭头的前者对后者施加一定的影响，这种影响包括物质、能量或信息的作用。

1.2 控制系统的机制

控制系统C′中行动者A′施加一种作用约束着或影响着被控系统S中行动者A的活动，而S有一种作用施加于R′，R′是S的一种表现。这个表现R′又作用于A′，这样就构成了一个因果环，它就是控制论中所说的一种反馈。

但是这个因果环是不对称的，A′对S的影响是直接的，是动力学的，而S对A′的影响是间接的，是通过过滤器R′进行的。R′许可到什么程度，S对A′的影响就达到什么程度。

控制系统的典型实例是有机体C′控制环境S，即A′→S，并从环境的表现中获得有关信息，即S→R′，R′→A′。控制者A′将R′与G′相比较作出新决策行动A′→S，已达到它的目的G′，就是这样一个生命自我控制、自动调节的过程。动植物有典型的内稳态以及对环境的适应就是控制系统的典型例子。

2. 元系统跃迁

2.1 元系统跃迁的概念

元系统是由被控系统S与控制者系统C′组成的新系统S′，即S′ = C′ × S。这里S通常有一种方法复制自己，就像细胞可以进行分裂复制产生更多同样的细胞一样，所以，S是一个系统的类，由n个系统S_1、$S_2\cdots S_n$组成。C′代表一种控制机制，不但能控制S_i的功能，而且控制S_i的繁殖。

S′是一个新的突现系统，不但创造了新的结构，如多细胞或组织与器官，而且创造了一种新的活动类型和作用方式A′，不同于S的活动类型。A′叫做突现的新层次的活动，A叫做倒数第二层活动（见附录图1-2）。

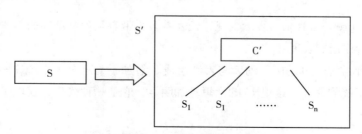

附录图1-2　元系统跃迁示意图

因此，元系统精确具体的定义是$S' = C' \times (S_1 + S_2 + \cdots + S_n)$。事实上，上面讨论的控制系统，对于其中的被控制者系统来说，都是一种元系统。

所谓元系统跃迁，就是由S转变到S'，即S→S'，或S→[$S' = C' \times (S_1 + S_2 + S_3 + \cdots + S_n)$]，这叫做结构上的跃迁。其行为方式的跃迁为A'＝A的控制，这叫功能上的跃迁。

这里跃迁的范围就是原系统S（Scope），整合的测度（Scale）就是数量n。

2.2 元系统跃迁的类别

依据元系统跃迁的幅度或测度不同，元系统跃迁可以分为两类：

2.2.1 系统X内部分子系统W进行元系统跃迁

系统内的元系统跃迁意味着新的子系统W'代替了原来的子系统W，相对于子系统W，它是一个元系统跃迁。但W'在系统X中实现了W原来实现的功能，而且也许实现的更好。由于W在X中起到主导的重要作用，在进化过程中W跃迁到一个更高的阶段就对X的发展起到了非常重要的作用（见附录图1-3）。

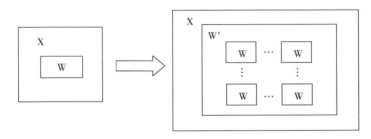

附录图1-3　系统内的元系统跃迁示意图

当然系统内元系统跃迁也可能有另外一种情况，即系统中某些低层次组织发生元系统跃迁（见附录图1-4）。

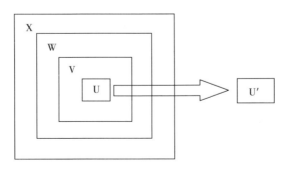

附录图1-4　低层组织的元系统跃迁示意图

假定W是X的一个子系统，V是W的一个子系统，而U又是V的一个子系统，则元系统跃迁U→U′极大地改进了V，从而也极大地改进了W。不过由于W在X中并不起决定作用，因而对X的进化改进不是太大。但无论如何，这也是元系统跃迁促进进化的一种力量。

2.2.2 系统整体性的元系统跃迁

系统整体性的元系统跃迁，涉及整个系统的所有子系统。如社会的突现是它的所有子系统个人的元系统跃迁。这种跃迁对于系统具有阶段性关键意义。

元系统跃迁理论是从研究物质系统的进化中特别是研究生物和人类发展的机制中发现的。它是一种进化的控制理论，用进化的观点说明控制层次从单层到多层、从低级到高级、从简单到复杂的发展。它同时又是一种控制的进化理论，用控制论说明系统突现进化的机制。

图琴在《科学的现象》一书中写道："我们必须运用一般控制论的术语来总结我们研究早期进化机制的结果。沿着这个方向，我们容易发现从较低阶段到较高阶段的跃迁转变的一个一般特征，这就是：在每一个阶段，生物系统有一个被称为最高控制装置的子系统；它是最近产生并有最高组织水平的子系统（即元系统跃迁示意图中的C′）；而向下一个阶段的跃迁是通过这些系统的繁殖，并形成一个控制系统即新的子系统将它们整合成一个单一的整体，这个新的控制系统成为进化新阶段的最高控制装置。"

于是，我们称由新控制系统C′与它所控制的子系统S_1、S_2…S_n所组成的系统S′为相对于S_1、S_2…S_n的元系统，而由S变到S′为元系统跃迁。元系统跃迁创造出新的控制形式，称为元控制。

英国系统科学家切克兰德在《系统的思想与实践》一书中曾指出："系统科学家需要发现一个新词来指称那对于低一层次来说是结构整体、而对于高一层次来说是组成部分的那个东西，那个实体，它集中表达了系统的基本性质和层次的基本性质。杰拉德于1964年称它为组织子，凯斯特于1978年称它为整体子，而雅克布于1974年称它为整合子。"它们显然不知道图琴于1977年称它为元系统和元系统跃迁。看来元系统跃迁比组织子、整体子和整合子更有解释力，因为它说明了系统进化的机制。

纽约大学系统科学家克勒尔在他的《系统科学概论》中写道："（不同序列的）元系统，对于把握包含变化的系统现象，例如适应性、自组织、形态发生、自创性、进化等是十分重要的，例如进化就是通过从低阶元系统到高阶元系统的跃迁而概念化了。"这就是说，元系统跃迁是进化的量子，系统进化是元系统跃迁的阶梯（见附录图1-5）。

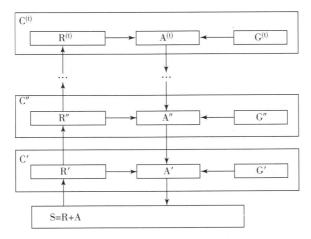

附录图1—5 元系统跃迁导致的控制层级结构示意图

持续的元系统跃迁，便创造了控制的层级，在这里控制者在跃迁中被控制，于是C''控制C'，C'控制$S=R+A$。这里有两个信息流：（1）向上发生的表现信息流。R是环境的表现，R'是R的表现，R''是R'的表现，等等。（2）由上往下进行的行动信息流。A''控制着行动者A'，A'控制着A以图实现G'。行动信息流包括层次目标控制子层次目标，创造一个目标体系。每一个控制层级都有其最高层次$C^{(t)}$，在这个层次里，表现$R^{(t)}$是存在的最高级的抽象表现，目的$G^{(t)}$是最终极的目的。

控制层级的增长添加了一些新反馈环，但是并没破坏已有的反馈环。由目的传递给它信息，即试图实现目的G''的行动A''控制着行动者A'，而非环境中的行动者A。A'仍旧直接控制环境并试图实现其自身目的G'，从而在A'（A+R）$R'A'$反馈环里起作用。当然，第二层的行动者A'控制着整个第一层系统C'，包括G'。于是G'就成了G''的子目的。如果后者被看做一个程序的话，则前者就是其子程序。当目的实现之后，控制回到A''，这时A''就可以再建另一个目的G'，由G''来定义，由A'来实现。所以过程是一环套一环进行的，类似于计算机编程。

3. 生命进化的阶梯

3.1 简单的反射阶段即"水螅阶段"

在简单的反射阶段，控制者尚未形成神经的网络，它由独立的神经细胞来承担，因而神经刺激的接受器与神经的效应器直接联系在一起，所以被称为简单反射（见附录图1-6）。一切腔肠动物的简单反射就属于这个阶段。但对于没有自感受行动的原始植物阶段来说，它的出现是一个元系统跃迁与突现。突现了什么？

突现了神经的控制。

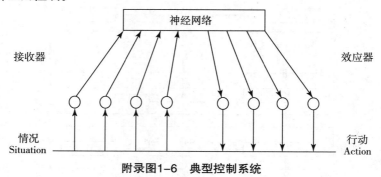

附录图1-6　典型控制系统

水螅的内腔肠通过嘴与环境接触，在嘴的四周围有触角。腔肠壁由内胚层与外胚层组成，二者都有许多肌肉细胞。这些细胞包含细小的纤维，可以收缩，由此引起水螅身体的运动。这些肌肉就是一种效应器。在水螅的外胚层，有神经细胞布满于表皮，亦有一些深藏在皮层内部，这就是接收器。

如果用针刺一下水螅，它的神经细胞受兴奋刺激，立即直接传递到肌肉纤维，引起水螅卷缩成一团，这就是神经细胞群控制行动。

如果遇到食物，触觉神经细胞首先有反应。水螅的触觉是很敏感的，它的触觉立即将食物包围，塞进口中。

这里已有了一个元系统机制（见附录图1-7）。S是被控制的环境，R′是神经细胞感受器，A′是肌肉纤维。这种器官的突现就是来自没有自感应行动的原始植物阶段的一种元系统跃迁（MST）。这个元系统跃迁可以表述为：

细胞－兴奋＝行动的控制

3.2 复杂反射阶段即"蚂蚁阶段"

由于生存竞争以及后面提到的倒数第二层分叉增长规律的作用，越来越多的单细胞聚集成多细胞的有机体，出现细胞功能的分化和专门化。特别是有许许多多感受器，又有许许多多效应器，于是在二者之间产生了复杂的神经网络。从接受外界刺激到受动细胞的行动之间要走很长的通道，要经过信息的传递与处理才能到达行动的激发，这种过程叫做复杂反射。具有复杂反射的生物的突现是元系统跃迁的新阶段，也就是图琴称为"蚂蚁的阶段"。

在蚂蚁阶段，产生了一个新的控制系统：（1）R″是由专门化的神经细胞承担。（2）A″是由专门的受动细胞负责。（3）由R″—A″有很长的中间通道进行复杂反射，它是通过一个神经网络来进行的，R″与A″进而到A′没有一个直接的联系。这时效应器的兴奋不是由环境的直接的刺激决定的，而是由环境的刺激以

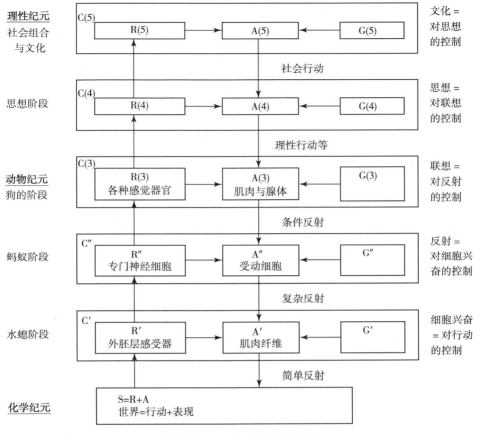

图附录1-7　生命进化的阶梯

及特殊的目标二者共同决定的。例如蚂蚁遇到食物，并不是像水螅一样，即时将它包围吃掉，而是通知其他蚂蚁，集体行动，一起搬到洞内藏起来，留到冬天再吃。

这时细胞兴奋受到控制，不是细胞兴奋直接与效应器相联系，所以：

反射＝细胞兴奋的控制

为了说明这个复杂反射的必要性，图琴首先分析了简单反射存在的问题：假定一个有机体有n个感受器与n个效应器直接相联，每一个感受器和每一个效应器都有两种可能的状态（兴奋或抑制），于是n个感受器就有2^n个不同的兴奋抑制的状态组合，而n个效应器就有2^n个不同状态的组合。于是将感受器群与效应器群进行配对以决定行动就有$(2^n)^{2^n}$种不同的状态组合。

根据图琴计算，如果n＝100，则感受器与效应器的联系方式有约$10^{(10)^{32}}$种。这样从这天文数字中选出有利于生存的少数的联系方式人工选择是不可能的，自然界进行筛选也是不可能的。它要处理的信息量远远超过了布莱曼极限，即10^{93}比特。解决这个悖论的方法是建立控制的层次结构，这就导致了神经网络的突现。因为按照奥林的必要的层级定律，"调节与控制能力的缺乏，可以在一定程度上用增加组织来补偿"。

按照图琴要处理比特的信息量计算，如果分层两层，若第一层每个系统处理 $10^{(10)^{32}}$ 比特的信息，则第二层只需处理 10^{32} 比特的信息。

3.3 高级动物阶段即"狗的阶段"

如果反射是 $R'A'$ 有序对的集合，即 $\{(R'_n, A'_n) \mid n = 1, 2, \cdots, n\}$，则狗的特点是：

（1）它可以将表现 R' 与碰巧可以增强狗的生存能力的行动 A' 联系起来。这种关系并不是本能的、天生的无条件反射，而是经过学习而得到的条件反射。更一般地说，它是联想，通过联想保持在记忆中来总结狗的生活经验所获得的联系。

（2）如果狗可以将表现 R 与行动 A 不是天生地而是后天获得地联系起来，那么我们就会很自然地假定，它也可以将反射的感受——行动一个接一个地连接起来，例如将 $R'_1 A'_1$ 与 $R'_2 A'_2$ 联系起来，即存在一个有序的四元组 $R'_1 A'_1 R'_2 A'_2$，而对于行动 A'_2 来说，$R'_1 A'_1 R'_2$ 是一个有序三元组，它是导出行动 A'_1 的世界模型。

如果 $(R'_1 A'_1 R'_2)$ 是一个在情况 R'_1 下采取了行动 A'_1 却错误地预言结果 R'_2、即那些随之而来的 A'_2 总是落空，则总是给狗带来一种消极情绪。经过若干次这种失败，$(R'_1 A'_1 R'_2)$ 的 $R'_1 A'_1$ 联想便在记忆中消失，而那些作出正确预言的三元组联想 $R'_1 A'_1$ 便会在记忆中保留下来。

如果摇铃 R'_1 引起狗采取奔跑到狗钵子那里去的行动 A'_1，随后看到食物 R'_2 便有进食的行动 A'_2，它总引起积极情绪，从而使联想 $R'_1 A'_1$ 保留在记忆中；而如果每一次摇铃都不给狗以食物，以后摇铃和奔跑之间的反射就不出现了，所以：

联想＝反射的控制

这是生物进化的一个重大突破。

3.4 人的阶段

人类最根本的突现就是制造工具，创造语言，能对联想进行控制，用一个公式来表示，就是：

思维＝对联想的控制

这不是一个关于大脑结构及其运作机制的研究，科学在这方面的进展极为缓慢，我们在这方面了解得很少。这是一个解释人类思维现象的功能公式。

　　什么是联想的控制呢？动物对表象x与y也有联想，不过它是要在经验中一起出现才能发生，如它们不是一起出现就没有联想，所以联想是环境加给它们的。但人类可以自由地对它们的表象进行联想，尽管环境与经验并不将它们连接在一起。龙卷风将许多美元吹落到一个人的屋顶上，狗是无法将它们取下来的，但是人的思维有办法。他首先将邻居的梯子R_1'与借梯子的行动A_1'以及放梯子在屋檐下的表象R_2'联系起来，又将屋檐下梯子的表象R_2'与爬梯子的行动A_2'联系起来，再与取得美元的表象R_3'联系起来。

　　当然，一种自由的联想，结果试错的筛选，便成为一种思维，它是对世界状态间接的概括知识，即构成一种思维的模型。播种时如将最好吃的东西丢掉了，环境加给动物的联想或反射必定是吃掉这些种子（例如红薯）。但人类的思维却控制着这种联想，而将播种与收获这些表象联系起来。

　　许多高级动物也有思维的萌芽。一只狗经过训练，能够将一条板凳（R_1）拖到（A_1）篱笆的旁边（R_2），并从板凳上（R_2）跳过（A_2）篱笆获取食物（R_3）。这里分别有两个三元组（模式）（$R_1A_1R_2$）、（$R_2A_2R_3$），狗的联想可以分别做这两件事。但没有经过奖赏训练，它不会将二个三元组联系起来，形成（$R_1A_1A_2R_3$）的模型，因为它没有将A_1行动与A_2行动相联系的想像。人与动物的一个重要区别就在于人类具有想像力，从而使他们能控制联想以达到自己的目的。

　　正是具有想象力使人类能制造工具，也正是想像力使人类能有计划地行动。先采取行动A，然后采取行动B，再采取行动C，最后达到目标G。即A→B→C→…G。这种行动链在高级动物中也有，但它们是本能的，而人类的行动链是自己创造的。

　　人类控制联想的能力，即人类的思维和想象的能力是通过语言而巩固起来的。图琴在《关于元系统跃迁的对话》一文中曾经讲过原始人侦察敌对部落人数的情形：如果没有语言文字，包括手势语言，有3个敌人走进洞穴，2个敌人走出洞穴，原始人还会知道有1个人留在洞穴里。但是如果有25个人走进洞穴，又有14个人走出来，洞穴里还有多少人，原始人对此没有任何分辨力。即使在今天我们仍然发现，在世界上现存的原始部落里，他们的数字概念只有1、2、3，超出了这3个数字就是"许多"了。他们有多少个数目字呢？4个数目字：1、2、3、多。

　　随着数字语言的发展，人类分辨了越来越多的数目；而随着其他语言的发展，人类分辨越来越多的事物。而运算的法则，如2+4=6，对应着大脑中数字概念间的联想，思维的推理对应着大脑中概念之间的联想。正是语言本身发展了大脑中的联想，控制着大脑中的联想。于是语言成为大脑的延长，正像工具是人手的延长一样。

3.5 社会的整合阶段

大脑结构的元系统跃迁，即控制联想的元系统跃迁，产生了一个新的过程，这就是将个人整合为社会整体的过程。整个人类历史都在社会整合的旗帜下向前发展。直到今天，人们之间的相互关系无论在数量上还是在质量上都在不断发展，没有人能预料这个整合的过程将会走多远。

社会整合是一个元系统跃迁，它导致物质组织一个新的层次，我们可以称这个层次为社会圈（Social Sphere）。动物世界也有社会组织，也是一个元系统。例如蚁丘，它可以看做是单一的生命有机体，有严格的专业分工，单独的蚂蚁离开了它不能生存；不过它们是低功能的，没有进一步发展的可能性，它是生物进化发展中的一个死胡同。

但是由联想的控制以及语言的出现导致的人类社会整合的元系统跃迁，它是物质进化的一个新阶段。有两种物质组织的层次：动物层次，它的最高规律就是自我保存和进行繁殖的本能；而人类社会的层次，它是人们通过大脑的联系而形成的，是人类自身创造的社会组织。在此以前，发展是通过生存竞争和自然选择而缓慢进行的。但现在，发展是通过语言文化发展的结果，"不断增加物质组织的复杂性的多样性，这种试错的必要选择，现在通过人脑来进行"，"发生在大脑中的试错方法的进行比现实生活快很多倍"。

因此这个元系统跃迁的意义不但不可以与动物社会的元系统跃迁相比拟，也不可以与细胞生物出现的元系统跃迁相比拟，"它只能与生命的实际突现相比拟"。这个元系统跃迁的公式是：

文化＝对思想的控制

在这里，社会文化包括物质文化与精神文化。物质文化指的是物质生产力及其相联系的产品，而精神文化指的是艺术、宗教、科学、哲学等社会意识及其产品。

生命起源于最初的大分子，其后的生生不息的生命现象是宇宙中最伟大的奇迹。而这一进化的过程就是复杂性不断突现的过程，图琴说它是元系统跃迁的结果。他将生命进化划分为三个阶段：

（1）化学纪元。在这一阶段，大规模的核苷酸和蛋白质的合成也遵循控制论的规律，只不过控制系统不够完备，不够典型。

（2）动物纪元。这主要从单细胞和最原始的多细胞比如腔肠动物开始。连接这两个纪元之间的过程是动物及其神经系统的突现，包括感觉器官、传递信息的神经纤维以及转换、处理信息的神经中央（结）的突现。

（3）理性纪元。这主要是联想、思想、语言、社会、文化等的出现和发展、进化。连接这两个纪元之间的过程是思想、社会组合与文化的突现。

对位置的控制就是运动，对运动的控制就是细胞兴奋，对细胞兴奋的控制就是反射，对反射的控制就是联想，对联想的控制就是人类思想，对思想的控制就是文化。控制层级的进化增长是自然界历史的事实，这种整合最终会进行到什么程度？

图琴说，个人神经系统之间的直接信息交流将成为可能，而伴随着神经系统的整合或部分整合，更高的控制层级就会产生，也就必然会出现优于现今个体意识的更高等的、不朽的意志。

4. 倒数第二层分叉增长规律

从动力学的观点看，元系统跃迁是在什么时候实现的呢？又在什么时候由于什么原因使跃迁的范围和测度得到推广，从而在进化中占据一个支配地位呢？当突现出一个控制机制 C' 是在最顶上的那一层，它控制着 S_1、S_2…S_n，后者是倒数第二层。

当 S_i 还不是很大、数目还不是很多时，C' 就已经形成了。C' 的形成，由于它的控制的作用，改变了 S_i 的行为方式，并使它们丧失某些不适应 C' 的行为方式。当 S_i 的行为以及行为的改变对于元系统和有机体特别有用时，S_i 便迅速增长，它繁殖增快，并有大量的 S_i 被组织到 S_i' 中，在范围上和测度上都逐渐占据了支配地位。对这种情况或状态，图琴称之为倒数第二层分叉增长规律。需要说明的是：

（1）并非所有的 C' 控制的 S_1、S_2…S_n 都迅速增长，只有那些最能适应有机体或复杂系统生存的 C' 才能使倒数第二层迅速增长。这里有一个关于 C' 的多样性以及自然界对这种多样性进行选择与保存的问题，所以叫做分叉增长。例如多细胞的专化就是这种 C' 的多样性的表现。

（2）S_1、S_2…S_n，在被控制过程中行为方式的改变和繁殖，也对 C' 的发展起到加速的作用。S_i 之所以能加速增长，是因为它对 C' 从而对 S' 有用。

（3）在元系统跃迁的过程中有一个控制者 C' 与被控制者 S_i 相互加强的正反馈过程起作用。S_i 愈繁殖，它的多样性愈丰富，它的适应性行为愈发展，它就愈能加强和精确化控制机制 C'，反之 C' 愈能适应环境，愈有利于复杂系统的发展，就愈能加速倒数第二层系统的发展与繁殖。

这是一个正反馈的相互促进导致元系统跃迁的发展问题。这里新层次的突现有一个动态集中，比起西蒙和罗森关于层次突现的静态模型来说是前进了一步。西蒙和罗森在进行层次突现的分析时，他们讨论的子单元是静态的、固定不变的。

关于这个问题，图琴说了两段重要的话：

"当子系统S_i的数目仍是很少的时候，控制系统的初步就已经形成了，我们在上面已经知道，这是试错法（按：这里指的是盲目的多样性和选择的保存规律）唯一能够起作用的方式。但控制子系统C'已经形成，有大量的S_i繁殖，而在这个过程中，无论S_i还是C'都精确化了。子系统Si的控制结构的出现并不能得出结论说子系统S_i迅速增长，宁可说它超前于并导致这个增长是因为它使S_i的繁殖对有机体有用，组织特定层次的载体分支选出只在新的较高层次形成。这个特征被称之为倒数第二层分叉增长规律。"

"原初，因为我们上文论述过的组合因素，所以诸种复制的子系统的整合只能在小范围里产生。但是，当需要的组合已被发现、新的控制者已经突现的时候，就典型地可以控制越来越多的被整合的子系统，这也是集合的因素与组合的因素带给稳定性的优越性。一个大规模的整合便开始了。突现的行动者位于突现系统的最后一层，被整合的子系统构建了倒数第二层，元系统跃迁使这些倒数第二层的子系统得以递增繁殖。当大自然发现蛋白质是用四个核苷酸按顺序排列进行编码的原理时，核苷酸的数量便开始增长，出现了数以千计的核苷酸组成的大分子。当可以联合其他细胞的细胞突现后，整合了的细胞数量不断增加，便开始形成多细胞有机体，直到达到现今的动物的大小。人类社会也一样。一个有很好的组织的社会开始以指数的速率发展。所有这些都是一般控制论规律的例证。"

海里津说："将进化过程当做层次序列进行描述，图琴明确引进了元系统跃迁这个进化基本过程或进化的'量子'的概念，从这点出发，图琴最重要的贡献也许是他的'倒数第二层分叉增长定律'。这个定律可以看做是对元系统跃迁的较详细的动力学研究。它说明，在控制着子系统S_i的数目的、经变异与选择而形成的控制系统C'出现之后，S_i会倾向于繁殖与分化（而不像西蒙关于超系统形成时的子系统那样，是固定不变的），其理由是当控制S_i的多样性愈大，发展和加强控制机制C就愈加重要。因而C的发展和S_i的繁殖是一个相互加强的过程，结果元系统跃迁由一个正反馈来刻画，在那里一个小小的进化被强烈地加速，而在新的平衡态达到时，这个发展才减慢下来。"

附录2：多层次资本市场

　　从国外发达证券市场发展经验看，多层次的证券市场是一种具有某种分层结构体系的市场，它包含全国性的证券交易所市场、二板市场（也称创业板市场）和地方性的证券交易所市场、场外交易市场（OTC市场）等。

　　由于不同层次的证券市场的上市标准不同，其上市企业的风险——收益状况也就不同，因此可以满足不同规模、不同成长阶段企业的融资需求以及投资者的需求。

　　美国拥有全球最完备的证券市场分层体系，为各国进行相应的制度设计提供了最有价值的经验借鉴。在美国，证券市场分层在金融工具风险特征、交易组织形式、地理空间三个维度上同时展开，形成了由四个层次构成的一个"金字塔"型的多层次证券市场体系。[①]

　　第一个层次：纽约证券交易所（NYSE）、纳斯达克（NASDAQ）市场是"金字塔"的最上端。纽约证券交易所是蓝筹股市场，纳斯达克市场面向成长型企业。纽约证券交易所内部没有分层，力求将自己打造成全球性的蓝筹股市场。

　　纳斯达克市场内部进一步区分为三个层次：第一层次为全球精选市场（Global Select Market）和全球市场（Global Market）（即原全国市场National Market）和资本市场（Capital Market）（该调整是2006年2月公布，并于7月全面实施，主要是为在纳斯达克市场中建立一个最高上市标准的市场层次全球精选市场（Global Select Market）与纽约证券交易所的蓝筹股市场竞争）。此外，美国还有六家区域性的交易所，基本上没有上市功能，已成为纽约证券交易所和纳斯达克市场的区域交易中心（通过市场间交易系统ITS进行），因而已算不上一个独立的层次。

　　第二个层次：公开报价系统。公开报价系统包括信息公告栏市场（OTCBB）和粉单市场（Pink Sheet）。其中，OTCBB是全美证券商协会（NASD）管理的一个电子报价系统，为3400多只场外交易股票提供实时报价、最后一笔成交价和成交量等信息。据了解，目前OTCBB挂牌公司都必须是向美国证券交易委员会报告信息的公司。粉单市场是由一家私人公司（全美报价事务公司）运营的，为2400余家公司提供交易信息服务。据了解，粉单市场并不全是公众公司，也有私募公司的报价，但私募公司股份（在《美国证券交易法》中定义为限制股份）转

---

① blog.sina.com.cn/s/blog_3f44db550100ssd0.html，美国资本市场的分层结构介绍。

让必须遵守美国证券交易委员会的R144规则规定。

第三个层次：地方性柜台交易市场。大致10000余家小型公司的股票仅在各州发行，并且通过当地的经纪人进行柜台交易。据了解，这些公司都是根据《美国证券法》D条例中的发行注册豁免条款发行的股份，这些股份都是州内的小额发行公司股份。

第四个层次：私募股票交易市场。全美证券商协会还运营了一个Portal系统。该系统为私募证券提供交易平台，参与交易的是有资格的机构投资者。机构投资者和经纪商可通过终端和Portal系统相连，进行私募股票的交易。据了解，该市场是根据美国证券交易委员会R144A规则建立的一个专门市场，是专门为合格机构投资者交易私募股份的专门市场。

几个基本概念

1．美国场外柜台交易系统（Over the Counter Bulletin Board，OTCBB）。简称OTCBB，又称信息公告栏市场，是由NASDAQ的管理者——全美证券商协会（NASD）所管理的一个交易中介系统。OTCBB带有典型的第三层次市场的特征。OTCBB与众多的创业板相比具有真正的创业板特征：零散、小规模、简单的上市程序以及较低的费用。

为了便于交易并加强OTC市场的透明度，NASD于1990年开通了OTCBB电子报价系统，将一部分粉红单市场的优质股票转到OTCBB上来。OTCBB电子报价系统提供实时的股票交易价和交易量。目前在粉单市场流通的股票多于在OTCBB上流通的股票。在OTCBB上面流通交易的股票，都是不能达到在纳斯达克全国市场（National Market）或小资本市场（Small Capital）上挂牌上市要求的公司的股票，因此有人说它属于"未上市证券市场"。

一般而言，任何未在NASDAQ或其他全国性市场上市或登记的证券，都可以在OTCBB市场上报价交易。所有在OTCBB挂牌交易的公司都必须按季度向公众披露其当前财务状况，年报必须经由美国证券交易委员会（SEC）核准的会计师事务所审计。对于迈不过NASDAQ或香港创业板这道门槛的中小企业而言，美国的OTCBB市场是一个不错的选择。OTCBB对发行证券企业的管理并不严格，但是信息传递系统是全部电子化的。

2．合格投资者。在美国，投资者可分为未受权投资者（Unaccredited Investors）、合格投资者(Accredited Investor)、老练投资者（Sophisticated Investor）、机构投资者（Institutional Investor）、合格机构投资者（Qualified Institutional Buyers，QIBs）等几类。

根据美国证券交易委员会（SEC）的D条款规定，要成为合格投资者，投资者必须有至少100万美元的净财产，至少20万美元的年收入，或者必须在交易中投入至少15万美元，并且这项投资在投资人的财产中所占比率不得超过20%。另外，未受权投资者即普通投资者。

在西方国家，以有价证券投资收益为其重要收入来源的证券公司、投资公司、保险公司、各种福利基金、养老基金及金融财团等，一般称为机构投资者。其中最典型的机构投资者是专门从事有价证券投资的共同基金。

3．APO。APO是Alternative Public Offering的缩写，翻译为中文就是融资型反向收购。目前，美国沃特财务集团已将APO注册为服务性商标。它是将私募股权融资与反向收购两种资本市场业务无缝衔接的复合型金融交易模式。中国民营企业将先设立境外特殊目的公司，然后将境内经营性资产注入特殊目的公司，特殊目的公司与美国OTCBB市场壳公司实现反向收购。

另一方面，参加私募融资的国际投资者将投资款汇入资金托管账户，再通过资金托管账户转入特殊目的公司账户，然后向美国证监会登记国际投资者在反向收购交易中获得的上市股票，最后，交易后上市公司在股票市场进行后续定向增幅融资，并经批准后可在NASDAQ或美国交易所等主板市场挂牌。

融资型反向收购是介于IPO和私募之间的融资程序，既有私募的特点也有IPO的特点。私募程序的特点是低成本和快捷，因此只要三到四个月就可以完成融资。APO同时具有公募的特点，投资人在投资的同时获得的股票是上市公司的股票。正是由于投资人在投资的时刻就获得了流动性议价的股票，所以他能够承受更高的价格。

附录3：中信信托发行国内首只土地流转信托

2013年10月，中信信托发行国内首只土地流转信托，试图通过信托创新的方式突破制约农村土地流转的瓶颈。"中信·农村土地承包经营权集合信托计划1301期"期限是12年，首期涉及流转土地5400亩，远期规划是25000亩。流转后土地拟建设现代农业循环经济产业示范园，由安徽帝元现代农业投资有限公司作为服务商提供服务。园区规划为五大板块，涉及二十多个子项目。

从产品结构来看，该信托计划是一款结构化的混合型信托产品。信托计划中既有财产权又有信托资金。财产权信托的核心在于确权对象不再是土地而是凭证，即确权农民的土地财产规模，而不是哪一块具体的土地。用信托凭证的方式，让土地财产信托化、证券化，其中财产权即农民的承包经营权，目前首期成立的信托计划即财产信托部分。在这部分信托计划中，由安徽省宿州市埇桥区人民政府对分散的农户土地承包经营权进行归集之后委托给中信信托经营管理，中信信托与其合作方安徽帝元现代农业投资有限公司对土地进行整理、出租、运作，实现土地的增值。

在后期运营的过程中，还将分别成立两类资金信托计划。其中一类用于流转土地区域内的土地整理和农业设施的建设以及现代农业技术的推广应用。另一类资金则用于解决财产权地租的支付以及土地整理方面资金一定时期出现的流动性支付问题。

对于外界关心的农户收益和权益问题，农户的收益将分为三个部分：首先是基本地租收入，这部分收入是稳定的，其标准按照1亩地每年1000斤国标三等小麦的价格界定。其次，在土地整理之后，农民还可以享受到土地增值净收益的70%，这部分是一个浮动收益。而信托公司及其合作方的收益也来自于这部分收益。除此之外，农民收入还有很重要的一块就是身份转变之后的打工收入。

信托介入农村土地流转至少可以在五个方面起到作用。第一，信托机构本身具有法律赋予的合理作用，信托制度积极作用的发挥可以有效地实现土地所有权、经营权和受益权的分离。第二，信托机构的介入可以及时导入金融元素，使土地经营权的流转更加具有资本属性，实现市场化有效的增值。第三，信托是一个中介机构，它的介入可以起到较好的制衡和监督作用，保护相关方的利益。第四，信托机构作为金融机构，可以站在一个更高的层面上，以更优秀的市场视角来导入产业因素，规避了现在存在的产业局限性。最后，金融机构的介入，可以实现一个均衡定价机制。目前土地流转定价机制不均衡，很多矛盾都是由此产生，而信托机构的介入有助于解决这个问题。

土地流转的信托模式目前主要形成三种典型样本。[①]

一是中信信托的"服务商＋混合结构化设计"模式，整体项目规划分为三个部分：

首先是事务管理类"财产权信托"部分，目前已实际落地，信托期限为12年，试点地为安徽宿州埇桥区，可流转面积达5400亩。

后两部分则属于"资金信托"，将在此后根据项目具体情况实施落地，即一部分为发行资金信托计划，对接服务商对土地进行重新归集整理和价值开发过程中的建设资金需求；另一部分则是安排"第三类资金"，满足整个流转过程中衍生的短期资金缺口。

二是北京信托"双合作社模式"，即"土地合作社"＋"专业合作社"。

首先将拟进行信托的土地经营权确权到村民个人，再由村民以其土地经营权入股"土地合作社"。土地合作社作为委托人，以土地经营权在北京信托设立财产权信托。这一模式的经营主体为当地种植大户发起的"专业合作社"，北京信托代表土地信托将土地租赁给"专业合作社"。项目落地江苏无锡，2013年11月7日成立，不设定固定信托期限，但不少于15年（最短至2028年）。

三是中粮信托的"公司＋合作社＋农户＋银行＋信托＋政府"模式。

在上述两单落地的土地流转信托前，早在2011年，中粮信托便已进行了相关探索性操作。其交易结构为：五里明镇政府将其下属的3个玉米种植合作社的土地承包经营权、农机合作社的农机设备收益权以及镇里的一处鱼塘承包经营权委托给中粮信托，设立自益型财产权信托。之后，中粮信托将信托收益权质押给龙江银行。接着，中粮信托将土地出租给玉米种植合作社，合作社将生产出来的玉米销售给中粮公司。玉米收购以后，中粮公司委托龙江银行结算划款，将销售款交付给龙江银行。龙江银行通过龙头企业的资金账户划拨，扣除贷款利息，将剩余的资金转到合作社的账户上。

---

① 冀欣、张祎琪：《土地流转去公权化市场路径：信托模式推广需破障》，载《21世纪经济报道》，2013-11-13。

附录4：金融要素清单

基于对金融、信托的理解以及对金融不同形态、层次、功能，不同融资方式的认识，特列出金融要素清单。可能不同的金融工具、金融资产等都是金融形态、融资方式、投资方、融资方、第三方、交易形态、监管形态等不同内容的组合，或省略、或不言自明等。

金融主体或形态

金融在形态、层级、功能的时间秩序，可以分为：

货币形态或层级：基础货币、信用货币。

债股权形态或层级：债权、股权。

信托形态或层级：信托、再信托。

期货形态或层级：期货、再期货。

保险形态或层级：保险、再保险。

以上金融形态还可以继续细分。

融资方式

间接融资：中短期、中长期；公募、私募。

直接融资：中短期、中长期；公募、私募。

信托融资：中短期、中长期；公募、私募。

以上融资方式中的期限、募集资金的方式还可以继续细分。

金融资产或金融工具

首次金融资产、金融工具：在不同的金融主体或形态与融资方式共同作用下，形成不同的金融资产、金融工具。

二次金融资产、金融工具：不同的金融资产、金融工具可以二次组合，形成新的金融资产、金融工具，例如金融租赁、公募证券投资基金等。

投资方

投资主体：个人、机构，营利组织、非营利组织，正式组织、非正式组织。

投资方权利：所有权、受益权、使用权或双重所有权、受益权。

投资渠道：产品的销售渠道。

投资方向：指投资空间——投资不同的项目、投资不同的公司。

投资目标：按照技术成熟程度、不同产业等角度分类。

投资目的：投资产品设计的目的，实际上是产品的金融功能：支付的清算与结算、改善流动性、资产配置、风险管理等。

投资产品的清偿顺序：债权融资（间接、直接、信托债权融资）、股权融

（间接、直接、信托融资），股权投资进入企业或项目的时间，天使基金、风险基金、共同基金、证券基金。

投资产品适用的法律关系。

投资资产的保管状态：中介、第三方。

投资期限：短期、中期、长期；

投资收益：成本、利率<5%、5%～15%、>15%；自益、他益。

投资产品信用程度/等级：来自产品内部（分级、没有分级）、来自产品外部——企业外/企业内/项目内（担保、抵质押）。

信用增级手段：内部信用增级手段（优先/次级结构、超额担保、收益差率、储备基金）、外部信用增级手段（保险合约、第三方担保、信用证、现金担保账户、担保性投资额度）。

投资产品的风险管理状态：金融手段（资产分散、对冲、保险）、非金融手段（有无管理手段）；

投资产品的风险评级：无评级、有评级；评级机构状况：国际领先、国内领先、一般。

投资信息传递：间接、直接，单级、多级。

融资方

融资主体：个人、机构，单人、多人。

融资渠道：公募、次公募（小公募）、私募（众募），个人、机构，营利、非营利。

融资成本：成本、利率<10%（一年期贷款利率+国债利率+无风险利率）、10%～20%，>20%。

合约、契约形式：标准化/预制、大规模定制（部分预制）、定制，隐性、显性。

第三方：金融机构

第三方机构：按照介入深度分为资金池（间接）、中介（直接）、信托（直接），公开（一般金融机构）、内部（财务公司）。

金融机构的适用法律：公司法、金融法规，适用的法律关系。

交易形态

交易机制：高频、中频、低频，卖空、买空，区域、地域。

交易方式：场内交易：连续（T+0等）、非连续；场外交易：连续、非连续。

交易市场：主板、创业板、新三板，国际、全国、区域。

监管形态

监管机构：中央银行（货币）、银监会（银行、信托、财务公司、资产管理公司）、证监会（证券、期货）、保监会（保险）。

附表：中询金融矩阵（全）

（有关文字解释，参见本文2.3 中询金融矩阵。）

保险	再保险	二级										
		一级										
	基础保险	二级										
		一级										
期货	再期货	二级										
		一级										
	基础期货	二级										
		一级										
信托	再信托	二级										
		一级										
	信托	二级										
		一级										
债股	股权	二级										
		一级										
	债权	二级										
		一级										

续表

		间接融资				直接融资				信托融资			
		中短期		中长期		中短期		中长期		中短期		中长期	
		私募	公募	私募	公募	私募	公募	私募	公募	私募	公募	私募	公募
货币	信用货币 二级												
	信用货币 一级												
	基础货币 二级												
	基础货币 一级												
商品	生产资料 二级												
	生产资料 一级												
	生活资料 二级												
	生活资料 一级												
金融形态	空间												
	时间												
	方式												

其他重要金融要素：

投资人：个人，机构，民事，商事，社会，商业。

资产：有形资产，无形资产，信用，商品。

融资者，第三方/金融机构，监管者。

交易状态：交易机制，交易市场，交易方式。

资产的价格：利率——高，中，低。

参 考 文 献

[1] 颜泽贤、范冬萍、张华夏：《系统科学导论：探索复杂性》，北京，人民出版社，2006。

[2] 黄欣荣：《复杂性科学与哲学》，北京，中央编译出版社，2006。

[3] [美] 约翰·H．霍兰：《隐秩序：适应性造就复杂性》，上海，上海科技教育出版社，2011。

[4] 范冬萍：《复杂系统突现论：复杂性科学与哲学的视野》，北京，人民出版社，2011。

[5] 俞金尧：《历史研究中的时间尺度》，载《中国社会科学报》(331)。

[6] [美] 威廉·伯恩斯坦：《财富的诞生：现代世界繁荣的起源》，北京，中国财政经济出版社，2007。

[7] http://baike.baidu.com/百度百科。

[8] http://wiki.mbalib.com/wiki/MBA智库百科。

[9] 温俊萍：《经济史视野中的大国崛起：基于荷兰、英国和美国的经验》，载《史林》，2008 (4)。

[10] 姜海川：《从世界强国崛起看金融革命对经济的引领作用》，载《中国金融》，2006 (9)。

[11] 周文平、周素彦：《大国崛起中金融作用的发挥对我国的启示》，载《河南金融管理干部学院学报》，2007 (6)。

[12] 禹钟华：《金融功能的扩展与提升：功能观视角下的金融发展》，北京，中国金融出版社，2005。

[13] [美] 彼得·圣吉：《第五项修炼：学习型组织的艺术与实务》，上海，上海三联书店，1998。

[14] [美] G.J. 克勒：《信息社会中二维的科学的出现》，载《哲学研究》，1991 (9)。

[15] 李士勇、田新华：《非线性科学与复杂性科学》，哈尔滨，哈尔滨工业大学出版社，2006。

[16] 范如国：《度演化及其复杂性》，北京，科学出版社，2011。

[17] 马步广、颜泽贤：《突现进化论的新范式》，载《科学技术与辩证法》，2005 (22-1)。

[18] [美] 约翰·奈斯比特：《定见：重启思维 定见未来》，北京，中信出版社，2007。

[19] 殷剑锋：《金融结构与经济增长》，北京，人民出版社，2006。

[20] 刘向东：《资产证券化的信托模式研究》，北京，中国财政经济出版社，2007。

[21] 谢清河：《金融结构与金融效率》，北京，经济管理出版社，2008。

[22] 文静：《金融结构"非银行化"发展研究》，上海，东方出版中心，2009。

[23] 李国平：《解码金融：了解金融的逻辑》，北京，北京大学出版社，2013。

[24] 张杰：《银行制度改革与人民币国际化：历史、理论与政策》，北京，中国人民大学出版社，2010。

[25] [英] 哈耶克：《货币的非国家化》，北京，新星出版社，2007。

[26] 胡庆康：《现代货币银行学教程（第三版）》，上海，复旦大学出版社，2006。

[27] 王志军：《欧美金融发展史》，天津，南开大学出版社，2013。

[28] 姜海川：《从世界强国崛起看金融革命对经济的引领作用》，载《中国金融》，2006 (9)。

[29] 周文平、周素彦：《大国崛起中金融作用的发挥对我国的启示》，载《河南金融管理干部学院学报》，2007 (6)。

[30] 周小川：《需要建立一个更丰富的多层次资本市场》，中国人民银行网站，2013-09-09。

[31] 高凌云：《被误读的信托》，上海，复旦大学出版社，2010。

[32] 徐光磊：《信托的色彩与旋律——2012年中国信托业咨询报告》，北京，人民日报出版社，2013。

[33] 徐光磊：《信托：一种复杂适应性综合集成金融工具》，载《金融发展评论》，2012 (11)。

[34] 徐光磊：《当代金融版"丑小鸭"》，载《中国金融》，2012 (22)。

[35] 魏宏森、曾国屏：《系统论：系统科学哲学》，北京，清华大学出版社，1995。

[36] [美] 德内拉·梅多斯：《系统之美：决策者的系统思考》，杭州，浙江人民出版社，2012 (9) 。

[37] [美] 罗伯特·J. 希勒：《金融新秩序：管理21世纪的风险》，北京，中国人民大学出版社，2004。

[38] 徐光磊：《2013年中国信托业研究报告：信托化：第三次金融革命——复杂性科学视角下的金融进化》，中国国际经济咨询有限公司，2013。

重要名词解释*

耗散结构理论

普里戈金在研究偏离平衡态热力学系统时发现，当系统离开平衡态的参数达到一定阈值时，系统将会出现"行为临界点"，在越过这种临界点后系统将离开原来的热力学无序分支，发生突变而进入一个全新的稳定有序状态；若将系统推向离平衡态更远的地方，系统可能演化出更多新的稳定有序结构。普里戈金将这类稳定有序结构称做"耗散结构"（1969年）。

耗散结构理论指出，系统从无序状态过渡到这种耗散结构有几个必要条件，一是系统必须是开放的，即系统必须与外界进行物质、能量的交换；二是系统必须是远离平衡状态的，系统中物质、能量流和热力学力的关系是非线性的；三是系统内部不同元素之间存在着非线性相互作用，并且需要不断输入能量来维持。

分形理论

"谁不知道熵概念就不能被认为是科学上的文化人，将来谁不知道分形概念，也不能称为有知识。"——物理学家惠勒

分形理论是在20世纪70年代由芒德布罗几乎集一己之力创立的，但其严格的数学基础之一——芒德布罗集，却是70年代末芒德布罗及布鲁克斯、马蒂尔斯基以及道阿迪、哈伯德、沙斯顿等人几乎同时分别建立完善的，他们的思想都源自19世纪前叶一些前辈如法图、莱维、朱利亚的有关思想。

---

*如果没有注明出处，所涉及的名词解释均来源于百度百科。

在欧氏空间中，人们习惯把空间看成三维的，把平面或球面看成二维，而把直线或曲线看成一维。也可以稍加推广，认为点是零维的，还可以引入高维空间，但通常人们习惯于整数的维数。分形理论把维数视为分数，这类维数是物理学家在研究混沌吸引子等理论时需要引入的重要概念。为了定量地描述客观事物的"非规则"程度，1919年，数学家从测度的角度引入了维数概念，将维数从整数扩大到分数，从而突破了一般拓扑集维数为整数的界限。

芒德布罗曾经为分形下过两个定义：

（1）满足下式条件：$Dim(A)>dim(A)$的集合A，称为分形集。其中，$Dim(A)$为集合A的Hausdoff维数（或分维数），$dim(A)$为其拓扑维数。一般说来，$Dim(A)$不是整数，而是分数。

（2）部分与整体以某种形式相似的形，称为分形。

分形一般有以下特质：在任意小的尺度上都能有精细的结构；太不规则，以至难以用传统欧氏几何的语言描述；（至少是大略或任意地）自相似豪斯多夫维数会大于拓扑维数（但在空间填充曲线如希尔伯特曲线中为例外）；有着简单的递归定义：分形集都具有任意小尺度下的比例细节，或者说它具有精细的结构；分形集不能用传统的几何语言来描述，它既不是满足某些条件的点的轨迹，也不是某些简单方程的解集；分形集有某种自相似形式，可能是近似的自相似或者统计的自相似；一般，分形集的"分形维数"，严格大于它相应的拓扑维数；在大多数令人感兴趣的情形下，分形集由非常简单的方法定义，可能以变换的迭代产生。

混沌理论

相对论消除了关于绝对空间和时间的幻想，量子力学则消除了关于可控测量过程的牛顿式的梦，而混沌则消除了拉普拉斯关于决定论式可预测的幻想。

首先，就是未来无法确定。如果你某一天确定了，那是你撞上了。第二，事物的发展是通过自我相似的秩序来实现的。看见云彩，知道它是云彩，看见一座山，就知道是一座山，凭什么？就是自我相似。这是混沌理论的两个基本概念。

混沌理论还有一个就是发展人格，它有三个原则：能量永远会遵循阻力最小的途径；始终存在着通常不可见的根本结构，这个结构决定阻力最小的途径；这种始终存在而通常不可见的根本结构，不仅可以被发现，而且可以被改变。

混沌理论是系统从有序突然变为无序状态的一种演化理论，是对确定性系统中出现的内在"随机过程"形成的途径、机制的研讨。

混沌理论是近三十年才兴起的，它与相对论与量子力学同被列为二十世纪的最伟大发现和科学传世之作。量子力学质疑微观世界的物理因果律，而混沌理论则紧接着否定了包括宏观世界拉普拉斯（Laplace）式的决定型因果律。

混沌现象具有以下特性：

随机性。体系处于混沌状态是由体系内部动力学随机性产生的不规则性行为，常称之为内随机性。例如，在一维非线性映射中，即使描述系统演化行为的数学模型中不包含任何外加的随机项，即使控制参数、初始值都是确定的，而系统在混沌区的行为仍表现为随机性。这种随机性自发地产生于系统内部，与外随机性有完全不同的来源与机制，显然是确定性系统内部一种内在随机性和机制作用。体系内的局部不稳定是内随机性的特点，也是对初值敏感性的原因所在。

敏感性。系统的混沌运动，无论是离散的或连续的，低维的或高维的，保守的或耗散的，时间演化的还是空间分布的，均具有一个基本特征，即系统的运动轨道对初值的极度敏感性。这种敏感性，一方面反映出在非线性动力学系统内，随机性系统运动趋势的强烈影响；另一方面也将导致系统长期时间行为的不可预测性。气象学家洛仑兹提出的所谓"蝴蝶效应"就是对这种敏感性的突出而形象的说明。

分维性。混沌具有分维性质，是指系统运动轨道在相空间的几何形态可以用分维来描述。例如Koch雪花曲线的分维数是1.26，描述大气混沌的洛仑兹模型的分维数是2.060体系的混沌运动在相空间无穷缠绕、折叠和扭结，构成具有无穷层次的自相似结构。

普适性。当系统趋于混沌时，所表现出来的特征具有普适意义。其特征不因具体系统的不同和系统运动方程的差异而变化。

标度律。混沌现象是一种无周期性的有序态，具有无穷层次的自相似结构，存在无标度区域。只要数值计算的精度或实验的分辨率足够高，则可以从中发现小尺寸混沌的有序运动花样，所以具有标度律性质。例如，在倍周期分叉过程中，混沌吸引子的无穷嵌套相似结构，从层次关系看，具有结构的自相似，具备标度变换下的结构不变性，从而表现出有序性。

自组织

从进化论的观点来看，"自组织"是指一个系统在遗传、变异和优胜劣汰机制的作用下，其组织结构和运行模式不断地自我完善，从而不断提高其对于环境的适应能力的过程。达尔文的生物进化论的最大功绩就是排除了外因的主宰作用，首次从内在遗传突变的自然选择机制的过程来解释物种的起源和生物的进化。

从结构论——泛进化理论的观点来说，"自组织"是指一个开放系统的结构稳态从低层次系统向高层次系统的构造过程，是指因系统的物质、能量和信息的量度增加，而形成比如生物系统的分子系统、细胞系统到器官系统乃至生态系统的组织化度增加，基因数量和种类自组织化和基因时空表达调控等导致生物的进化与发育过程。

他组织[①]

所谓他组织，又称为被组织，是系统中有序结构的一种形成过程，它是在外界环境施加决定性影响（特别是施加特定组织程序的影响）的情况下，或由一个分离的子系统即控制者系统施加组织指令的作用下形成的。例如，人类的行为主要靠大脑策划和控制，一个细胞的活动主要由存在于其染色体内的"蓝图"决定，这是集中控制或中央控制的过程。

分布式控制[②]

分布式控制又叫分散式控制，是从神经网络的研究中发展起来的一种非线性控制方式。就是说一个系统的控制功能的实现不是由一个控制者子系统执行，而是分散地由系统的各个组成部分协同地按照一定概率分布发出控制信号加以实现。例如，蜜蜂造蜂房，蚂蚁筑蚁丘，并不是由蜂王或蚁后发号施令或者发出信息集中控制蜜蜂或蚂蚁进行的，而是每只参与其事的蜜蜂、蚂蚁各自依照其相对简单的行动规则分散地对这个整体行为加以控制，因而叫分布式控制。如果说这里存在"控制者"，则每个个体都是控制者，自然也就没有独立分离的控制者子系统了。与分布式或分散式控制相对应的称为集中性或集中化控制。

经济周期

自19世纪中叶以来，人们在探索经济周期问题时，根据各自掌握的资料提出了不同长度和类型的经济周期。

短周期。1923年英国经济学家基钦提出的一种为期3~4年的经济周期。基钦认为经济周期实际上有主要周期与次要周期两种。主要周期即中周期，次要周期为3~4年一次的短周期。这种短周期就称基钦周期。

中周期：朱格拉周期。1860年法国经济学家朱格拉提出的一种为期9~10年的经济周期。该周期是以国民收入、失业率和大多数经济部门的生产、利润和价格的波动为标志划分的。

长周期：康德拉季耶夫周期。1926年俄国经济学家康德拉季耶夫提出的一种为期50~60年的经济周期。该周期理论认为，从18世纪末期以后，经历了三个长周期。第一个长周期从1789年到1849年，上升部分为25年，下降部分35年，共60年。第二个长周期从1849年到1896年，上升部分为24年，下降部分为23年，共47

---

① 范冬萍：《复杂系统突现论：复杂性科学与哲学的视野》，144页，北京，人民出版社，2011。
② 颜泽贤、范冬萍、张华夏：《系统科学导论：复杂性探索》，357页，北京，人民出版社，2006。

年。第三个长周期从1896年起，上升部分为24年，1920年以后进入下降期。

建筑周期：库兹涅茨周期。1930年美国经济学家库兹涅茨提出的一种为期15～25年，平均长度为20年左右的经济周期。由于该周期主要是以建筑业的兴旺和衰落这一周期性波动现象为标志加以划分的，所以也被称为"建筑周期"。

综合周期：熊彼特周期。1936年，经济学家熊彼特以他的"创新理论"为基础，对各种周期理论进行了综合分析后提出的。熊彼特认为，每一个长周期包括6个中周期，每一个中周期包括三个短周期。短周期约为40个月，中周期约为9～10年，长周期为48～60年。

熊彼特以重大的创新为标志，划分了三个长周期。第一个长周期从18世纪80年代到1842年，是"产业革命时期"；第二个长周期从1842年到1897年，是"蒸汽和钢铁时期"；第三个长周期从1897年以后，是"电气、化学和汽车时期"。在每个长周期中仍有中等创新引起的波动，这就形成若干个中周期。在每个中周期中还有小创新引起的波动，形成若干个短周期。

后记：研发的价值和逻辑

企业理应成为技术知识，而不仅仅是人工制品或商品的生产主体

企业应成为技术知识的生产主体

2013年11月4日，习近平同志在长沙调研科技创新，强调让企业真正成为技术创新主体。实际上，自19世纪以来，人类社会的技术进步方式发生了两方面彼此关联的重要变化：一是研发活动的体制化，使组织而不是个人成为科技成果的母体；二是研发活动的行业和企业内部化，使行业和企业而不是大学或独立研究机构掌握了社会大部分研发资源，逐渐成为技术知识的生产主体，而不只是人工制品或商品的生产主体。内源研发活动较外源研究活动重要。[1]

广义的技术应该包括两个层次：其一是科学、知识；其二是技术。

企业不仅仅应该是广义上技术创新的主体，就是说企业不仅仅只提供生产、制造产品或服务的战术、具体、实用、直接的工艺、方法、手段、措施等，还应该提供生产、制造技术的理念、思想、逻辑、原理等战略、间接、高层级、非实用的工艺、方法、手段、措施等，即也应该是知识生产的主体。

研发工作与工业保险

从财务角度讲，研发是一种长期投资，是为行业买的一份超值"工业保险"。

---

[1] Gibbons M., Johnston R., The Role of Science in Technological Innovation, Research Policy. 1974, 3(3):220–224.

它不仅仅是为了行业今天的市场、产品和短期的市场收益，而是要认清业务、技术和管理发展的趋势，为未来的市场、未来的客户作好准备，从而保证长远的市场收益和实现行业的可持续发展所作的基础工作。一旦研发工作的成果得以在实际中应用，行业就可以由此获得可观的收益，保持健康、稳定、可持续的增长势头。

临渊羡鱼不如退而结网

《淮南子·说林训》中说："临河而羡鱼，不如归家织网"。意思是站在水边想得到鱼，不如回家去结网。比喻只有愿望而没有措施，对事情毫无好处。或者比喻只希望得到而不将希望付诸行动。《汉书·董仲舒传》书中说："故汉得天下以来，常欲治而至今不可善治者，失之于当更化而不更化也。古人有言曰：'临渊羡鱼，不如退而结网'"。对于目前出现的各种金融现象，退而结网就是要加强研究工作，发现事物发展、运行的规律。

做研究、做学问就像是"煲汤"

做研究、做学问是一件慢工出细活的事情，需要持续、坚持和积累。时间短，做出的研究和学问这锅汤就没有什么味道，只有长时间的文火、慢火，足够足量的料，才能够使做出的研究和学问历久弥新，才能散发出迷人的香味，绕梁三日而不绝，才能够引来"佛跳墙"。

搞研究、做学问、写书是一门遗憾的"艺术、技术"

电影人经常讲电影是一门遗憾的艺术。实际上，搞研究、做学问、写书也同样是一门遗憾的艺术。每当你写完一本书、研究出一个东西，事后都会感觉有许多遗憾的地方，但是在某个特定的阶段又不可能大改大修。这也许是一个人能够继续前行的原因。

继续深入研究，创新金融、信托理论

懵着打还是瞄着打

动与静是一个相对的概念，但是在实际工作中有具体的概念和含义。在这一点上联想集团的柳传志先生留下了很多好的故事，作出了好多的诠释，摘录与大家共勉："**善于总结才能成功**[①]。曾国藩有个静思的习惯，每次静思时，他要在房间里点一炷香，当香烟徐徐升起的时候，他坐下来静静地把前后的事情想一遍，应该怎么做和不应该怎么做。我们说的静思呢，就是总结，就是找规律。我们对每件事情不光满足于如何做，更要研究它的规律。""**懵着打还是瞄着打**[②]。中关

---

① 林军：《柳传志管理日志》，214~215页，北京，中信出版社，2008。
② 林军：《柳传志管理日志》，107页，北京，中信出版社，2008。

村有5000多家企业，大概在1987年、1988年有90%的企业都垮了，垮的原因是什么？其中可能有一个重要的原因，就是企业到底是在懵着打，还是瞄着打。懵着打就是毫无战略，什么好我做什么，什么急需我做什么。"

"瞎子摸象"的认知模式与"五官争功"的行为模式

这种现象的发生，实质上就是专业化与综合集成之争，是"知行合一"逻辑的反面。应该坚决禁止和反对"瞎子摸象"的认知模式与"五官争功"的行为模式，虽然这种情况是经常发生的，但是应该确保在重大认识和重大行动中避免这种现象的发生。

综合集成人类智慧的结晶，加强对信托、金融理论的研究

金融、信托理论的完善和发展，应该也必须以人类全部智慧的结晶——知识为基础，充分认识到金融、信托的复杂性，以更广阔的意识、更博大的胸怀、更独特的视角，创造性地认知、创建新的金融、信托理论。同时，需要充分研究国（境）内外金融、信托理论和金融、信托实践，在此基础上与新的信托理论相结合，创建具有中国特色的新金融、新信托理论，主动适应、满足建设具有中国特色社会主义市场经济的需要。

做研究、做学问要上层次

清代文学家王国维在《人间词话》中说："古今之成大事业、大学问者，必经过三种之境界：'昨夜西风凋碧树。独上高楼，望尽天涯路'。此第一境也。'衣带渐宽终不悔，为伊消得人憔悴。'此第二境也。'众里寻他千百度，蓦然回首，那人却在灯火阑珊处'。此第三境也。"

搞研究、做学问，如果能够将上述事情做到位，就一定能够形成突破、创新的局面，涌现、突现出能够对社会、对国家、对企业、对个人有用的东西。

战略研究和管理是一种预知其风险、收益，实现可持续发展的机制

战略研究是制定发展战略、实施战略管理的基础和前提条件

要想在短时间内具备立足够的能力，对抗"管理稀释"效应，缩小自身能力与不同客户需求之间的差距，必须加强战略管理的基础研究工作，建立敏锐的洞察力和行业先见，拥有高水平的认知，以发现行业新的机会和规律，找到创造新价值的方向，为引领和改变整个行业的发展，也为其自身的持续发展奠定坚实基础。在此基础上构筑先进的战略管理内容、创新模型，这样才能制定适合自身特点的发展战略，从而实现跨越式发展。

洞察力

任何组织要想变得更具洞察力，领导层必须具有创新的观念并意识到：只有为富有创新精神的人员创造条件，设立专门的组织机构和流程，开展系统、长期的研究，共享创新所需要的各方面的基本信息（包括市场概况、顾客价值取向、技术变革、行业经济因素、竞争者研究等），才能有机会发现别人难以察觉的发展动向，从而建立整个组织的洞察力。

行业先见

行业先见是指在敏锐洞察力的基础上，借助想象力而得出的对未来行业变化的先见之明。行业先见之争就是看谁能预见未来商机的大小及轮廓，谁能想出更合理的、满足顾客未来需求的途径，或者谁能对现有服务顾客的方式进行大幅度创新变革。[①]

战略确定之后，细节决定成败

在金融、信托的战略方向确定之后，金融、信托的重塑、体系化、系统化将会是一个长期的任务。由于战略仅仅提出了方向、框架，今后大量的工作是将战略具体化。例如，金融、信托法律法规的建设需要大量的前期准备工作，还有时机的问题；金融、信托自身能力的建设、生产方式、组织方式、知识集成方式等的转变也非一天之功，不是一件容易的事情，而是一件需要时间、耐心、执行力的事情。这时，细节决定成败。

信托是金融业的"丑小鸭"，是中国金融赶超西方的最佳突破口

信托是第三种金融形态、第三种融资方式

信托是金融进化、发展的高级阶段。它本应是一只"天鹅"，可是世人现在觉得它就是一只"丑小鸭"。什么时候"丑小鸭"才能变成"天鹅"呢？看来只有等到"丑小鸭"长大的那一天，当它露出"原形"的时候。

银监会前主席刘明康曾说过：信托制度是最灵活、最有效的一种金融工具，信托业、信托公司代表的是金融领域的先进生产力。《信托法》执笔起草人蔡概还认为，信托还有非常大的发展空间，未来发展不可限量，这是信托的魅力所在。信托作为金融进化、发展的高级阶段，美国等西方国家也仅仅是刚接触到其边缘，这正是中国金融赶超西方的最佳时机和最佳突破口。当然，我们切忌犯急躁冒进、"大跃进"式的错误。

[①] 徐光磊：《中国石油技术服务公司需要加强战略管理》，载《国际石油经济》，2007（10）。

信托作为金融进化、发展的高级阶段，必将蓬勃兴起，创造出令人眼花缭乱、蔚为壮观的局面，在金融业中一枝独秀、生机勃勃、令人艳羡，为金融的发展作出更大的贡献。

时刻准备着

我们正处在人类发展的转折期。无论是从科学技术还是从管理的发展进化角度看，无论是从整个人类社会还是从中国的发展阶段而言，我们都身处一个将要发生巨大变化的时期，这是不以人们的意志为转移的。这个时期的科学技术、管理理论将会更绚丽多彩，人们的认知水平更接近大自然，我们将会顺利达到一个人类社会以前从未达到过的高度。这个过程中，也将出现更多出类拔萃的、具有历史意义的人物。这是空前的，而且将对人类社会今后发展产生重大影响。我们应该时刻准备着。21世纪是中国的、中国人的世纪。

致　谢

　　首先，感谢一个历史性的机缘，即在中国中信集团统筹下的中信信托有限责任公司与中国国际经济咨询有限公司的战略合作，正是有这个的机缘，作者才有机会以双重身份，从理论到实践，对本书涉及的内容进行深入研究。

　　感谢中信信托的诸位专家和同事，他们用丰富的实践和切身的感受，毫无保留地对课题的研究提供了有价值的资讯，为本书的撰写奠定了基础。

　　特别感谢中信信托、中询公司董事长蒲坚先生，贯穿本书的很多理念都映衬了他的智慧和观点。

　　徐光磊在此，特别感谢含辛茹苦养育自己的母亲王玉慈；感谢陪伴自己25度春秋的夫人关麟凤，以此书作为银婚礼物献给她；感谢儿子徐楷博给予本书的支持和帮助。

　　张继胜在此，感谢夫人李丽多年来对其事业的理解和支持，同时谨以此书献给即将大学毕业的儿子张起阳，希望他未来的人生之路坚实、长远。

徐光磊　张继胜

2013年12月22日